北京市农产品流通产业发展研究

王绍飞　著

中国农业大学出版社
·北京·

内 容 简 介

本专著共分十一章，其主要内容是：回顾理论基础与相关研究状况；展示北京市农产品流通产业的演变和基本构成，说明主要农产品流通环节的现实状况和产业发育特征；针对粮油、蔬菜、果品、畜产品、禽蛋、乳品、水产品、花卉等八类主要农产品，分析具体农产品的流通产业状况和发展方向；针对农产品物流业、农产品加工业、农产品流通信息业和农产品流通的其他相关产业，分析农产品流通相关产业状况和发展方向；以蔬菜为典型，分析农产品价格的形成方式、价格影响因素、价格形成中的问题和稳定价格的方式；分析北京市农产品流通中的农产品质量安全状况，探讨改善农产品质量安全途径；分析北京市农产品消费的特点，探讨农产品消费对农产品流通产业发展的影响；分析北京市农产品生产的特点，探讨农产品生产对农产品流通产业发展的影响；依据北京市社会经济环境的变化，探讨农产品流通中的新型产业建设；分析改进北京市农产品流通的途径，提出促进农产品流通产业发展的政策建议；综合研究内容，提出研究结论。

图书在版编目(CIP)数据

北京市农产品流通产业发展研究/王绍飞著. —北京：中国农业大学出版社，2016.8

ISBN 978-7-5655-1668-9

Ⅰ.①北… Ⅱ.①王… Ⅲ.①农产品流通-流通产业-产业发展-研究-北京市 Ⅳ.①F724.72

中国版本图书馆 CIP 数据核字(2016)第 176887 号

书　　名 北京市农产品流通产业发展研究

作　　者 王绍飞 著

策划编辑 赵 中　　**责任编辑** 洪重光
封面设计 郑 川　　**责任校对** 王晓凤
出版发行 中国农业大学出版社
社　　址 北京市海淀区圆明园西路 2 号　　**邮政编码** 100193
电　　话 发行部 010-62818525，8625　　读者服务部 010-62732336
编辑部 010-62732617，2618　　出 版 部 010-62733440
网　　址 http://www.cau.edu.cn/caup　　**E-mail** cbsszs@cau.edu.cn
经　　销 新华书店
印　　刷 涿州市星河印刷有限公司
版　　次 2016 年 9 月第 1 版　2016 年 9 月第 1 次印刷
规　　格 787×1 092　16 开本　17.25 印张　200 千字
定　　价 46.00 元

前　　言

北京市是人口众多的国际化大都市，农产品流通产业对北京市的发展至关重要。农产品与人们的生活直接相关，人们每天消费农产品，人们的日常生活与农产品紧密交织在一起。人们对农产品供应的敏感度很高，农产品的流通供应稍有变化，就会对人们的生活产生直接影响。农产品流通体系日趋复杂，农产品流通的效率、质量也关系到北京市的城市运行状态。农产品从生产、流通到人们消费，其间涉及运输、存储、销售，以及农产品的价格、质量安全，与城市结构、居民分布有交互作用。北京市拥有两千多万人口，巨大的人口数量使农产品流通产业在北京市社会经济中的地位不容忽视。农产品消费是城市文明的重要组成部分，农产品流通也潜移默化地影响着北京市的首都形象。

北京市对农产品流通产业高度重视，农产品流通体系建设取得了巨大成绩。北京市已经基本建设起覆盖全市的农产品流通体系，这一体系以农产品批发市场、农产品超市、农产品社区菜市场为主干，辅助以农产品配送、农村农贸市场、社区菜车和蔬菜网上销售。在销售方式上，北京市基本完成城市农产品零售从农贸市场向农产品超市的转变，逐步以现代商业方式销售农产品。近十几年，北京市农产品的流通供应能力大幅度提升，农产品的供应数量、农产品的供应品种、农产品质量安全保证、农产品流通时间等方面有明显改善。人口数量的迅速增加、城市规模的迅速扩大使北京市农产品流通供应的难度也迅速加大，北京市在流通渠道、经营方式的探索基本满足了新增农产品的需求。北京市在农产品流通产业政策调整、农产品流通供应调控、本地及外埠农产品生产供应基地建设等方面也有了长足进展。

北京市农产品流通产业还面临着诸多问题。人口增长和人们生活水平的提高使消费者对农产品数量、农产品品种、农产品质量、农产品消费方式都有了明显改变。社会经济发展和城市发展对农产品流通渠道、农产品供应方式、农产品销售网点分布提出了新的要求。与此同时，农产品流通主体和农产品经销方式也在变化，出现了多种农产品流通新业态，农产品流通的相关产业也迅速发展。农产品供应量控制、农产品价格调控、农产品质量安全保证、农产品流通应急反应等体系需要进一步加强。农产品生产基地建设、农商行业协调需要改善，农产品流通产业政策也需要进一步完善。

本专著是基于对北京市农产品流通产业状况的考察和对改善北京市农产品流通途径的思考所进行的研究。本专著以北京市农产品流通产业链为主线，重点研究北京市农产品流通产业的重要影响因素。本专著试图初步勾勒出北京市近年农产品流通产业发展的轮廓，找出影响北京市农产品流通产业发展的关键点，通过解决问题和融合创新来提出一些促进北京市农产品流通产业发展的想法。

本专著共分十一章，其主要内容是：回顾理论基础与相关研究状况；展示北京市农产品流通产业的演变和基本构成，说明主要农产品流通环节的现实状况和产业发育特征；针对粮油、蔬菜、果品、畜产品、禽蛋、乳品、水产品、花卉等八类主要农产品，分析具体农产品的流通产业状况和发展方向；针对农产品物流业、农产品加工业、农产品流通信息业和农产品流通的其他相关产业,分析农产品流通相关产业状况和发展方向;以蔬菜为典型,分析农产品价格的形成方式、价格影响因素、价格形成中的问题和稳定价格的方式;分析北京市农产品流通中的农产品质量安全状况,探讨改善农产品质量安全途径;分析北京市农产品消费的特点,探讨农产品消费对农产品流通产业发展的影响;分析北京市农产品生产的特点,探讨农产品生产对农产品流通产业发展的影响;依据北京市社会经济环境的变化,探讨农产品流通中的新型产业建设;分析改进北京市农产品流通的途径,提出促进农产品流通产业发展的政策建议;综合研究内容,提出研究结论。

本专著的主要成果在两个方面。第一,本专著对北京市农产品流通及其因素进行了梳理,形成了一个较为完整的北京市农产品流通产业的图景和研究思考框架。通过这种产业图景和思考框架,在一定程度上可以发现北京市农产品流通产业的内在特征和规律。第二,本专著针对北京市农产品流通各个环节,探讨了北京市农产品流通产业发展的途径。与自上而下的思路不同,基于具体的产业发展探索可能更具有现实意义。通过这些研究,对政府、企业和其他研究者在思考北京市农产品流通产业问题时会有所帮助。

产业研究常常具有复杂性。产业发展环境是在不断变化的,人们无法说明这些变化的合理性,只能基于环境现实去考虑产业发展的政策。产业政策的出发点总是期望产业更好地发展,以满足国家和社会的需要;但产业政策的执行结果却是不确定的,可能多数政策成功,也有政策失败。产业研究受到实践创新和理论创新的影响,更多新问题、新方法的出现,才能让人对一个产业有更深入的认识。

本专著对北京市农产品流通产业的一些认识，记录着过去一段时间的研究过程和思考结果，也是以后进一步研究的基础。在此，也对给予本研究以支持的家人、朋友表示感谢。

著　者

2016年6月6日

目　　录

第一章 绪 论

一、研究背景与方法

（一）研究背景

本研究是针对北京市农产品流通产业链，对农产品流通过程、主要农产品的流通、农产品流通所涉及的相关产业进行的研究，以判定其产业的发育程度、发展趋势和内部缺陷，在此基础上提出未来促进北京市农产品流通产业发育的方式和政策建议。

本研究提出之前，我们已经发现，北京市作为国际化大都市的农产品流通具有明显的特殊性和复杂性，农产品流通产业存在不少发育缺陷、延伸方向错误、产业关系混乱等问题。为了进行深入研究，我们对本研究的相关领域进行了考察，其结果表明，涉及农业的产业链的研究主要是针对农业生产的，偏重于延长农业产业链，特别是农产品加工，而涉及农产品流通产业链的研究较少；关于农产品流通的研究成果不够全面、系统。北京市农产品流通研究主要侧重流通渠道、流通管理等流通体系建设，而针对农产品流通产业链的研究较少。

基于上述认识，我们认为全面深入地研究北京市的农产品流通产业发展十分必要。从理论研究方面看，农产品生产、农产品流通、供应链理论等已经有比较完善的体系，但作为其结合点的农产品流通产业链的研究尚属起步阶段，其复杂性和研究难度也颇具挑战性。从现实情况看，北京市农产品流通的难度远远超过其他城市，农产品流通体系中的矛盾很大，这也与北京城市建设、产业发展、人民生活关系密切。从产业发展角度看，对北京市农产品流通产业链发育有一个较为清晰的认识，有助于改善经营状况，正确把握投资方向，提高农产品流通的效率。从政府职能角度看，农产品流通关系到农业生产和人民生活，农产品流通体系的建设有赖于政府相关部门的政策扶植。

（二）研究内容与方法

1. 研究对象的界定

本研究所涉及的对象主要有三个层面，即农产品、农产品流通和产业链。农产品是指经种植、养殖而形成的，未经加工或经初级加工的可供食用的粮食、蔬菜、瓜果、畜产品、水产品、茶叶等，农产品主要用于人类食用，也可以用于种子、饲料等。本研究主要针对居民生活和食用的农产品，是人们日常生活的必需品。农产品分类方法很多，本研究所涉及的是居民生活消费中量大、流通特性相对稳定的农产品，具体包括粮食、蔬菜、果品、畜禽肉品、禽蛋、乳品、水产品、花卉等八大类。

农产品流通是社会商品流通的组成部分，是联系农业生产和农产品消费市场的中间环节。农产品流通的渠道涉及农产品产地的农民、农民专业合作组织、经纪人、产地批发市场、销地的批发市场，以及零售环节的超市、社区菜市场、农贸市场等。农产品流通有自身特点，受农产品生产和农业政策影响较大，农产品本身流通周期短、流通过程复杂、流通条件要求高、受多种风险因素影响等，批发和零售网点受城市环境影响大，农产品流通涉及的相关产业很多且产业关系复杂。

产业链是指某些产业构成部门之间存在经济、技术关联性，并依据这种关联性所形成的产业在逻辑关系和时空布局关系上形成的链条式形态。因此，农产品流通产业链涉及农产品流通过程、主要农产品和农产品相关产业。农产品流通产业链是由于农产品流通活动而建立起来的多种产业部门之间的依存、影响关系的体现。

2.研究内容

本研究着眼于两个问题，即北京市农产品流通产业的发育状况和北京市农产品流通产业如何进一步发展建设。

北京市农产品流通产业的发育状况研究是试图在现实条件下分析北京市农产品流通产业的构成、产业特征、产业关系和产业缺陷。根据农产品流通产业的结构和组成部分，研究内容按照农产品流通过程、主要农产品、农产品流通相关产业等几方面进行。其中，流通过程的研究包括销地批发环节的农产品批发市场，产地流通环节的农产品批发市场、农产品经纪人、农民自销和农民专业合作组织，农产品零售环节的超市、社区菜市场、农贸市场，以及其他流通渠道的农产品对外贸易、农产品网络销售等。主要农产品的研究包括粮食、蔬菜、果品、畜禽肉品、禽蛋、乳品、水产品、花卉等。农产品流通相关产业的研究包括农产品物流中的运输、仓储、配送，农产品加工业的初级加工和深加工，农产品流通信息业的农业信息、农产品市场信息、农产品商务信息，以及与产业相关的农产品质量安全、农产品金融与期货等。

北京市农产品流通产业发展建设研究是针对北京市农产品流

通产业特征和产业缺陷提出的发展策略和政策建议。发展策略研究包括北京市农产品流通产业的发展方向、建设策略和各产业主要的任务。研究中提出的应解决的问题与目前各相关产业发育状况相联系。产业政策研究包括现行政策、政策特征与调整要求,在此基础上提出相关政策建议。

3.研究方法

本研究调研过程中采用文献研究和实际调研相结合。本研究涉及宏观和微观领域,在宏观领域部分,偏重于研究行业数据、统计资料、相关研究成果;在微观领域部分采用实地调查、专家访谈,同时结合有关文献研究。本研究分析过程采用定性研究结合定量分析。本研究中定性研究较多,这是由于农产品流通产业所涉及的产业与影响因素太过繁杂而使定量研究难度过大,同时所能借鉴的研究成果也多是定性研究。本研究在判断、建议中采用了理论与现实相结合的方法。本研究涉及的判断、建议是在理论成果指导下对现实状况分析后所得出的,其他专家的研究成果对本研究有明显的影响。

(三)创新与不足

从研究过程和研究结果方面看,本研究的创新之处大致体现在五个方面:

(1)对农产品流通产业的更深入认识。以往的研究主要从农产品流通过程来考察产业链。在本研究中,我们把农产品流通过程、主要农产品流通、农产品流通相关产业结合起来考察产业链问题。实际上,产业链是一个涉及多方面的问题,考察角度的多样性能够更深入地发现产业间的内在关系。

(2)以经销商为主体的农产品流通产业发展观点。以往有两个明显的派别在影响着农产品产业研究，即以农产品批发市场为核心的产业研究和以零售业超市为核心的产业研究，其中前者占主导地位，这一研究状况是由我国农产品流通产业政策决定的。我们在研究中发现这实际是受行业管理分割所决定的；农业主管部门主张以农产品批发市场为核心，而商业主管部门主张以零售业超市为核心；而当今农产品流通领域的诸多矛盾恰恰源于此。研究表明，农产品流通产业的进一步发展必须突破农商分割，以经销商为主体发展产业将是解决问题的关键。

(3)对农产品流通相关产业的研究。考察以往研究成果，不难发现对农产品流通相关产业的研究是不系统的。我们的研究虽然不甚完善，但还是从系统角度考察了农产品流通的相关产业，这种考察也扩展了农产品流通产业的范围。

(4)基于新型产业发展的研究。以往农产品流通的研究基础更多的是农产品的集散过程。近年来，围绕农产品流通的新型产业出现了很多，尤其在信息产业、连锁经营、物流配送、食品安全等领域发展迅速。这些相关产业正在促使农产品流通产业发生变化，在产业构成和农产品流通方式两方面的变化为本研究注入了新的元素。

(5)企业界的行为。以往的研究更多是从理论和政府政策角度出发。我们的研究认为企业界是推动产业发展不可忽视的力量，企业界从自身能力出发探寻着发展道路，这些探索形成了农产品流通产业发展的现实方向。

本研究的不足主要集中在两个方面。

第一，定量研究不足是一个明显的缺陷。造成定量研究不足是由于农产品流通产业的复杂性，这使得采集定量研究的数据颇为困难;从另一角度看定量研究不足使精确描述农产品流通产业特征、构建产业发展模型、正确制定产业发展政策较为困难。

第二,许多研究中发现的问题或有所涉及或仅仅作笼统地解答。这与本研究的规模、深度以及我们目前的认识水平有关,只能依靠以后更深入地探索。从本研究的结果看,描述北京市农产品流通产业的精度和动态性是至关重要的,由此引导出的研究领域也将更有实用价值。

二、理论基础与相关研究状况

(一)产业组织理论

产业组织理论是以微观经济学为基础,主要研究特定产业内部的市场结构、市场行为和市场绩效及其内在联系。早期产业组织理论研究者以梅森和贝恩为代表,著作如贝恩的《产业组织论》,他认为“行业集中度高的企业总是倾向于提高价格、设置障碍,以便谋取垄断利润,阻碍技术进步,造成资源的非效率配置;要想获得理想的市场绩效,最重要的是要通过公共政策来调整和改善不合理的市场结构,限制垄断力量的发展,保持市场适度竞争”。之后,斯蒂格勒等提出完全竞争条件下的产业组织理论,著作如《可竞争市场与产业机构理论》,其思想是“政府的竞争政策与其说重视市场结构,倒不如说更应该重视是否存在充分的潜在竞争压力,而确保潜在竞争压力存在的关键是要尽可能地降低沉没成本”。再后者,科斯等提出了交易费用的产业组织理论,开始从企业内部产权结构和组织结构的变化来分析企业行为的变异及其对市场运作绩效的影响。现代产业组织理论则更多吸取了现代微观经济学的新思想，重点研究企业行为，广泛引入了博弈论方法和正规微观经济学模型，认为企业行为存在不确定性和不完全信息问题，并开始重视信息时代的产业结构变化。

（二）产业链研究

产业链是产业组织理论中的一个概念，一般而言是指某些产业构成部门之间所存在的经济、技术关联性，并依据这种关联性所形成的产业在逻辑关系和时空布局关系上的链条式形态。在我国最早提出“产业链”概念的是傅国华，其研究的是热带农产品产业链。在此之后，许多学者通过研究，不断丰富和完善了产业链理论体系。这方面文章有《运转农产品产业链，提高农业系统效益》《产业链：内涵、特性及其表现形式》《产业链研究现状综合述评》等。邹文涛、邓秀成的《产业链构成研究》认为产业链构成有产品链、组织链、技术链、信息链、资金链、价值链和产业链外部约束环境等七个方面：产品链是产业链的基础和核心，它指产品从研发、原料、生产、加工、运输、销售、最终消费、回收再利用的程序中，产品以及附着在产品上的服务，在不同个人或企业主体之间流转，同时发生形状、性状、颜色、功能等变化的过程；组织链是产业链的骨架，它由产品链中各环节中，对产品拥有所有权或者处置权的个人、家庭或者企业法人，以及为产品链提供服务的个人、家庭或者企业法人构成，包括科研、原料生产或采掘、初加工或深加工、运输、销售、回收利用等各个环节的市场主体；技术链是指产业链中的种植、生产、加工、运输等技术条件具有连贯性和适配性，主要表现为统一的技术标准规程集合，包括国家标准、行业标准、地方标准、企业标准等；信息链指产业链中各种信息的传递通道，信息链畅通是产业链中不同市场主体沟通协调和适应市场变化前提条件；资金链指产业链中各市场主体之间的资金流动链，资金链是产业链的血液，产品在不同市场主体之间流动时，伴随发生的就是资金的流动；价值增值是产业链延伸所追求的目标之一，价值链指随着产品加工或者储运环节的增加和延伸，附着在最终产品上的劳动不断增加，产品价值环环增加的过程；外部约束环境主要包括约束产业链扩张的政治、经济和社会环境，影响到产业链运作的市场经济环境。刘贵富在其《产业链基本理论》中也对产业链的系统性进行了深入的研究。

（三）农产品供应链研究

供应链是从供应商到最终顾客的分销渠道的整个业务流程，对供应链的研究源于产业高度集中而导致企业必须对多样化市场进行迅速响应。20 世纪 80 年代斯蒂文斯提出了包括企业内部集成和外部集成含义的供应链管理概念。20 世纪 90 年代供应链管理理论初步形成，主要思想是信息不能共享是企业提高供应链竞争力的最大障碍。21 世纪初，供应链管理理论强调建立供应链管理中的合作伙伴关系。

农产品供应链研究受到欧美等西方国家的极大重视。大多数西方发达国家都设立了参与农产品供应链的有关协会，并拨款支持研究。祖伯尔首次提出食品供应链的概念，认为食品供应链管理是农产品和食品生产、销售等组织，为降低食品和农产品物流成本、提高质量、提高食品安全和物流服务水平，而实施的一种垂直化运作模式。博思里认为典型的食品供应链可划分为哑铃型、T 型、对称型、混合型。阿罗马认为食品供应链是一个从食物离开农场直到消费者使用末端的连续不断的技术创新过程，包括农产品原料生产和食品加工、储藏运输、分销、包装、批发零售直到消费者的各个环节。库马和巴丁也认为农产品供应链包括原料生产、产品保洁、粗加工、精加工、多次运输、多次包装、多层市场销售直到消费者。当前国外对农产品供应链研究涉及食品供应链、生鲜供应链、农产品冷链物流系统、重要经济作物的供应链、跨国农产品供应链等领域，研究思想贯穿着“田间到餐桌”的全过程和“生产商与消费者双驱动模式”。这些研究面向农工商一体化企业，特别是企业化、信息化及集约化的农业企业。

我国学者在 21 世纪初开始对农产品供应链进行研究。张晟义认为农产品供应链是以农业原材料作为后续各阶段生产加工和运销主要对象的供应链的总称。张敏认为中国以批发市场为核心的流通体制下，农产品供应链必然是一条断裂链，致使中国农产品流通基本上还处于时间长、消耗大、效率低、效益差的低层次阶段，根本原因是批发市场阻断了农产品供应链的信息。蒋侃认为农产品供应链是以农产品经营为核心，通过对信息流、物流、资金流的控制来协调农产品原材料供应商、农户、农产品经营者、消费者之间的利益需求，是从农产品生产、收购运输到分销的一系列过程，而生鲜农产品还是在供应链上增加价值的增值链。黄祖辉认为超市生鲜农产品供应链的管理不能仅依据一般的现代物流管理思想与实践，而要考虑农产品特性、技术支持、营销与竞争、组织成熟度、公共政策等。凌宁波、朱凤荣提出了电子商务环境下我国农产品供应链的模式，即生产资料供应—农产品生产—初级农产品—农产品加工—农产品配送—农产品销售—消费者。赵林度认为构建具有竞争优势的食品供应链管理体系势在必行，提出以超市为主体构建零售企业食品供应链的核心。薛景梅、孙房提出以批发市场为核心构建农产品供应链，并分析了农产品供应链管理实施应注意的问题。

（四）农产品流通体制研究

我国农产品流通体制改革持续进行，这方面的研究相当广泛。姚今观认为我国农产品流通体与价格制度改革的目标模式应当是建立起一种在国家宏观调控和必要的行政干预下的分类分阶段管理的自由流通体制和市场形成价格的制度。丁声俊认为我国深化农产品流通体制改革的目标模式的最佳选择是在宏观调控下市场经济型农产品大流通。石磊认为农产品流通体制改革的核心问题是农产品市场化条件下的政府调控模式选择。李炳坤认为农产品流通体制改革是为了建立一项比较健全完善的农产品市场制度。洪涛提出了一些完善我国蔬菜流通政策，提出了加强和规范我国蔬菜批发市场和集贸市场的建议。罗必良认为农产品交易中的行政动员成本、组织管理成本，以及供求信号失真导致的高昂交易费用与机会成本，应通过发挥政府的宏观调控作用、批发市场是市场中枢作用、市场企业化中企业的管理作用，对农产品流通体制予以完善。朱学新研究了降低农产品交易费用的制度选择问题，认为中介组织是农产品流通中交易费用最低的一种制度安排，而农村经纪人则是目前比较理想的一种农产品流通组织。李春海分析了农产品流通中的制度性缺失问题，认为缺乏制度体系支撑的流通体制，很难保证其运行的秩序化和稳定性。万筱宁总结了中国农产品批发市场发展中最为成功的“布吉模式”，提出了我国农产品批发市场改革的方向。

（五）农产品流通主体研究

农产品流通主体研究方面分为以农产品批发市场和农产品零售市场两个派别。以农产品批发市场为主体方面，纪良纲认为农产品流通主体结构改革的目标模式可以描述为主体形式多元化，经营目标市场化，管理体制一体化。李彤彤认为建立和完善农副产品流通组织应把保护农民利益放在首位。曹利群认为批发市场、合作社和龙头企业分别对应着三种不同的契约形式，农产品流通组织体系是这三种组织形式的混合。贡风涛认为农产品流通渠道进一步拓宽，多元化市场体系框架已经基本形成。毕美家认为应该选择条件好的销地批发市场，实行市场准入制度试点。马龙龙、裴艳丽认为我国农产品市场结构形成与不断强化的原因之一是缺乏抑制农产品流通组织垄断性的机制。李泽华认为批发市场将逐步向城市特别是区域中心城市转移。卢凤君认为建立在信息网络平台上的“现代单段二元式”市场主体结构，调和或解决人的多元化广泛性需求与交易方式及交易费用之间的矛盾，“双段三元式”市场主体结构是当代农产品流通市场中普遍存在的形式。张吉隆、魏静认为农产品批发市场组织、农产品流通合作组织和农产品产销一体化组织三种不同性质流通组织的规模创新与机制创新，对促进农村经济的持续发展非常重要。陈炳辉、安玉发认为政府应当加强对农产品批发市场的调控和规划，避免重复建设和过度竞争，要努力培育市场内规模化经营的现代大批发商，提升经营主体组织化水平；农产品批发市场运行成功与否，关键取决于市场内交易主体的发育状况。李忠旭认为批发市场是流通体系的主体，在蔬菜产销过程中起着重要的作用。

以农产品零售市场为主体方面，方志权、顾海英认为蔬菜流通应减少中间环节，超市卖菜呈现巨大潜力。宣亚南认为在生鲜农产品零售领域，生鲜超市将有可能压过农贸市场。左两军、张丽娟分析了农产品超市经营对农业产业链的影响。周洁红、金少胜认为生鲜超市是我国从事农产品销售的真正主体。黄祖辉认为超市生鲜农产品供应链的管理不能仅依据一般的现代物流管理思想与实践，而要考虑产品特性、技术支持、营销与竞争、组织成熟度、公共政策诸因素。马云甫分析了我国城市农贸市场存在的诸多弊端和对其进改造的原则与模式。张静等认为零售业态的变革对蔬菜供应链产生了深刻影响，蔬菜超市化经营是蔬菜零售的重要形式之一。

（六）农产品流通运行模式研究

农产品流通运行模式研究集中在批发市场交易方式、农产品流通模式、农产品流通运行等方面。在批发市场交易方式方面，以农产品批发市场的交易方式研究为主，徐柏园提出以“拍卖机制”“快速检验”“资讯系统”改造现行农产品批发市场和运销系统。林锡彬提出了我国农产品批发市场引进拍卖方式的意义、政策和方式。贾生华、刘清华认为交易方式创新的核心内容就是如何稳妥有效地引进拍卖交易。寇平君、卢凤君对农产品竞价拍卖交易方式生存的社会条件、演变过程、历史局限及其在我国推行的适应性与可行性进行了系统分析。肖怡认为必须大力推进拍卖交易方式的创新，积极发挥行业协会和中介组织在农产品流通中的作用，努力培育规模化经营的现代批发商，不断完善相应的配套服务设施和法制建设。朱信凯认为由于受到政府失灵、市场机制不完善、中介组织化程度低等多方面因素的影响，农产品拍卖交易并不适合我国的现实国情。

在农产品流通模式研究方面，高燕认为构建我国未来农产品批发市场运作模式应借鉴国际经验。彭鹰认为国际上运行良好的蔬菜流通模式可以运用于我国蔬菜流通。张闯、夏春玉认为应壮大农民专业合作组织、提高农户组织化程度以及政府的互补性制度安排。李春成、李崇光认为应该建立以批发交易市场为中心、新型农贸超市为骨干的高效、畅通的农产品流通体系。

在农产品流通运行方式研究方面，李泽华认为农产品契约交易渐次推行是农业市场化发展之必然方向，契约交易既是不断提高市场农业经营计划性和效益的重要途径，也是在农业高度分散决策条件下将其纳入整个社会经济运行体系的基本手段。王学真分析了蔬菜从山东寿光生产者到北京最终消费者全程的流通环节和流通费用情况。

(七)农产品流通相关产业研究

农产品流通相关产业研究集中在农产品物流、农产品加工、农产品食品安全、农业信息等领域。在农产品物流方面，黄祖辉研究了消费主导下农产品通路的变化过程，强调了超市崛起和物流配送技术改进的意义。刘东英提出了现代农产品物流研究的整体框架。黄祖辉、刘东英指出制度创新将推动我国农产品物流体系的演进。赵春江认为农产品物流存在的主要问题是农产品物流渠道、流程不规范，无序流动现象较为普遍，物流体系建设缺乏统一性，农产品物流基础设施落后，物流效率低下，物流技术落后，物流成本过高。庞胜明认为进行时效性农产品物流供应链的优化，要找准农产品物流供应链的薄弱环节，明确农产品物流供应链的优化重点，才能够改善农产品物流的效率和质量。

在农产品加工方面，李延云研究认为中国农产品加工业的普遍存在加工链条短的问题。卢永军认为我国农产品加工业的发展依赖于市场信息、电子商务、农产品物流业的发展。李文丽认为农产品加工业正向着规模化、结构多元化、加工程度精深化趋势发展，这将必然形成“原料生产—加工—销售一体化”的产业模式。

在农产品食品安全方面，李春海提出按照食品质量安全标准和国际通行的标准，建立农产品质量安全体系，是农产品流通效率的制度性条件。方政分析了当前农产品安全管理中存在的主要问题，提出了相应的解决办法和发展策略。杨万江对鲜活农产品鲜活市场流通暴露出来的问题进行了剖析，提出确保鲜活农产品的质量安全对策。

在农业信息方面，张惠研究认为我国农产品流通的问题之一是信息不对称，市场信息的形成机制和信息传播手段的落后。张学江认为我国农产品流通市场信息的缺失，使得农产品生产与流通环节存在着不平衡性。王维认为农产品流通在其运行过程中具有环节众多、信息量大的特点；要利用现代信息技术，推进农产品流通信息工程；充分利用现代信息技术积极创新农产品交易渠道和方式。任荣认为构建完善的京郊农产品流通体系必须加强信息服务体系建设。万筱宁认为随着信息产业和电子商务的发展，农产品交易正快速从传统模式到网络模式变化。王宁、黄立平提出了基于信息网络的农产品流通模型。

(八)理论基础与相关研究的评述

现有理论与相关领域的研究为我们提供了思考的基础。从理论上看，产业组织理论、产业链研究、农产品供应链研究、农产品流通体制研究、农产品流通主体研究、农产品流通运行模式研究、农产品流通相关产业研究构成了一个较为完整的研究体系，这使我们的研究有了一个出发点，这些思想也成为我们研究的素材来源。从实践上看，现有研究成果深深影响着农产品流通产业的发展，这使得我们不能忽视现有研究成果的意义和思维“惯性”。

但考察现有理论与相关领域的研究，我们也可以看到诸多问题。产业组织理论的理论基础与我国农产品流通现实有差距,但可以看作农产品流通产业发展的方向。产业链研究和农产品供应链研究在我国出现的时间较短,研究辐射面还较窄。农产品流通体制研究中市场机制的运用不够充分,这与长期计划体制和行政管理方式有关。农产品流通主体研究中出现的两个派别反映了农产品流通的现实状况,但还未找出解决其矛盾的有效途径。农产品流通运行模式研究有很多探索,但与实际运用还有距离。农产品流通相关产业研究分布于各个产业,对其相互间的内在联系研究还不充分。

第二章　北京市农产品流通产业的基本构成与发育状况

一、北京市农产品流通产业的演变与现实构成

(一)北京市农产品流通产业的演变过程

北京市农产品流通产业的演变过程是与我国农产品流通体制改革和相关产业调整紧密联系的。自改革开放以来,我国农产品流通体制调整经历了五个阶段。1979—1984年,中央提高了粮食、食油、棉花、生猪等18种重要农产品的价格,同时开放了农产品集市贸易,开始形成农产品流通"双轨制"的雏形。1985—1991年,国家实行农产品价格"双轨制",对粮食、食油、棉花、生猪等重要农产品实行计划管理,同时放开蔬菜、水果、水产品和余粮的流通。1992—1997年,粮食等重要农产品的市场与消费开始完全由市场调节,农产品市场逐步形成。1998—2004年,适合中国国情的农产品市场流通调整基本确立。2004年,全面放开粮食市场,实行粮食购销市场化和市场主体多元化,标志着农产品流通体制全面市场化。2004年以后,随着中国进入WTO,中国农产品市场开始与国际接轨。

伴随农产品流通体制改革的是农产品流通产业格局的变化。首先是计划经济体制下建立的农村供销社和城市国有商业为基础

的农产品供销组织的瓦解，代之以市场角色出现的农产品流通主体。农产品个体经营户和私营企业的出现，逐步形成了直接联系农民和市场的农产品流通产业的基础。这期间，农村传统集贸市场迅速恢复和发展，并在其基础上逐步形成了规模更大、覆盖市场面更广的批发市场。自 1984 年起，全国各地逐步建设起蔬菜、粮食、肉类批发市场，农产品流通的核心产业开始形成。在建立农产品批发市场之后，农村出现了参与农产品流通的农民合作经济组织和农产品经纪人，城市出现了超市形式的农产品连锁经营，农产品流通产业体系基本成型。20 世纪末，随着信息技术的发展，以农产品网络销售为特征的现代农产品流通形式也开始出现。

北京市具有市场规模大和依托首都的双重优势，其市场化的农产品流通产业链的形成较全国更早。20 世纪 80 年代，北京市出现了农产品批发市场；90 年代开始规划、建设规模化的农产品批发市场。21 世纪初，北京市农民专业合作组织发展迅速，逐步成为农村农产品生产、流通的主要渠道。与此同时，农贸市场逐步退出城区，2008 年以超市和社区菜市场为主的城市农产品零售体系建立起来。20 世纪 90 年代北京市信息产业发展较快，基本完成了信息网络的建设，21 世纪初网上交易开始成为农产品流通的新型方式。2009 年北京市开始探索“农超对接”，以实现农产品不经过批发市场而直接进入超市销售。这些情况表明，北京市农产品流通产业的发育程度、产业发展水平和市场的完整性都是较高的。

（二）北京市农产品流通产业的现实构成

北京市农产品流通产业按流通环节分为五个基本部分，见图 1.1。农民和农民专业合作组织处于农产品流通的前端，其中农民

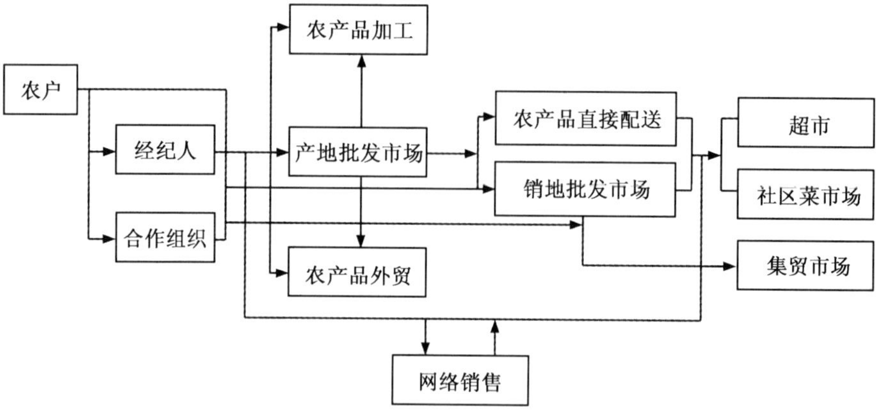

图 1.1 北京市农产品流通环节

以自销方式参与了农产品流通；农民专业合作组织多是通过农民联合来维护其在交易中的卖方地位，组织本身很少从农产品流通中取得利润，可以看作是准市场主体。经纪人和产地批发市场分布于京郊农产品产地，经纪人来自农民，他们从事农产品收购、储运、销售以及销售代理、信息传递、服务等中介活动；产地批发市场则是方便诸如桃、西瓜、花卉等农产品主要产区的集中销售。销地批发市场包括综合性批发市场和专业批发市场，承担着集货、交易、信息、价格形成和结算功能，是北京市农产品流通产业中发育程度最高的产业。超市、社区菜市场和集贸市场处于农产品流通末端，承担着农产品的分销和零售职能。另外，北京市农产品流通产业还涉及农产品外贸进出口和网络销售，其中网络销售是一种新型农产品流通方式，正迅速渗入农产品流通的各个环节。农产品配送业是近年来迅速发展的产业，它一端联系着生产者、农产品批发市场、农产品加工企业，一端直接联系着超市、农产品消费大户。

北京市农产品流通产业的重要特征是销地批发市场居于核心地位。北京市是国家首都，拥有国际化大都市的特殊地位，是一个超大型消费城市。这决定了北京市本地市场优先于外地市场，销地批发市场强于产地批发市场，政府重视批发市场建设，以批发市场引导农产品产生、零售的农产品流通产业格局。但随着“农超对接”的探索，以超市为代表的农产品零售业对农产品流通产业的影响正在加强。

二、北京市农产品流通产业中的基本环节

(一)销地农产品批发市场

1. 北京市农产品批发市场的总体状况

北京市农产品批发市场的性质属于销地批发市场，这些批发市场是在农贸市场基础上逐步发展起来的。20世纪80年代，北京市出现了第一个农产品批发市场——大钟寺农产品批发市场，此后批发市场逐步成为农产品流通的核心环节，农产品流通模式也演变为“农户、批发市场、农贸市场、个体商贩、消费者”。20世纪90年代，由于原有批发市场较为简陋，以及城市发展的整体布局需要，北京市的农产品批发市场开始转移到三环、四环之间，2000年末北京市农产品批发市场达到52家，全市农产品交易量达到762万吨，其中批发市场交易量为500万吨。21世纪初，北京市农产品批发市场进一步向郊区转移，新建了回龙观等批发市场。2009年全市各类农产品综合市场有394家，其中农产品批发市场有86家，这其中的新发地、岳各庄等九大农产品批发市场承担着主要职

责。2009年北京市农产品交易量达到1 150万吨，其中，全市蔬菜交易量达到730万吨、果品330万吨。2009年5月，在农业部公布的定点农产品批发市场中，北京市有16家。北京市的农业部定点农产品批发市场是北京市农产品批发市场的核心，代表了农产品批发市场的总体水平。

2. 北京市农产品批发市场的建设与运营

北京市农产品批发市场多建于20世纪90年代，由于时间短、规模大，因而总体发展水平较低。在设施建设方面，多数批发市场优先建设用于批发和零售的交易大厅或交易区，以及用于市场管理、监控、商品检测、结算处理、信息处理的管理设施，而用于农产品储存、冷藏以及加工、包装、配送的辅助设施相对简陋，商务办公以及生活服务设施更是缺乏。在软件建设方面，各类市场尚不能提供实时市场价格和价格预测，价格形成功能不完备；食品安全监管设施落后于国外及国内其他先进城市。

北京市农产品批发市场中的直接经营者有3万余人，其较大规模的经销商被称为大户。经销商的经营方式是与农贸市场相同的摊位形式，经销商订货和出货，批发市场从经销商收取摊位费和手续费。经销商是一个文化素质相对较低的群体，几乎都是外地进京人员。经销商的经营品种相对固定，大户的经销量很大，他们依靠自己掌握的货源和客源，操控着北京市的农产品市场价格。经销商抱怨的主要问题集中在市场管理和经营风险方面。在市场管理方面，他们反映开发票难、交通拥堵是常事。在经营活动方面，他们认为蔬菜分量缩水、腐烂、气候等因素是主要的经营风险。在交易成本方面，他们认为过路费、摊位费、增值税很高，批发市场还常以高额罚款代替解决他们经营中的问题。

北京市农产品批发市场目前的主要交易方式是摊位即期对手交易，经销商租赁摊位进场交易，交易主要为现货，由经销商与供应商、零售商直接交易。摊位即期对手交易方式是一种较落后的交易方式，它限制了入市交易人数，缩小了农产品流通范围，不利于农产品远期价格的形成。尽管一些批发市场在探讨远期交易、远程交易、信用交易、委托交易、网上交易等交易方式，以及连锁制、代理制、配送制、拍卖、期货等经营方式，但实行这些交易方式和经营方式的产业条件还不具备。

运输业是与农产品批发市场直接相关的产业，北京市最大的新发地农产品批发市场每天进场车辆超过 30 000 辆，八里桥农产品批发市场也有 5 000 多辆。这些车辆多数为经销商所有，以批发市场为中心的农产品运输业，及停车、维修服务业有很大发展潜力。

目前北京市各个批发市场都建设有自己的网站，但实现信息实时采集和发布的能力较弱，加之经销商多采用摊位对手交易方式，使得批发市场相关的信息业发展缓慢。

与农产品批发特别是与分销环节相关的经营性业务也有着巨大的发展潜力，包括冷冻、仓储、物流、加工、配送、分拣、包装等业务环节，这些业务可以形成相关产业，从而延伸农产品批发产业。另外，近年来一些批发市场中的大户开始在京郊建设自己的生产基地，这些基地也可看作农产品批发市场的延伸产业。

(二)产地农产品流通渠道

北京市的产地农产品流通环节主要包括农民专业合作组织、农产品经纪人、产地农产品批发市场和农民自产自销。在农村供销社体制瓦解后，批发市场成为农产品流通的主导力量，而北京市又以销地批发市场的实力更为强大，这使得产地农产品流通的相关产业处于相对弱势的地位。

1.农民专业合作组织

2007年7月《农民专业合作组织法》实施后，北京市农民专业合作组织发展迅速，正在成为京郊农村基本的生产组织形式。2009年部分区县成立的农民专业合作组织为：顺义区有133家，参加农户10 517户；密云县有600家，参加农户25 973户；平谷区有390多家，参加农户2万多户；大兴区有324家，参加农户5.4万户；怀柔区有391家；房山区有343家，参加农民1.24万人。

严格意义上讲，农民专业合作组织不是农产品流通实体，而是以家庭承包经营为基础，由农民自愿参加，围绕信息、技术、收购、储运、加工、销售等环节，通过入股建立的一种互助合作经济组织。农民专业合作组织主要在生产领域发挥作用，协助农民销售农产品是其功能之一。

北京市农民专业合作组织在农产品销售方面的做法主要采用三种方式。第一种方式是采用“公司＋合作社＋社员”的模式，其中“公司”是指生产企业或经销企业，“合作社”作为市场主体，实现大规模、订单化生产、销售。在这种条件下，农民专业合作组织具有一定产地农产品流通渠道的功能。第二种方式是通过农民专业合作组织开拓市场、销售渠道、创立产品品牌、控制农产品质量，以协助农民进行销售。第三种方式是以农民专业合作组织形式与经销商进行交易，提高交易价格，维护农民在市场中的地位。

农民专业合作组织在参与农产品流通过程中出现的主要问题在于自身的规范性和恰当的市场角色。在政府鼓励农民专业合作组织发展的政策背景之下，一些其他经济组织借农民专业合作组织之名，享受政策优惠，而没有发挥农民专业合作组织的作用。农民专业合作组织内部也存在加入农户没有股金、民主管理流于形式、经营管理和销售服务能力弱、盈余分配不足等问题。由于农民专业合作组织还不是农产品流通实体，它一方面在协助农民销售，另一方面也会阻碍农产品产地市场的发育，限制了农民成为市场主体。

2.农村农产品经纪人

北京市农村农产品经纪人行业发展较快，正在成为农产品产地流通的重要渠道。北京市农村农产品经纪人包括执业经纪人和非执业经纪人。执业经纪人拥有个体工商户的《营业执照》和《经纪资格证书》，2007 年全市约 1 800 人。大多数农产品经纪人是非执业经纪人，他们只在收获季节或业务较多的时候从事经纪活动，属于兼职性质，因而具体人数也不好统计。

北京市农村农产品经纪人主要从事农产品的外销，销往北京市场的比重并不大。经纪人的经纪活动有中介、代理、行纪等方式，多数北京农产品经纪人有自己的固定客商，实际上是这些客商在当地的季节性助手。农产品经纪人通常在生活地从事经纪活动，他们对当地农户和农产品有非常深入的了解。在收获季节，经纪人为客商在当地疏通关系、安排生活，联系农户、组织货源，帮助农产品分拣、包装、过秤、发货，并从客商处获得佣金。

经纪人在产地农产品流通中起到了积极作用。经纪人本身作为一种销售渠道，在客商和农户之间起着沟通、中介作用，特别是把外地市场于当地农产品生产连接起来。经纪人了解新的信息，有较强的市场意识，同时具有生产、包装、储运、销售的知识，因此对农民销售农产品有很大帮助。在更大层面上，经纪人了解市场供求状况，因而在一定程度上也可以引导当地农民的生产。

北京市农产品经纪人行业目前面临的问题主要是规模小、人员素质低、经营条件差、行业管理薄弱。北京市农产品经纪人多是自发形成的，绝大多数又是个体经营户，因而自身实力较弱，影响力也较小。由于经纪人多数是当地农民出身，文化水平较低，服务差、信誉低、经纪方式落后是经纪人中普遍存在的问题。经纪人有很强的季节性，其收入来源不固定，自身的资金实力也较弱，因此经纪人的经营条件并不好，只能从事一些低成本、低收益的活动。北京市在区县、乡镇有一些经纪人组织，但多数经纪人与这些组织的联系并不紧密。经纪人之间合作意识较差，诚信度不高，很难形成经纪人之间的团体。在管理上，没有明确的管理机构，也没有明确的行业规范。

3.产地农产品批发市场

北京市农产品产地批发市场建设起步较晚，2006 年顺义区建成北务农产品产地批发市场，大兴区建设了沙窝农产品产地批发市场，这都是较早和较为规范的农产品产地批发市场。北京市农产品产地批发市场集中建在蔬菜、瓜果产地，主要是便于这些农产品的季节性集中上市，而其中相当数量是销往外埠市场的。由于北京市把农产品流通的重点放在销地批发市场，而京郊农村距离这些销地批发市场又较近，这造成了农产品产地批发市场目前较为薄弱的状况。

北京市的农产品产地批发市场的规模较小，设施相对简陋，一般包括交易、存储、过磅、检测和管理设施，市场建有交易场地和交易大棚，配有地磅，以及小型检测室和检测设备。农产品产地批发市场的交易过程是农民直接参与的，市场只提供相关服务。这些服务包括:有客商时发布信息、通知村民,农产品交易时的过磅、结算,维持市场交易秩序和场地卫生等。

产地批发市场在农产品流通中发挥了四项功能:第一是维持价格,建有产地批发市场的农村地区,周边乡镇通常由政府组织打击地头交易,通过减少私下低价交易提高整体农产品价格。第二是传达信息,产地批发市场也是农产品信息的集散地,一些市场还通过登记造册方式,联系着农民和经销商,及时通知和安排双方到市场进行交易。第三是集中销售,通过市场组织货源,能够满足大批量客商的要求。第四是食品安全控制,虽然设备简陋,但每天对出市场的农产品进行安全检验,还是能够起到一定的安全控制作用。

北京市农产品产地批发市场建设起步较晚,主要存在问题是数量少、规模小、设施简陋、管理薄弱,难以充分发挥农产品流通中集散货物、交易商品、价格形成和信息集散等功能。

北京市农产品产地批发市场最大的压力来自销地农产品批发市场,由于销地农产品批发市场在数量、规模、距离等方面具有优势,使农产品产地批发市场的生存空间受到限制。

4.农民自产自销

随着北京市农产品流通体系的完善,农民自产自销的农产品比重正在下降。农民自产自销的渠道有销地批发市场和农贸市场。销地批发市场以经销商为主,1993 年大钟寺批发市场 50%为农民自产自销,2008 年北京中央农产品批发市场 60%以上为一级批发商和代理商,农贸市场中农贸自产自销比重较大,2006 年北京农贸市场中 65%以上的蔬菜、水果是农民自产自销,零售商贩的比重在加大。

农民自产自销农产品比重下降是一个必然趋势。由于城市规划和城市管理原因，北京市一直实行取缔城市流动商贩的政策，农民自产自销只能进入农贸市场。为加强食品安全，批发市场和农贸市场都在加强农产品检验，并不同程度地实施农产品市场准入制度，农民在缺少检疫检验证明情况下，采用自产自销方式进入农产品流通主渠道日趋困难。虽然国家给予农民自产自销许多减免税收的优惠，但诸多因素使农民直接销售农产品受到很大限制。从销售成本考虑，除运输目前较便利外，其他中间费用正在增加，农民自产自销的总体成本呈上升趋势。上述原因使农民自产自销方式不可能成为农产品流通的发展方向。

(三)城市农产品零售业、农贸市场

北京市农产品销地零售业主要是城市农产品零售业和农贸市场，其中城市农产品零售业主要是农产品超市和社区菜市场。2005年起农贸市场逐步退出城市后，按地域划分的农产品销地零售业格局正式形成。

1.城市农产品零售业

我国超市经营鲜活农产品始于1996年，2002年北京市提出建设农产品连锁超市和社区菜市场，在此之后“农改超”成为城市农产品零售业的主要发展方向，到2008年北京市农贸市场已经基本在四环路以内消失。北京市“农改超”的主要方式是在原农贸市场基础上建设室内农产品生鲜超市或农产品经营公司，或在连锁超市中开辟鲜活农产品销售区。“农改超”后，超市成为农产品销售主体；超市以其特有的方式组织农产品流通，减少了中间环节和经销人员，降低了流通成本；与农贸市场相比，超市购物环境整洁，顾

客自选商品,更方便了顾客;超市对农产品质量直接负责,更好地保证了食品安全。但“农改超”的实施效果并不尽人意,主要原因有:经营生鲜农产品超市分布不均匀,许多居民区远离超市,购物不便;超市整体运营成本高于农贸市场,许多超市的进场费很高,成本分摊后农产品零售价格偏高;连锁超市的鲜活农产品销售区面积较小,供应量不足。

面对“农改超”的问题,2009 年北京市开始探索“农超对接”,即农产品不经过批发市场而直接进入超市销售。超市选择农民专业合作组织或农产品生产基地,实现与农民的对接。“农超对接”的优势是减少了农产品流通的中间环节,保持了农产品的新鲜度,能够形成品牌特色,有助于提高生产者和超市的经济效益。

在“农改超”和“农超对接”实施期间,北京市试图发展农产品经销公司和农产品物流配送企业。农产品经销公司是从事农产品流通的专业批发商,可以取代个人形式的农产品经销商;农产品物流配送企业是农产品流通的物流枢纽,从事农产品的加工、配货、储藏、运输。但是这两类企业发展并不很好,这是由于依托农产品批发市场或超市而使这两类企业的独立性和实力都不强。

在农贸市场退出主要城区后,社区菜市场仍然是当前北京农产品流通渠道中的主要零售环节。社区菜市场由摊商运销农产品,具体方式与农贸市场相同,只是摊商数量较少。另外,一些个体摊商为回避取缔路边市场的政策,在社区租房独立经营。社区菜市场和个体摊商的存在,反映出超市经营农产品所存在的缺陷。

“农改超”后,超市经营农产品对现有农产品流通、生产和消费体制提出了挑战。第一,超市削弱了农产品批发市场的地位。超市经营农产品将跳过批发市场这一环节,“农超对接”实现后北京市将有50%左右的农产品、70%左右的特菜直接进入超市销售，这意味着农产品批发市场在北京市农产品集散过程中的核心地位将下降。第二，超市经营农产品将更多与农民专业合作组织和农产品生产基地对接，而其他农户可能被排斥在市场之外，他们的产品批量小，既难进入批发市场，又难进入城市超市。第三，超市经营农产品的成本较高，给城市居民生活带来了不便。

2.农贸市场

北京市的农贸市场兴起于20世纪80年代，为满足城乡居民基本生活消费起到了重要作用。21世纪初，随着城市建设和人们生活水平的提高，北京市提出农贸市场要逐步退出城市。2008年北京市城区已经完成“农改超”，农贸市场成为分布郊区和农村的销地农产品零售渠道。

北京市现存农贸市场采用物业经营方式，市场收入来源于收取商贩的摊位费，2008年平均每月的摊位费为600～900元，另收取过秤费等杂费。经营内容主要是蔬菜、水果、肉类和水产等鲜活类农产品，也有少量其他日用品和杂货。上货和销售由市场中的商贩进行，其中郊区商贩的进货渠道60%以上是农产品批发市场，农村地区商贩大部分是自产自销。农贸市场的顾客主要是附近居民，他们采购的特点是量少次多，到农贸市场的原因主要是农贸市场能够保证农产品的新鲜，价格上较为便宜。在市场设置方面，多数农贸市场采用蔬菜、水果、猪肉、面粉、豆制品、粮油的分区经营，设有农残检测室，其他如停车场、通风设施等基础条件近年来也有较大改善。农贸市场自身存在的问题是效益低，购物环境较差。

土地经济效益是决定农贸市场存在的根本原因。农贸市场有很强的公益性，土地经济效益较低，一个1 500平方米的农贸市场，每月收入10余万元，除工资和设施维护费用外所剩无几，同样面积土地在城市用于房地产或其他产业则收益高出很多。这一原因使得农贸市场与超市是无法并存的，农贸市场退出城市是一个必然选择，农贸市场成为在郊区和农村地租较低地区的独立业态。

除设施、环境、管理和食品安全等问题外，北京市农贸市场发展还存在两个问题：一个是农贸市场规划不善而造成许多居民聚居地周围没有农贸市场，这也是造成路边市场和流动摊贩存在的主要原因。二是一些农贸市场无限制发展，在市场内搞饭馆、百货、农资，还有些农贸市场向农产品批发市场方向发展。

(四)农产品对外贸易、农产品的网络销售

1.农产品对外贸易

北京市的农产品出口有100多个品种，主要是鲜活农产品，又以蔬菜和禽肉占绝大部分。北京市农产品出口市场包括东亚和东南亚、中亚、西欧、北美以及非洲国家或地区，日本、韩国，中国香港、中国台湾是主要市场，而日本又是中国蔬菜最大进口国、北京市禽肉的最大出口市场。北京市的农产品出口大多属于直接出口的一般性贸易，农产品出口处于较低水平。

北京市用于出口的蔬菜和禽肉生产达到了产业化水平，蔬菜产销采用“公司＋基地＋农户”模式，禽肉产销采用“公司＋协会＋农户”模式。在蔬菜和禽肉出口环节，扮演主要角色的有出口公司、生产基地和农民专业协会。在出口公司中，外商独资企业和国有出口企业占有着绝大份额。由于北京市出口农产品基地规模小、开拓国际市场能力弱，因而出口行业有一定垄断性。2005年北

京市前十大出口日本的企业占据了81%的出口份额。协会是农产品出口的中介组织,由于机制、职能、经费原因,北京市农产品出口的相关协会的作用还比较有限。北京市用于出口的农产品生产基地规模有限,这些生产基地在农产品出口中也处于次要地位。

2.农产品的网络销售

近10年,农产品网络销售和信息产业发展迅速,正在成为一种新型的跨地区的农产品流通渠道。1994年中国农业信息网开通运行,这标志着农产品流通开始进入了网络时代。2008年全国各级农业部门在农业信息网站发布农产品供求信息100多万条,开辟促销专栏或举办网上对接会近1 000个,实现对接金额150多亿元。2009年初,中国农业信息网的“供求一站通”注册用户超过30万个,“网上展厅”注册会员企业有10 000家,是国内最权威的农产品网络销售平台。

农产品网络销售和信息产业的主要形式是农产品电子商务网站,举办该类网站的主要有各级农业部门和政府、农产品批发市场和农贸市场、农产品经销企业、专业农产品与农业信息网站,以及其他少量农业合作组织、配送加工企业等。农产品电子商务形式有网上黄页、信息中介、虚拟社区、电子商店、价值链整合和第三方交易市场,可分为商情信息、交易撮合和电子商务三个层次。目前北京市农产品网络销售和信息产业还处于低中端水平的应用水平。一般农产品网络销售网站的内容有行情信息、市场信息、经销商信息、产品信息、数据库、农产品知识性介绍等,企业、行业组织和各级农业部门的网站则包括自身介绍和相关领域信息。在这些信息中,能够直接促成农产品销售的有两类,即农产品市场信息发布系统和农产品网络销售系统,交易双方通过网站信息了解对方,然后以在线或线下达成交易。

农产品网络销售和信息产业目前虽处于初级阶段，但其对农产品流通的作用日趋加大。农产品网站的直接作用是通过发布市场信息而形成农产品市场行情和价格，从而打破了农产品交易受物流和交易场所的限制，大大减少了交易时间和交易成本。随着农产品网络销售和信息产业的发展，以农民专业合作组织、农产品经纪人、农产品经销公司为主的销售方和以农产品网络销售、农产品配送为主的中间环节，以及超市、农产品加工企业为主的采购方的农产品流通产业正逐步形成。这种体系将削弱农产品批发市场在北京市农产品流通中的核心地位，同时也会对食品安全、税收等农产品流通中的监管环节产生影响。

三、北京市农产品流通产业的发育特性

（一）北京市农产品批发环节的产业发育特性

北京市农产品批发市场是在北京市城市发展规划指导下建设的，因此在布局分布和市场结构上具有优势。但是，北京市农产品批发市场在经销方式、经销商，以及食品安全、价格形成等功能方面较为落后的，这与北京市的首都和国际大都市的城市地位不相适应。

北京市农产品批发市场的总体发展方向是升级换代，从设施建设开始，通过发展"硬件、软件、经营者、市场功能、相关产业"，最终建设更先进的市场体系。设施建设是使硬件完整配套，除交易大厅、交易场地外，重点建设食品安全、仓储配送、信息、车辆、市场管理等设施。软件建设的重点是完善交易方式，除目前的摊位对

手交易外，发展代理、配送、拍卖、期货等交易方式，在此基础上建立更完善的北京市农产品批发市场交易制度。在经营者方面，应减少个体经销商，增加经营企业的比重，并适当提高市场准入门槛，以提升经销商的总体水平。充分发挥批发市场在北京市农产品流通产业中的核心功能，除农产品交易外，重点提升在价格形成、农产品安全控制、市场管理和引导农产品生产方面的功能。最终，应以批发市场为核心，带动农产品运输、信息、仓储、加工配送等相关产业发展，特别是使更多农民能够成为市场主体，直接进入农产品市场。

北京市农产品批发市场应根据“升级换代”的发展方向，调整与扩大自身经营规模、加强市场软硬件建设、发展关联产业。调整与扩展经营品种，走综合与专业化结合的道路，重点发展几类农产品批发经营，同时带动其他农产品经营。加强商户、基地、网点体系的建设，涉及农产品生产基地、批发市场、零售网点、运销大户及各类消费者。加强食品安全，完善市场自身农药残留、商品检测的设备和技术，加强不安全农产品控制和信息披露。增加仓储能力，特别是冷藏仓储能力，开展农产品的加工、配送业务。提高市场信息化水平，达到市场交易状态、交易价格和相关信息的实时发布。

（二）北京市产地农产品流通的产业发育特性

北京市农产品生产的自然优势是北京市农产品消费市场巨大、生产者与市场距离近，但这也造成了产地农产品流通环节的薄弱，多少有些“围着市场销售难”的情况。在产地农产品流通环节，产地批发市场数量和规模不够，农民专业合作组织主要不是流通性组织，农产品经纪人是不稳定的个体性群体，农民自产自销比例正日趋下降。这样所造成的局面是，部分市场参与能力较强的农民可以直接进入北京市批发市场、农贸市场、外贸销售等主渠道，而更多农民进入市场的难度加大了，这也是当前农民难于成为市场主体的重要原因。产地农产品流通环节的薄弱造成进一步的问题是使农产品生产与市场脱节，“围着市场销售难”就演变成农民不知道该生产什么的问题。

目前，北京市农产品产地流通体系建设是一个具有挑战性的问题。这一问题的挑战性在于时至今日农产品产地流通体系的建设方向尚不明确。可供选择的方向有两个，即销售型农民专业合作组织方向和产地批发市场方向。政府趋向于发展农民专业合作组织，但农民专业合作组织偏于生产，具有较强的专业性，这使得农民专业合作组织难于承担农产品流通的职能，在农产品经营范围上也存在问题。产地批发市场的建设难度较大，同时受销地批发市场的挤压，其运营效益和生存能力都存在问题。

(三)北京市农产品零售业的产业发育特性

北京市农贸市场将进一步向京郊农村转移。在这一前提下，农产品零售业的发展核心问题是进一步整合城乡两个农产品零售体系，以及调整农贸市场、超市和社区菜市场与农产品批发市场之间的关系。

农贸市场在向京郊农村转移后，其规模会变小、分布更分散，因而将不再是北京市农产品零售业的主导力量。

农贸市场退出城市后，城市农产品零售业在生鲜市场上出现了空白，生鲜超市、连锁超市、社区菜市场、个体摊商将重新寻找各自的定位并瓜分市场，同时农产品经销公司、农产品配送公司将有很大的发展空间，而农村农民专业合作组织、农产品产地批发市场也将直接与农产品经销公司、农产品配送公司直接对接。如果这一体系得以实现，北京市农产品零售业将呈现出“超市-经销与配送公司-农民专业合作组织与产地批发市场”的新格局。

当前一个突出的问题是农产品批发市场与超市争夺城市农产品零售业主导权。北京市农产品销地批发市场的发展方向之一是扩充生产基地和经销网点，农贸市场退出城市给批发市场留出了巨大发展空间。批发市场拥有货源优势、价格优势，在争夺城市农产品零售市场中并不弱于超市。如果批发市场发展速度较快，北京市农产品零售业就会形成“农民与农民专业合作组织—批发市场—城市零售网点与超市”的产业格局。

（四）北京市农产品对外贸易和农产品网络销售的产业发育特性

从农产品流通角度看，北京市农产品出口的主要问题是出口渠道较窄。造成这一问题的直接原因是缺乏严格的检验检疫体系，农产品安全与进口国要求存在距离；农产品基地规模小、开拓国际市场能力弱。这使得只有那些具有相当实力和能够控制国际市场检验环节的出口企业可以从事农产品出口业务。未来几年，北京市农产品出口行业的主要发展方向是拓宽渠道。重要的是提升出口公司的素质，培养能够开拓国际市场的出口企业。同时，扶植农产品生产基地，扩大生产规模，完善农产品安全生产体系。在行业协会方面，发挥行业协会的作用。另外，可以发展农产品加工企业，从而间接拓宽农产品出口途径。

农产品网络销售和信息产业需要解决的问题也有很多。农产品网络销售和信息产业的发展虽然前景广阔，但至今仍是农产品流通产业中的配角，其原因是多方面的。农村的网络基础设施薄弱，目前开展的网络覆盖农村建设，距离广泛应用还有距离。农村的信息与现代营销人才缺乏，农民的思维方式和销售习惯还没有跟上信息产业的发展，销售活动也只是在批发市场、农贸市场等有形市场出售商品，了解与应用市场信息的能力还很低。农产品的标准化程度较低，也使人们无法通过信息辨识农产品的真实情况，必须亲临现场、现货交易。在当前，农产品批发市场和农贸市场不仅仅是交易场所，也是形成税收、食品安全监控、市场管理的环节，因而产业政策在许多地方是在抵制农产品网络销售和信息产业的发展。农产品网络销售和信息产业需要农产品经销、农产品配送等行业的配合发展，这些相关行业的发展滞后也给农产品网络销售和信息产业发展带来了困难。

四、北京市农产品流通产业的发展方向与策略

（一）建设以批发市场为基础、以经销企业为核心的农产品流通产业体系

北京市农产品流通产业以批发市场为基础的原因在于，北京市批发市场已经完成整体规划布局，其建设已经具有相当规模，已经可以实现农产品的集散、价格形成、市场管理等功能，具有承载物流、信息、食品安全等多个相关产业的能力。而超市等农产品零售业本身是分散的，在未来一段时间内还不能形成对北京市农产品市场的总体控制，也不能成为相关产业的载体。农民及农民专业合作组织、经纪人等销地流通环节则更是处于弱势地位。

北京市农产品流通产业体系建设的关键是经销企业。坚持以批发市场为基础建设北京市农产品流通产业体系，其重点是引导参与市场活动的个体为主的经销商向规范的经销企业发展。批发

市场提供的是经营场所和市场平台,经销商才是农产品流通的组织者。批发市场、超市、农民专业合作组织都由政府直接参与管理,实力和规范性较强,而经销商这一农产品流通最关键的群体则主要是个体经营者,从而形成了外围强、中间弱的局面。更重要的是以个体为主的经销商没有能力发展农产品流通的其他行业,从而阻碍了北京市农产品流通相关产业的发展。因此,北京市农产品流通产业发展的唯一出路就是使经销商向规范的经销企业发展。

北京市农产品流通产业体系的发展构架是完善批发市场体系;在批发市场基础上建设规范化的农产品流通企业;通过农产品流通企业的延伸来发展物流、仓储、配送、信息等相关产业;农产品流通企业向产地发展,与农民专业合作组织结合,形成“经销企业+合作组织+农户”的渠道模式;农产品流通企业向零售业延伸,形成零售连锁网点和超市销售点。

(二)将批发市场建设成为综合产业平台

北京市农产品批发市场是围绕农产品交易而建设的,虽然交易是农产品流通的基本活动,但不是农产品流通的全部活动。农产品批发市场仅仅强调其交易功能,则阻碍了其向综合农产品流通基地发展,降低了其在农产品流通中的核心地位。

批发市场特别是大型综合农产品批发市场要按农产品流通环节的建设,这些环节包括物流、仓储、检验检疫、交易、分拣加工与包装、配送、结算、信息等。只有按照农产品流通环节建设批发市场,才能逐步改变以经销商为主的摊位对手直接交易,使批发市场本身从物业式经营向营销式经营转变。

以批发市场为依托,发展与农产品流通相关的运输、仓储、配送加工、信息企业。农产品流通相关产业发展的瓶颈是这些产业缺乏依托，使自身难以与农产品流通主营业务相衔接。除批发市场外，农村组织、超市等的规模小而分散，运输业、信息行业与农产品流通联系不够紧密，因此依托农产品批发市场是最为有效的方式。

（三）发展农产品经销企业

农产品经销企业是北京市农产品流通产业发展的关键，建设一批有实力的规范的农产品经销公司，将彻底改变北京市农产品流通产业的格局。在批发市场中发展农产品经销企业，这些企业虽然可以分散在农村、城市，但最佳发展场所仍然是农产品批发市场。

农产品经销企业是指按照现代企业制度建设的，拥有市场准入资格，拥有经营场所和经营渠道，从事农产品流通和相关行业的企业。农产品经销企业可以驻扎在农村、批发市场、超市和零售点，主要以自身的业务渠道开展经营活动，经营内容可以是农产品批发、零售和相关的运输、仓储、加工、配送、信息服务等。

与目前以个体为主的经销商不同，农产品经销企业是规范的企业形式，它可以按照法律和行业规范运作，与投资体制相衔接，可以迅速发展成大型农产品流通企业。

发展农产品经营企业最关键的是实行农产品流通的市场准入制度。市场准入制度可以提高进入农产品流通领域的门槛，减少小规模的个体经营，提高整个农产品流通产业的素质。推行市场准入制度可以便于行业管理，把食品安全、税收等行业管理的难题用市场准入条件来解决。市场准入制度可以调整农产品流通产业从业企业的数量，优化产业结构，减少目前的无序发展和竞争。

(四)发展信息、运输配送、仓储加工等相关行业

农产品流通相关产业包括运输、仓储、包装、加工、配送、检疫检验、信息等产业，这些产业的发展依赖农产品流通的基础产业，主要取决于农产品流通的总量和农产品流通主体的需求。目前，北京市每年农产品流通总量超过130亿千克，这一规模足以支持农产品流通相关产业的发展。所以，流通主体成为限制农产品流通相关产业发展的主要因素，流通主体必须能够提出需求，并使衍生业务与基础业务相衔接。

目前在农产品流通产业中，经销商主要需要运输、仓储条件与之业务相适应，超市主要需要运输、加工、配送等方面满足其要求，其他方面对农产品流通相关产业的需求就较为散乱，因此，只有农产品经销企业能够全面与农产品流通相关产业相衔接。由此可见，农产品流通相关产业的发展仍然要依赖农产品经销企业的发展。

(五)经销企业向京郊农村延伸

北京市农村的农产品流通一直处于弱势状态，这与京郊农产品产地缺乏流通经营组织有直接关系。农民专业合作组织是生产者的协作组织，举办农产品地产批发市场的目的是方便农民销售产品，经纪人属于中介性质，农民本身则不属于流通渠道。而在京郊农村缺乏真正意义上的农产品流通组织的根本原因是这些组织必须具备市场拓展能力和经营管理能力，特别是拥有销售渠道，这些是农村当地的生产性组织和个人欠缺的。因此，依赖农民专业合作组织、农产品地产批发市场、经纪人或农民自己是不可能建立农村农产品流通组织的。

在京郊农村建立农产品流通组织只有依赖农产品经销企业，这些企业依据在农产品批发市场、农产品零售业和农产品出口方面所拥有的渠道，经销京郊农村的农产品。这些企业在京郊农村设立分支结构，而企业核心部门在城市或销地批发市场。对于生产能力较强的乡镇，可以建设自己的农产品经销企业，但这些企业最终也会转向依赖批发市场。

目前，农民生产与市场存在严重脱节，农民希望通过合作组织加强自身在市场中的地位，这实质上是生产者与市场的对抗。由于市场竞争的存在，农民及农民专业合作组织无法与市场力量抗衡。为了解决这一问题，农产品经销企业可以与农村产地签订长期经销协议，一方面传达市场信息，另一方面将农村转化为生产基地，从而最终形成生产与市场的对接。

(六)发展以超市和经销企业为主的农产品零售业

在农产品零售环节，除目前的超市和农贸市场外，农产品经销企业也将参与其中。

超市在城市农产品零售业中扮演主导角色。超市直接面对消费者，拥有完善的设施和先进的经营管理制度，在农产品制成品销售中占用绝对优势。超市的弱项是鲜活农产品的销售，主要是鲜活农产品的保鲜、配送，以及较高的进场费。如果农产品经由批发市场进入超市，则超市要承担场地费用和保鲜损失。但通过发展农产品经销企业，则可以由这些企业承担进场费和保鲜损失。

农产品经销企业的另一个作用是参与社区菜市场和农产品零售点的经营。社区菜市场和农产品零售点的发展方向是连锁经营，即开设连锁自营店和加盟商。由于超市大规模集中经营的特点，超市办社区菜市场和农产品零售点的可能性较小，而农产品经销企业拥有进货渠道，有利于参与社区菜市场和农产品零售点的经营。

在京郊农村，农贸市场还将在一个较长时期内作为农产品零售渠道而存在，农贸市场的存在主要是场地和运营成本较低。但随着城市建设的发展和土地价值的提高，占地面积较大的农贸市场将失去其成本优势，这时由超市和农产品经销企业参与农贸市场改造则成为必然。

第三章　北京市主要农产品流通产业的发育状况

一、北京市主要农产品的构成及其流通影响因素

北京市是一个特大消费型城市，2009 年底常住人口达到 1 972 万人，流动人口达到 764 万人。北京市主要流通的农产品包括粮油、蔬菜、果品、畜产品、禽蛋、乳制品、水产品和花卉。2009 年每日上市猪肉 145 万千克、牛羊肉 101 万千克、蔬菜 2 112 万千克、米面 396 万千克、鸡蛋 330 万千克、食用油 66 万千克。2010 年北京市农产品自给率为 23%，77%以上的产品由外埠供应。

北京市主要农产品的流通受农产品流通产业链的影响很大。北京市农产品流通产业链是以农产品销地批发市场为核心，经销商从事具体交易活动；在产地参与农产品流通的有农民专业合作组织、农产品产地批发市场、农产品经纪人和自产自销的农民；零售渠道由城市的超市、社区菜市场和郊区的农贸市场组成。近年随着“农改超”和“农超对接”措施的实施，城市超市和社区菜市场倾向于从产地直接采购农产品，京郊农村也通过与超市、社区菜市场的对接来实现直接销售农产品，或将自身建设成农产品加工、配送企业的生产基地。

北京市主要农产品的流通还受到农产品流通特性的影响。北京市农产品流通量大，所涉及的农产品种类很多，因此主要农产品

有各自独特的流通渠道，在批发市场环节多采用专门市场或在综合市场中分区经营，而像乳品、畜产品、禽蛋、蔬菜的流通方式和管理方式也有很大差别。农产品属于植物、动物性产品，受自然环境和仓储、运输、保鲜、温度、耗损等多种因素的影响，需要特别的设备、场地、工具，而这些设备、场地、工具的分布、建设情况很大程度上决定着不同农产品的流通方式。农产品流通采用集散方式，生产和消费分布广泛，中间流通渠道繁杂，而每一种产品流通过程都涉及运输、仓储和多次的装卸，对流通的时间要求非常严格，因此农产品对流通渠道或集散线路的要求较高，农产品流通环节多数是流通渠道或集散线路的优化。农产品的产品安全性要求很高，因此必须有产品检验和产品安全控制手段，因而农产品流通过程是受控制的，不但要有产品质量检验点，还要保证其流通过程不能存在有害因素的介入。从终端消费看，农产品消费包括由居民、加工企业等构成的多种方式，所形成的消费环节和产品附加值差别较大。农产品作为居民生活必需品，直接影响着人们生活和社会安定，像粮食等农产品还受国家储备政策、价格政策的影响。另外，农产品流通中的风险因素较多，气候状况、价格波动、消费变化、流通中的偶然因素都在影响着农产品流通。

除受北京市农产品流通产业链和农产品流通本身的影响外，北京市主要农产品的流通还在市场状况、生产供应条件和流通方式等方面，因不同农产品有自身的特点而有所不同。

二、北京市主要农产品流通及其产业发育状况

（一）粮油

北京市是巨大的消费型城市，2008 年城市人口为 1 700 万人，

全市消费粮食500万吨,食用油40万吨。主要粮油消费品包括面粉、稻米、食用油和杂粮。农村粮食消费主要是口粮、饲料粮、种子粮;城市粮食消费主要是口粮,加工企业生产饲料粮,食品加工、工业用粮,制酒用粮。食用油消费主要是居民口油、工业和食品加工用油。在粮食消费品中,口粮比重最大,达到210万吨,饲料粮为190万吨,其他100万吨;在食用油消费品中,居民口油为19.5万吨、工业和食品加工用油20万吨、其他0.5万吨。

北京市本地粮食产量很少,2008年北京市粮食播种面积22.6万公顷,粮食产量125.5万吨,因此80%以上粮食需要外部供应。主要来自周边产粮省(自治区)和一部分粮食进口,以食品粮居多,其中原粮小麦主要来源于河南、河北、山东,水稻来自东北。食用油大部分由外地供应,少部分依靠外地原料在北京加工,外地供应的食用油主要来源于天津、河北与山东。市场占有率较高的粮油产品,面粉类有古船、伍得利、甲家,大米有北大荒、冰灯、七河源、古船,食用油是鲁花、金龙鱼、福临门、汇福、绿宝、多力等。

北京市粮油流通渠道包括四个组成部分,即粮油批发市场、超市与农贸市场、粮油经营企业、国家粮油储备。粮油批发市场是粮油流通的主渠道,由综合及专业粮油批发市场和农产品批发市场构成。目前北京市规模较大的粮油批发市场有19家,其中专业粮油批发市场有9家,从事粮油批发的经营户有1 300多户,经营户采用租赁摊位方式经营。超市和农贸市场是粮油零售渠道,2007年北京市有超市及社区菜市场1 500多个,农贸市场600多个,粮油零售业的从业人员有1万余人。自2003年北京市进行“农改超”后,超市成为城市粮油零售的主渠道,农贸市场的数量在减少,销售范围也退减到郊区和农村。北京市一些粮油加工、进出口和经营企业的也参与粮油流通，其中的大型企业较少，主要有中粮集团、京粮集团，以及区县粮油公司等。粮油企业与粮油批发经营户不同，这些企业业务涉及粮油储备、粮油进出口、粮油加工、粮油销售，一定程度上扮演着国家粮油政策执行者的角色，因而对北京市粮油市场、粮油流通有很大的影响。与其他农产品不同，粮油储备也是粮油流通中的重要环节。北京市拥有由粮食局系统管辖的国家、市、区县三级粮油储备库，2009 年产品粮储备约 20 万吨、原粮储备 125 万吨。储备粮油采用吞吐轮换方式，用以调节市场、稳定物价。储备粮油进入市场采用公开竞价销售，由粮油交易机构定期组织粮油竞价交易会。

（二）蔬菜

蔬菜是北京市农产品流通中比重最大的部分，2006 年、2008 年北京市主要农产品批发市场蔬菜批发量分别为 1 020 万吨、1 140 万吨，各占北京市当年蔬菜消费量的 93%～95%。北京市经常消费的蔬菜品种有 150 个左右，其中大白菜、马铃薯、甘蓝、番茄、刺黄瓜、葱、茄子、柿子椒、冬瓜、洋葱、芹菜、蒜、胡萝卜、小辣椒、菜花、白萝卜、西葫芦 17 种蔬菜占全部蔬菜销量的 64.3%，消费量最多的 10 种蔬菜依次是黄瓜、番茄、马铃薯、茄子、芹菜、大白菜、柿子椒、胡萝卜、葱、甘蓝。北京市居民 2007 年平均每户消费约 590 千克蔬菜，年蔬菜消费金额约为 1 200 元。蔬菜价格在逐年提高，尤其是 2009 年增长更快。以农产品批发市场销售额/销售量计算的平均蔬菜价格，2006—2009 年 1 月份大白菜每千克价格分别为 0.52 元、0.87 元、0.57 元、1.4 元。

北京市蔬菜消费量的 30% 由本地供应，70% 由外地供应。

2008 年北京市本地生产蔬菜 32.13 亿千克，种植面积达到 135 万亩*。由于生产成本较高以及北京市农业产业政策的要求，北京市蔬菜生产向外向型、设施型发展，重点发展特色蔬菜和高附加值蔬菜，推进产销对接，蔬菜生产主要供应超市、农产品加工企业。河北省是北京市蔬菜的第一供应大省，2008 年瓜菜种植面积为 1 800 多万亩，总产量 7 000 多万吨，产值 700 亿元。每年 7～10 月份是河北省蔬菜在京销售的高峰期，占有率为 65%～80%；11 月份至翌年 6 月份是低谷期，占有率为 10%～20%。主要以张承地区错季蔬菜和廊坊、保定的大路菜为主，精特菜和包装菜占有量较少。山东省是北京市蔬菜的第二供应大省，每年供应北京市蔬菜量约为 26 亿千克，其中山东寿光每年供应北京市蔬菜量约 15 亿千克。除河北省、山东省外，北京市每年还从天津、东北、内蒙古、山西、海南等 15 个省（自治区、直辖市）收购蔬菜。另外，北京市还有约 1 亿千克的蔬菜储备。

参与北京市蔬菜流通的主要有批发、零售和配送三类产业。从事蔬菜批发的有销地的蔬菜经销商和产地的产地批发市场、农民专业合作组织、经纪人和自产自销的农民。普通蔬菜经销商多数是个体经营，每户有 2～5 人，其中实力较强的大户拥有较成熟的经销网络和运输设备。农民专业合作组织服务于本地农民，批发量较大。而产地批发市场、经纪人和自产自销的农民在蔬菜流通中的地位并不重要。2006 年蔬菜批发单位的年销售额为 201 万元，平均每人 72 万元。从事蔬菜零售的有农贸市场、超市和社区菜市场，其中农贸市场和社区菜市场多由个体经营，超市近年蔬菜销售量增长速度较快，正在成为城市蔬菜零售的主渠道。从事蔬

* 1 亩≈0.066 7 公顷。

菜配送的有农村蔬菜配送中心、配送企业和蔬菜加工企业。蔬菜配送有三个方向,2006 年参与配送的超市有 551 家,配送量 47%;集团单位有 1 354 家,配送量 41%;社区菜市场有 388 家,配送量 12%。

(三)果品

2008 年北京市消费各类果品量约 68 亿千克,人均消费近 40 千克。北京市本地生产的果品约占总量的 30%,主要品种有苹果、梨、葡萄、桃、柿子、枣等;外地生产的果品占总量的 70%,品种有柑、橘子、柚、香蕉、菠萝、荔枝、龙眼等;另外还有少量进口水果,如红提、蛇果等。北京市果品消费数量大、种类多、覆盖了各类消费层次,人均消费量超过全国人均消费量的 1 倍,全国生产的各类果品在北京市场都能见到。从在价格水平看,北京市水果价格每年以约 10%的速度上涨。以农产品批发市场的水果年销售额/年销售量来计算,2006—2008 年水果的平均价格每千克分别为 2.6 元、2.7 元、2.9 元。

北京市本地果品生产主要集中在顺义、密云、平谷、大兴、怀柔、房山、通州等区县,2008 年果品种植面积 250 万亩,年产干鲜果总量约 86 万吨。2006 年干果产量中核桃占 32%、板栗占 53%,鲜果中苹果 18%、梨占 21%、葡萄占 6%、柿子占 7%、桃占 40%。北京市市场上销售的外地水果以南方水果为主,约占外地水果总量的 80%;南方水果种类很多,如橙子、橘子就有 10 多种,可以全年供应。北方水果占总量的 20%,多在七八月份供应北京市场。

北京市果品流通的渠道与蔬菜相似,主要是种植农户、地产批发商、销地批发商、零售商到消费者。在果品产地,除经纪人、产地批发市场、经销商外,农民专业合作组织、龙头企业等也参与流通;

在果品销地，除超市、农贸市场、社区菜市场等主渠道外，还有一些农民进城贩售。与其他农产品不同，水果容易损坏、变质，运输时间要求较短，流通损耗较大。北京市果品流通量大、品种多，对于水果采摘后的商品化处理较少，果品分级一般在产地进行，多数果品包装简陋，运输时间较长，销售时果品品质下降较大。

（四）畜产品

北京市畜产品消费包括猪肉、牛肉和羊肉，其中猪肉消费量占80%。北京市近几年猪肉消费呈上升趋势，2006 年人均消费量为 25.3 千克，年社会消费总量为 43 万吨；2007 年比 2006 年增加约 10%；但 2008—2009 年，由于肉价上涨和经济不景气，猪肉消费有所下降。2008 年北京市人均月消费牛肉数量为 0.29 千克，羊肉 0.27 千克，年社会消费牛肉总量 5.9 万吨，羊肉总量 5.5 万吨。2006 年后肉价上升较快，2008 年北京市生猪价格为 12.3 元/千克，2009 年为 11.08～16.84 元/千克。

北京市畜产品生产规模很大，2008 年全市出栏生猪 292.69 万头、肉牛 11.9 万头、肉羊 89.98 万只。北京市生猪以规模化养殖为主，多数是年产 1 500 头以上的大中型养殖场；为减少环境污染，家庭散养基本上转变为小区养殖。北京市生猪质量较高，但养殖成本高于全国平均水平。除本地养殖外，北京市还有 40%的畜产品是从外地调入，其中活猪主要来自东北、河北、天津，此外河南、山西有少量调入，冻猪肉来自四川、山东，牛肉和羊肉来自内蒙古。供应市场的以白条肉为主，分割肉、小包装肉占 30%，冷却肉较少。

北京市畜产品流通涉及运输、屠宰、销售、安全监控等环节，由于在屠宰环节实行严格的定点屠宰，使整个畜产品流通受到较好的控制和管理。北京市畜产品运输分为市内运输和市外运输。市内生猪运输是从养殖场到屠宰场。养殖场和屠宰场分布在郊区，相互距离较近。市内鲜肉运输是从屠宰场到零售点。北京市规定要使用在4℃以下冷藏车运输。外地畜产品主要通过长途汽车运输，只有少量冻肉使用火车运输，因此外地调入畜产品的运输成本较高。北京市实行严格的屠宰管理，屠宰企业主要是北京市的14家企业和周边7省市的60家企业。这些定点屠宰企业机械化、自动化水平较高，屠宰规模逐步扩大，从而保证了畜产品质量，降低了屠宰成本。北京市畜产品经由批发市场批发，零售终端是超市和农贸市场。北京市目前有8家批发市场从事畜产品批发，实行"场厂挂钩"制度，批发市场的所有畜产品来自与之签有协议的屠宰企业。低档畜产品流通过程是商贩收购，在定点企业屠宰，然后通过批发市场、农贸市场，进入家庭消费。中高档畜产品通过过程是屠宰企业直接向超市和专卖店配送，减少了批发环节。北京市对畜产品流通制定了大量政策、制度，涉及畜产品的生产、技术、运输、卫生、检疫等方面，其中最关键的是"场厂挂钩"制度，保证北京市畜产品供应的安全、稳定。

(五)禽蛋

2009年，北京市全年禽蛋消费量约为12亿千克，日均消费为330万千克。在全部禽蛋消费中，本地生产的约为1.6亿千克，占14%，其余96%禽蛋为外地供应。在外地供应的禽蛋中，东北辽锦地区又占约80%。在禽蛋消费中，鲜蛋量占90%，加工蛋占5%，品种有传统皮蛋、咸蛋，另外还有少量用于食品加工的蛋粉、蛋白粉。销售方式以散装蛋占多数，包装蛋数量较少。品牌蛋市场份额仅占10%。北京市禽蛋价格在全国处于中等偏低水平，2008年鸡蛋均价6.09元/千克，近年有所上升。

禽蛋的流通渠道按加工方式略有不同。一般散装蛋是由经销商向养殖农户收购，再通过批发市场和零售商出售给消费者的。包装蛋则是由规模较大的养殖场进行分级、包装后销售。北京市主要的包装蛋品牌有德清源、正大、咯咯哒、圣迪乐、神丹、韩伟、阳光等。加工蛋主要是干蛋品、液态蛋、冰蛋、传统皮蛋、咸蛋等。包装蛋和加工蛋主要通过超市零售。

(六)乳品

北京市是我国乳品消费量最大的城市之一，2009 年日均消费乳品量为 1 200 吨，年消费量约 44 万吨。乳品消费的品种有液态奶、酸奶、奶粉等，这三种产品的居民消费比重约为 73%、26%、1%。北京市乳品品牌非常集中，主要是三元、蒙牛、伊利、光明和其他品牌，在“三鹿事件”之前，市场占有率蒙牛为 40%、伊利为 28%、三元为 25%，“三鹿事件”之后三元的市场占有率达到 40%。居民选择的液态奶产品主要是 UHT 高温灭菌奶，百利、利乐枕和利乐砖，巴氏杀菌奶口感好但保质期短。酸奶的消费量在逐年增长，目前有 57.8%居民经常购买酸奶。购买奶粉的消费者约占居民人数的 5.4%，“三鹿事件”之后呈下降趋势；但婴幼儿奶粉消费增长较快，近年年增长率接近 30%。2006 年，北京市人均乳品消费为 284 元，其中液态奶 150 元、酸奶 12 元、奶粉 18 元。出于对乳品质量安全的考虑，北京市居民购买乳品的地点多是超市和便利店。

北京市乳源主要分布在本地，2008 年奶牛 16.9 万头，牛奶产量为 66.56 万吨，2010 年北京原料奶每千克价格 3.5 元。北京市奶牛养殖 80%在郊区，其中大兴、顺义、房山、延庆、通州等 7 个区县占 65%。北京市规模以上奶牛养殖小区基本实现了机械化挤奶、奶牛冷藏和保鲜运输。北京市乳品加工企业有 21 家，2006 年总产值达到 1 074 亿元，从业人员 20 万人。在乳品加工企业中，三元规模最大，在北京市及周边拥有 13 万头奶牛，日产原料奶能力达到 2 000 吨，“三鹿事件”之后其市场占有率一度达到 80%。

北京市乳品销售渠道是乳品加工企业构建的，超市和便利店是企业销售渠道的终端。三元、蒙牛、伊利是北京市乳品市场的三大主力，这三家企业各自有独立乳品销售体系。三元采用分区划片销售，把北京市划分成东南、东北、西南、西北四个区域以及特殊渠道，分别有销售子公司进行直销，另外还有超市、居委会和送奶服务等销售方式。伊利采用批发、经销两级分销。批发商负责当地城市和市场，经销商实际是配送商，在经销网络和经销区片进行乳品配送服务。蒙牛采用三级分销，即分销商、批发商和零售商；分销商负责对批发商、大型购买单位的销售，批发商负责对超市等中型零售单位的销售，零售商是销售终端。

（七）水产品

2006 年北京市消费的水产品总量为 46 万吨，其中城市居民人均消费量为 9.2 千克，农民人均消费量为 5.1 千克，该消费量在全国属偏低的。2006 年全国城市居民人均消费量为 13 千克，农民人均消费量为 5 千克。北京市消费的水产品品种有鱼、虾和贝类，其中鱼类产品消费量最大。低档鱼主要是淡水鱼，如鲢鱼、草鱼、鲤鱼、鳙鱼、鲫鱼、罗非鱼、鲂鱼、梭鱼；中高档鱼较少，如鲈鱼、黄鱼等；虾类有海水虾和淡水虾等；贝类有牡蛎、鲜贝等。从种类上看，北京市水产品中淡水品种多于海水品种，水产品品种总量也与沿海省市差距较大。北京市水产品价格自 2007 年开始有较大幅度的增长，例如鳜鱼（桂鱼）、草鱼、带鱼 2008 年初价格较 2007 年初上升了56%、45%和27%，其他水产品价格也有类似增长。在消费支出上，北京市人均消费在水产品上的支出为202元，约占食品总支出的6.5%。总体来看，北京市水产品消费在全国处于低水平，这主要是因为北京市处于内陆，水产品供应难度较大，人们饮食习惯中水产品比重不大。

北京市水产品主要依赖外地供应。2008年北京市当地水产品供给量为6.1万吨，约占全部消费总量的11%。北京市密云等水资源较为丰富的区县，2007年水产品的养殖面积有1.9万公顷，其中密云就有14万亩，渔业总产值约10亿元。供应北京市场的海产品来自天津、山东沿海、大连、浙江沿海、福建沿海等地区，主要产品是冰鲜海产品，由于保鲜困难、运输费用高，北京市场上的海产品价格普遍偏高，一定程度上抑制了水产品消费。北京市淡水水产品中90%为池塘养殖，主要产地是北京周边的河北、天津、山东、辽宁等地。

北京市水产品批发以专业批发市场为主。北京市的综合农产品批发市场也都经营水产品，主要经营水产品的批发市场有新发地农产品批发市场、北京四季兴海水产品物流港、北京市北水嘉伦水产品市场、北京大红门京深海鲜批发市场、岳各庄京渔水产交易市场、北京天民水产品市场等10余家。北京市名优水产品批发交易市场、北京市海王产品批发交易市场、北京黑庄户观赏鱼交易市场、北京回龙观农产品批发交易市场、北京市北水嘉伦水产品市场、北京大红门京深海鲜批发市场等是在2003年以后建设的，形成北京市自身的水产品批发市场体系。北京市水产品批发市场交易量2006年为44万吨，占全市消费总量的95%。北京市还有少部分水产品是直销到零售商的，这部分占总量的5%，主要来源是进口高档水产品、外地生产者或批发企业。北京市水产品零售主要集中在农贸市场、超市和一些交易规模较大的场所，其中农贸市场和早市的销售量接近零售量的80%。由于需要保鲜和冷冻设备，一般小型经营点只能经营少量冰冻水产品。从水产品价格上看，超市价格最贵，高于农贸市场40%～60%。一般情况下，海产品全年价格波动在50%左右，淡水养殖水产品价格波动为30%，鲜虾等少数品种价格波动能达到400%，以冬季，特别是春节前最贵。

（八）花卉

北京市2009年花卉消费总额约70亿元，超过全国67亿元花卉消费的10%，是全国最大花卉消费城市。北京市花卉消费分居民消费、集团消费、城市绿化，三部分都各占1/3。集团消费在前几年花卉消费中占大部分，2006年高达61%，2009年由于居民消费增长较快而比重有所下降。北京市有17万个法人单位，星级酒店就有810多家，花卉是酒店、写字楼和企事业单位用于环境布置、会议、礼仪的用品。集团消费以盆花和绿色植物为主，盆花常用大叶菊、串红、一品红等品种，绿色植物多用发财树、巴西木、龙血树、海芋、绿萝等。居民消费增长很快，80%家庭购买过花卉，2009年居民消费额超过10亿元，消费量比重从1986年的2.3%增长到了2009年的30%。居民消费的主要是鲜切花和盆花，鲜切花主要品种有玫瑰、百合、康乃馨等，超过鲜切花总量的40%，盆花有富贵兰、吊兰、发财树等。绿化工程用于城市环境绿化，用花主要是花灌木、宿根花卉、地栽花卉、草坪等。

北京市花卉供应以当地生产为主。自2004年开始北京市花卉产业保持了较快的发展速度，生产规模不断扩大，市场消费快速增长，花卉企业健康发展，花卉品种日益丰富。2008年底北京市花卉生产面积为5.73万亩，产值9.2亿元，比2007年的7.38亿元增加1.78亿元，增长24.1%，亩效益达到1.6万元。直接从事花卉生产的企业267家，农户1 511家，从业者超过3万人。重要的花卉生产地有昌平区小汤山现代农业科技示范园、顺义三高科技农业试验示范区、丰台区花乡、大兴区黑垡等。延庆县等山区重点发展球根花卉种球、功能性花卉、干燥花，昌平区等郊区建立现代化花卉生产示范区；海淀区发展宿根花卉的制种、育种，丰台区等地区建成了花卉销售中心和休闲观光园。多年来，北京引进、繁育、生产、推广的花卉品种达到数千种，盆花成为优势产品，占总产值的43%。其中高档盆花以火鹤、蝴蝶兰、凤梨、一品红等为主，切花生产以月季、百合、切花菊为主，矮牵牛、凤仙、长寿菊等花坛花卉品种也有广泛栽培；种球种苗、盆栽绿植、工业用花及深加工产品、仿真花、花灌木、花肥、花药、花器等也得到相应发展。鲜切花菊、火鹤、蝴蝶兰、马蹄莲、干燥花等，逐渐步入规模化、系列化生产轨道，逐步形成了北京市的特色花卉品种集群。

北京市花卉流通渠道主要是批发环节的花卉批发市场和零售环节的花店、超市和个体摊贩。花卉批发市场在北京市花卉流通中占主导地位，2009年北京市有37家花卉市场，1 500家花卉零售点，总经营面积达11.8万平方米，其中经营面积400平方米以上的大型花卉交易批发市场22家，莱太、玉泉营、亮马河等是全国重点花卉交易市场。莱太花卉交易市场是北京最大鲜切花市场，年鲜切花批发量高达4亿多枝。在京南四环花乡，集中了9家盆花批发市场，北京市花卉年销售额超过50亿元。北京市大大小小的花店有1 000～1 200家，主要经营鲜切花、花束、花篮、盆栽绿叶植物，是花卉零售的终端。另外，北京市近年花卉流通出现了一些新形式，例如网上交易、拍卖、鲜花速递等，这些流通方式活跃了花卉贸易,扩大了花卉的流通范围。北京市较大的超市都出售花卉,其经营内容与花店近似。个体摊贩的进货来源是花卉批发商,他们常常是应时销售。北京市目前专业从事花卉贸易的公司达 30 多家,花卉向全国销售和出口逐年增长。例如 2008 年蝴蝶兰、卡特兰等热带兰种苗出口数量就达 1 200 多万株,种苗出口到荷兰、美国、日本、韩国等 13 个国家或地区。

三、北京市主要农产品流通产业中的问题

(一)粮油流通产业中的问题

粮油流通产业中的主要问题集中在运输和仓储、粮油食品安全、市场调控等方面。

供应北京市的粮油主产地距离北京市较远,粮油多用铁路运输,因而产生的问题也较多:铁路运输能力常常紧张,使及时运输十分困难;运输采用承包方式,需要多次倒包,造成粮油运输损耗大、效率低;运输成本较高,一般能达到粮油销售成本的 30%~50%。粮油需要长期仓储,仓储设施和组织落后较为突出。粮油市场放开后,大量粮油经营户缺少仓储条件;粮油储备库系统则缺库严重、人员流失,自身效益和管理水平较差。

粮油是对食品安全要求很高的农产品,随着粮油批发市场成为粮油流通的主渠道,粮油食品安全监控的难度增大了。近年,北京市多次出现有毒粮食、陈粮入市等事件。产生粮食食品安全问题的原因是粮油流通渠道多样化而使流通脱离监控;北京市食品安全执法难度较大,存在“能查不能管”的问题;粮油质量追溯体系于 2005 年开始试行,目前系统本身还不成熟。

粮油是关系民生的农产品，保证供应、稳定价格是粮油流通的首要任务，北京市的首都地位和城市人口规模使这项工作更为重要。北京市的粮油市场调控在四个方面存在问题。由于北京市人口多、特殊事件多、市场复杂，粮油市场动态不能仅仅依赖批发市场和超市等提供市场信息。粮油市场变动日益频繁，价格控制难度加大，因而更重视粮油期货市场和进出口情况。北京市粮油主要依赖外地供应，因而必须加强与主产区的粮油产销合作，稳定北京市粮油供应。粮油流通受政府和市场两种机制的影响，以粮油储备供应的供应量调节和以粮油市场的价格调节两种机制需要相互协调。

（二）蔬菜流通产业中的问题

蔬菜流通产业中的主要问题存在于价格、销售网络等方面。

北京市蔬菜价格逐年上升，特别是 2009 年价格上涨幅度较大。北京市蔬菜价格受成本、生产和流通方式的影响。北京市 70%蔬菜由外地供应，其运输费用、仓储费用较高。山东寿光输入的蔬菜占北京市市场份额的 15%，2008 年每千克运费为 0.68 元，而同期北京市蔬菜平均价格为 1.9 元，运输成本占 36%。蔬菜价格受种植茬口、蔬菜上市品种、生产方式、季节等因素影响，而且流通环节较多、流通效率较低，造成价格偏高。例如，从海南 1 元钱 500 克收购的茄子，到北京初级批发市场卖 1.8 元，可经过多道流通环节后，卖到消费者手中就高达 10 元。

北京市农产品批发市场在 21 世纪初进行了重新规划建设，目前主要在四环路以外，分布较为合理。但超市、社区菜市场、农贸市场等零售环节存在的问题较多。从数量上看，2008 年北京市社区菜市场有 150 家，社区便民菜店 300 个，2010 年规划达到 1 000

家，这与北京市人口总量相比是较少的。从分布上看，消费者对超市、社区菜市场、农贸市场接受的距离是530米、330米、580米，而目前三者实际平均距离是1 500米、830米、980米，消费者感到十分不便。

（三）果品流通产业中的问题

果品流通产业中的主要问题存在于果品标准化、果品储运设施等方面。

果品种类多于粮油，分级多于蔬菜，因而标准化难度较粮油、蔬菜大，同时果品标准化又对流通有直接影响。北京市果品流通中标准化程度不高。我国于20世纪80年代开始制订果品标准，目前约有60余项。但在北京市，除对外出口的果品品质要求较严格外，70%以上大宗果品无规格、无标准，使最终销售在价格、包装、储运和质量管理上产生混乱。果品生产，以及流通过程中涉及挑选、分级、包装、运输、储藏等环节的标准也不健全，导致果品品质下降。

北京市目前果品流通的技术水平还较落后，多数果品是在常温和自然条件下进行流通的。造成这一现象的原因是储藏和运输设施有限。北京市2009年农产品冷藏库容达到50万～60万吨，仓储能力缺口在50%。北京市商业系统有12万平方米冷库，分布在二环、三环之间，而农产品批发市场发分在四环以外，外地农产品运输车辆无法进入四环，因而使仓储和批发销售产生了脱节。冷链运输设施较差，冷藏车和冷藏集装箱量不足。2007年北京市冷藏车数量为1 307辆，其中80%左右为2吨以下的小型车，每天能够运输约300吨。这些问题都造成果品在储运过程中损失过大。

（四）畜产品流通产业中的问题

畜产品流通产业中的主要问题出现在畜产品流通效率方面。

2008年后，北京市畜产品价格持续上涨，甚至使消费量开始下降。除全国型饲料价格上涨等因素外，北京市畜产品流通中垄断而产生的效率低下也是一个重要原因。定点屠宰和"场厂挂钩"是北京市畜产品流通体系的基础，这保证了畜产品的质量安全，但也形成了行业垄断，使屠宰企业对畜产品的流通产生较大影响。在现有畜产品流通体系的基本格局下，使用拍卖等交易方式、发展畜产品市场信息业、发展畜产品经销企业是促进畜产品流通的可行方法。

（五）禽蛋流通产业中的问题

禽蛋流通产业中的主要问题在于流通损耗和禽蛋的加工包装等环节。

禽蛋流通的主要特点是流通成本高，北京市禽蛋零售价格和收购价格相差25％以上，由于禽蛋易碎、易腐，在流通中损耗严重。北京市散装蛋的运输损耗达到5％～6％，外地散装蛋的运输损耗达到10％～15％。运输损耗大大限制了禽蛋的流通范围，使禽蛋难以长途运输。要减少禽蛋流通损耗，需要提高禽蛋运输和仓储设施的技术水平，同时也需要改进禽蛋集散方式。

北京及周边省市的禽蛋产量很大，2008年北京禽蛋产量为16万吨、天津27万吨、内蒙古45.5万吨、辽宁255万吨、河北2 529万吨，其中加工蛋仅占5％。加工包装蛋一般包括包装蛋、液态蛋、传统加工蛋。包装蛋是鲜蛋经过清洗、消毒、干燥、分级、涂膜保鲜、包装的产品，液态蛋是将鲜蛋分离为蛋白液、蛋黄液、全蛋液等。传统加工蛋则包括皮蛋、咸蛋、糟蛋、卤蛋、茶叶蛋等。加工蛋可以便于保存和运输，能够提高禽蛋的价值，延长禽蛋的保存时间，减少流通中的损耗。

（六）乳品流通产业中的问题

乳品流通产业中的主要问题有市场垄断、产品安全控制薄弱等。

北京市目前主要乳品品牌是三元、蒙牛、伊利、光明，其中前三个品牌市场占用率达到93%。乳品市场垄断是我国乳品行业的一个特征，其优势是企业规模大、生产、销售网络完备，并通过多家企业竞争而使消费者获得更好的服务。但是，市场垄断也给乳品流通带来了很多问题。其他乳品品牌无法进入北京市乳品市场，这造成了市场时产品单一、服务质量无法提升，乳品加工成本难以降低等。解决市场垄断，需要建立市场化的乳品流通渠道。

“三鹿事件”暴露了乳品行业在质量控制方面的严重缺陷，除此之外，乳品行业还有还原奶等问题存在。乳品质量问题发生在乳源和产生过程中。由于乳品企业规模很大，处于强势地位，食品安全部门对其进行质量控制比较困难。因此，必须依赖政府，通过第三方检验和监控乳品质量。

（七）水产品流通产业中的问题

水产品流通产业中的主要问题存在于流通主体、水产品加工等方面。

北京市水产品流通主体主要是个体经营者，其交易量超过总量的80%，而超市和企业占的比重较小。形成这一状况的原因是主要水产品供应来自外地，北京市几乎没有水产品加工企业，而超市交易水产品的量也不大。近几年，北京市居民消费的水产品总量在增加，而大型批发市场和超市经营的比重却在下降。水产品的经营风险较大，需要的经营条件较高。个体经营作为流通主体不可能使水产品经营规模很大，限制了水产品流通，使水产品食品安全也受到影响。

北京市水产品加工产业几乎为零，市场上出售的主要是条鱼和未加工的虾贝，加工水产品很少。北京市是一个巨大的水产品消费市场，而水产品保鲜较难，因此发展水产品加工是一个满足市场需要的重要方式。

（八）花卉流通产业中的问题

花卉流通产业中的主要问题存在于花卉物流、花卉流通网络、花卉交易方式等方面。

花卉是鲜活农产品，尤其是鲜切花对流通时间有严格要求。目前，花卉物流中反映出的问题涉及包装、运输和其他流通环节。北京市鲜切花一般使用纸箱包装，这种包装破损率高，对花卉的保护不好。盆花虽然不需要太多包装，但花盆本身也是花卉产品的组成部分，直接影响盆花销售。供应北京市场的花卉多在本地生产，使用汽车运输。北京市花卉运输车辆是普通汽车，对盆花影响较小，而对于鲜切花运输损耗仍较大。北京输往外地和国外花卉使用飞机运输，运输成本较高。另外，北京市花卉直销量较少，通过批发市场销售不仅增加流通环节，而且延长流通时间。

北京市花卉流通网络在批发和零售两个方面都存在问题。批发环节的主要问题是批发市场分布不合理，北京市有 37 家花卉市场，其中较大的 25 家市场中有 11 个在丰台区。1 200 个零售花店多分布于城区，在很大范围的郊区或居民聚居区没有花卉零售网点。

北京市是全国花卉消费和生产城市，它既具有销地特征，也具有产地特征。国际上，花卉产地批发市场，多采用拍卖的批发销售形式，而北京市花卉批发仍使用摊位对手交易方式。这种交易方式交易效率较低，交易成本较高，因而会限制了花卉市场和流通产业发展。

四、北京市主要农产品流通产业的发展方向与策略

通过对粮油、蔬菜、果品、畜产品、禽蛋、乳制品、水产品和花卉流通的分析，我们可以看出不同产品都面临着流通问题，这些问题集中在流通体系、农产品物流、价格控制、流通主体和交易方式等方面。

（一）广义上的农产品流通体系建设

北京市农产品流通的基本体系是以农产品销地批发市场为核心，由经销商承担具体的交易、经营活动。在产地，农产品流通的主体是农民专业合作组织，同时辅助以农产品产地批发市场和农产品经纪人；在零售环节，主要渠道是城市的超市、社区菜市场和郊区的农贸市场。这一农产品流通体系是北京市农产品流通产业发展的基础。

针对不同种类的农产品，其流通体系还不完全等同于基本流通体系。北京市具体农产品的流通各自具有自身特点。粮油流通中粮油储备是一个重要环节，这一环节受国家控制，体现政策性、保障性和对整个市场的调控功能。畜产品流通中，屠宰行业实际对畜产品流通起到了控制作用，包括畜产品集散、食品安全

控制、价格形成、生产能力和流通量等方面。屠宰行业作为生产性行业，其行为同时还具有流通行业性质。在乳制品流通中，三元、伊利、蒙牛三大品牌控制了北京市乳制品市场，这三家企业相互之间存在竞争，但三家形成了对北京市场的垄断，因此北京市乳制品流通本身不是完全意义上的产品流通。在花卉流通中，北京市具有花卉产地的主要特征，而其产地批发市场的功能却没有充分体现。

北京市现有农产品流通产业链是以蔬菜、果品为基础发展而来的，对粮油、畜产品、乳制品、花卉等农产品流通的特殊性缺乏体现。其结果是北京市有相当一部分农产品，如粮油、畜产品、乳制品、花卉等并没有纳入市场化的农产品流通体系。

为此，认识和建设北京市农产品流通产业链应在更广阔范围内进行，即广义上的农产品流通产业链。这一产业链除包括农产品生产、批发、零售外，还应涵盖农产品产地、农产品生产加工企业、政府，以及农产品运输、仓储、信息等相关行业，并考虑这些方面对农产品流通的影响。

(二)发展农产品物流产业

从各种农产品的流通状况看，农产品物流是存在问题最多的部分。粮油运输受铁路运输能力的限制，粮油储备制度又与北京市粮油仓储能力直接相关。蔬菜运输依赖汽车，而北京市限制蔬菜运输车辆进入四环，这切断了蔬菜直接进入城区的途径。果品易腐易坏，对仓储设施要求较高，而北京市冷链设施还不足。禽蛋更容易损坏，其包装、运输都比较困难，因而影响到禽蛋的流通范围，增加了禽蛋流通成本。水产品也存在冷藏和保鲜问题，一定程度上造成北京市的水产品消费量下降。花卉中的鲜切花在包装和运输方面存在问题，造成运输过程中损坏严重。

农产品流通对农产品物流的依赖程度很高，物流成本在农产品最终销售成本中占有很大比重。而农产品物流本身涉及运输、仓储、包装、信息等多个行业，这些相关行业有自身的发展条件。

发展农产品物流应着眼于两个方面。一是大力发展农产品第三方物流，把农产品第三方物流作为一个相对独立的行业，围绕该行业制定政策、创造条件，以该行业的发展带动农产品流通的发展。二是农产品流通与运输、仓储、包装、信息等行业协调，打破行业分割造成的政策差异、管理冲突。

（三）加强农产品市场的价格控制

农产品市场价格是农产品流通中的难点。粮油的价格控制采用粮油储备调节、价格政策控制，因此带有很重的政府行为色彩。蔬菜、果品、水产品实行市场价格，近年出现了多次价格波动，总体水平呈现上升趋势。畜产品价格上升更快，以致北京市近年人均畜产品消费量开始下降。

影响农产品价格波动和不正常上升的原因很多，诸如季节因素、自然灾害、消费状况等，与农产品流通产业链相关的因素有流通成本提高、流通环节增加、对市场需求变化的反应迟钝、对供应中异常变化的适应能力较弱等。北京市目前每年都会出现两到三次农产品供应紧张、农产品价格暴涨的情况，这都说明北京市农产品市场价格控制机制存在问题。

建立更好的农产品价格控制机制需要建设更完善的市场信息体系和农产品储备，加强与外地农产品供应省市的协调，提高农产品流通的应变能力。而这些工作必须由政府参与或主导，在我国现实条件下仅依靠市场自身的力量是不够的。

（四）改变农产品流通主体构成

北京市农产品流通的主体主要是个体经营者。除粮油储备、畜产品屠宰、乳制品生产、超市以及农产品进出口等环节外，北京市农产品流通的主体仍然是个体经营者，特别是农产品批发、农贸市场零售。产生这一现象的原因是北京市农产品流通产业链是从农贸市场演变而来的，市场建设过程中没有改变从业人员构成和交易方式。

以个体经营户为主的农产品流通主体阻碍了农产品流通的进一步发展。第一，个体经营者造成农产品流通整个从业人员的素质较低。目前，北京市农产品流通从业人员是各种就业人群中素质最低的之一。第二，个体经营者经营能力较弱，难于扩大经营规模、降低经营成本、提高整个农产品流通的效率。第三，个体经营者只能参与批发、零售等交易性活动，而无法组织农产品的运输、仓储、配送、加工、信息等相关活动，而这些相关活动正在成为农产品流通中必不可少的组成成分。第四、对个体经营者难于监管，食品安全监控、税收管理等是农产品流通的难点，对个体经营者的管理明显难于对规范性企业的管理。

改变农产品流通主体构成是势在必行的，其方向是扶持有规模、规范化的农产品流通企业，从而逐步降低个体经营者的比重。这些农产品流通企业依托农民专业合作组织、农产品加工企业、农产品经销公司、农产品配送企业。制定更严格的市场准入政策，将有助于发展农产品流通企业。

第四章　北京市农产品流通相关产业的发育状况

一、北京市农产品流通相关产业的构成与演变

北京市农产品流通的基本构架是以农产品销地批发市场为核心，由经销商承担具体的交易、经营活动；在产地农产品流通的主体是农民专业合作组织，同时辅助以农产品产地批发市场和农产品经纪人；在零售环节，主要渠道是城市的超市、社区菜市场和郊区的农贸市场。近年随着“农改超”和“农超对接”，北京市农产品流通的基本构架有所改变。城市超市和社区菜市场为了降低进货成本，正在谋求从京郊农村直接采购农产品。京郊农村则倾向于通过与超市、社区菜市场对接，直接供应农产品，或者与农产品加工企业、农产品配送企业对接，成为其农产品生产基地。

以批发市场为核心的集散方式和“农超对接”的直销方式相结合是北京市农产品流通产业链的特点，其中批发市场的主导性更强。由于京郊农村供应北京市场的农产品不到总量的20%，超过80%的农产品是由外地通过批发市场进入北京市场。因此，北京市农产品流通的综合体系实际是以批发市场为核心，批发市场联系着外地农产品产地、京郊农产品产地、北京市农产品零售等三个方面。

除农产品批发市场和农产品经销商外，北京市农产品流通相

关产业还涉及农产品运输、仓储、配送等物流产业，农产品深加工、初级加工等加工产业，农业信息、农产品电子商务等信息产业，以及农产品质量安全、农产品金融等其他产业。直到21世纪初，北京市农产品流通还停留在农贸市场为主的水平，当时的农产品流通相关产业还十分落后。2004年后，伴随着农产品批发市场的发展，农贸市场从城市退出，运输与信息技术快速发展，特别是奥运会的举办，对农产品供应提出了更高的要求，北京市农产品相关产业有了迅速的发展。

二、北京市农产品流通相关产业的发展状况

(一)农产品物流业

1.农产品运输

北京市2008年农产品交易量超过92亿千克，用于农产品运输的车辆每天2.2万～2.7万辆，这些车辆绝大部分是为农产品批发市场提供运输服务的。北京市最大的农产品批发市场是新发地批发市场，这里每天从事农产品运输的车辆能够达到13 000辆；其他较大的农产品批发市场每天也能达到1 000辆。农产品运输车辆中的最大部分是外地进京车辆，约占全部农产品运输车辆的80％，即每天1.8万～2.2万辆外地运输车辆。北京市本地用于农产品运输的车辆包括京郊农村车辆、农产品加工企业车辆、农产品配送企业车辆和超市农产品配送车辆，这部分车辆每天约有4 000辆进入农产品批发市场，其余从事产销之间的直接运输。

北京市农产品运输车辆受城市车辆管理和运输费用的影响很

大。自2002年开始，北京市开始限制农产品运输车辆进入城区，2008年限制范围扩大到五环。北京市在城市规划中把农产品批发市场建设在四环路以外，其目的也是要限制农产品运输车辆进入城区。这一政策切断了农产品从产地到零售的直接联系，形成了城区内外两个运输体系。在城区外，农产品运输多采用大型运输车辆和农用车辆。多数情况为远途运输，支出主要用于运输费用和车辆进入批发市场的进场费用；在城区内，主要是封闭型货车用于农产品运输。“农改超”之前，城市农产品运输车辆大部分属个体商贩所有，“农改超”后超市和企业配送车辆比重增加。

北京市农产品运输的主要问题集中在两个方面：第一，第三方物流较为落后。北京市农产品运输车辆基本都属于农产品生产、农产品销售或农产品加工企业自有的车辆，属于第三方物流企业的车辆很少。第三方物流落后的直接结果是用于农产品运输的车辆增多，而运输效率下降；再加上批发市场需要进场费，从而使运输成本增加，阻碍了部分农产品进入市场。第二，运输设备落后。北京市农产品运输车辆主要是普通货车和农用车，封闭货车、专用车较少，特别是冷链运输车辆就更少。农产品运输设备落后导致农产品在运输中损耗较高。发达国家水果、蔬菜等农产品运输损耗低于5%，而我国这方面高达到20%～30%。

2.农产品仓储

农产品仓储涉及冷藏库、冷藏车和普通仓储库，其中直接能反映农产品仓储行业状况的是冷藏库。21世纪后，在政府大力投入和扶持下，北京市冷藏库建设发展迅速。2009年，北京市农产品冷藏库容达到50万～60万吨，其中商业型冷藏库容为42.6万吨，企业自用冷藏库容为10万～16万吨，另外还有大量农民自建的小型冷库。商业型冷藏库多数是20世纪六七十年代建设的大型冷库；20世纪90年代后，农产品冷藏库主要以农产品批发市场为基地建设，新发地批发市场自己建有6万吨的低温库和4万吨的恒温库，其他批发市场的仓储面积也都在几千平方米以上。建设有自用冷库的企业一般是农产品加工、农产品配送等企业，冷藏农产品主要有种子、花卉、果品、海鲜、蔬菜等。农民自建冷库数量较大，一般冷藏库容为100吨左右，有1～2套制冷系统，投资额在10万元以下。2007年北京市冷藏车数量为1 307辆，其中80%左右为2吨以下的小型车，每天运输能力约为300吨。

北京市农产品冷库主要是土建式冷库，预制组装式冷库比重较少；大、中型冷库是多层建筑，小型冷库是单层建筑。在功能方面，北京市农产品仓储主要是以储存为主，具有发货、配送和流通加工的功能的配送中心型仓库和物流中心型仓库比重较小。在经营方式上，除农民和企业自建冷藏库外，商业型冷藏库采用出租仓储空间方式经营。

目前，北京市农产品仓储行业所面临的问题有：第一，仓储库容和冷藏运输能力仍然不足，到2009年，北京市冷藏库容能够满足实际冷藏要求的50%，很多农产品是在常温条件下运输、销售的；随着北京市农产品流通量的增大，仓储能力不足将是一个长期问题。第二，仓储市场本身发育不足。由于第三方物流业发展落后，现有多数农产品冷藏库处于附属地位，冷藏库的配送、经营能力不足。第三，在零售环节，冷藏条件欠缺，通过仓储调剂市场的能力还不够。

3. 农产品配送

北京市的农产品配送业产生于21世纪初，最初由农产品经销公司、农产品物流中心和农产品生鲜超市举办。2005年北京市的蔬菜瓜果配送企业有45个，衔接的生产基地和乡镇有160个；肉类有5个大型加工配送企业和9个牛羊屠宰企业。2008年北京奥运会促进了北京市农产品配送业的迅速发展。顺义区是北京市的蔬菜瓜果生产大区，2009年顺义区的农产品配送企业达到65家，7 028个配送网点，配送总量为20 362万千克，配送总金额为19.43亿元。

北京市农产品配送企业分为依托乡镇、批发市场、农产品加工企业三种方式。依托乡镇的农产品配送企业由乡镇或村委会组织成立，与当地农产品产销专业合作社相结合，主要从事当地农产品的存储、加工、配送，直接配送到城市经销网点或超市。依托批发市场的农产品配送企业拥有车队和配送人员，货源来自农产品批发市场，为饭店、学校、医院、企业食堂、超市等提供农产品配送服务。农产品加工企业的配送业务是其农产品加工业的延伸，这些企业拥有生产基地、生产车间、农产品仓储和运输设备，并直接与超市、配送网点和企事业单位相联系，是具有完整产业链条的配送企业。

农产品配送能够减少农产品流通环节，保持农产品新鲜，是发展前景较好的产业。目前，北京市90%的农产品是通过批发市场进入消费领域的，这一流通过程必须经历从分散农户收购、在批发市场经销、通过超市或农贸市场零售三个环节。农产品配送可以通过一个环节实现从农产品生产到消费，解决“分散—集中—分散”的问题，其中间利润也很大。

目前，北京市农产品配送业面临的问题也很多，包括标准化、配送成本、配送网络、与批发市场竞争等方面。配送业要求农产品达到一定质量、规格和食品安全标准，但北京市实际农产品标准化程度并不高。顺义区的农产品配送在北京市发展较快，但到2009年主要配送的农产品品种仅50余种，这说明大部分农产品无法进行配送。农产品配送成本较高是制约这一产业发展的难题之一，农产品配送成本集中在农产品运输中的损耗、配送设备费用和配送人员费用，而农产品又是相对低价值产品，这就造成农产品配送业是一个容易经营失败的行业。在配送网络上，北京市目前在配送网点、配送中心或企业、生产基地三个方面建设都不足。配送网点主要集中在大型企事业单位和超市，城市社区菜市场和京郊农贸市场仍然主要有个体商贩自行运销。配送中心及配送企业多数是超市或生产、加工企业本身举办的，用于自身产品的销售或采购，属于第三方物流的农产品配送企业较少。北京市80%农产品是外地生产，这些农产品必须通过批发市场进入市场，因此无法实现产销间的直接配送。最主要的是北京市农产品流通的核心是批发市场，批发市场本身在不断扩大自身的生产、经销网络，它对农产品配送业的发展产生了限制。

(二)农产品加工业

1. 农产品加工业

北京的农产品加工业主要包括农副产品加工业、食品制造业、饮料制造业、木材加工及竹、藤、棕、草制造业和中药制造业等五类行业，其中食品制造业比重最大。2008年底，京郊乡镇农产品加工企业共有492家，总产值达到320.29亿元；年销售收入500万元以上乡镇农产品加工企业共有314家，总产值达到309.98亿元；市级农产品加工重点龙头企业有84家，国家级重点龙头企业有30家。2008年，北京郊区规模以上农产品加工企业带动各类种植基地面积达 140 万亩，占农作物耕地面积的 40%；市级农加工龙头企业收购郊区农产品价值 56 亿元，带动农户增收 14 亿元。北京市农产品加工主要产品的市场占有率显著提高，猪肉加工制品产量占全市总消费量的 75%，乳制品产量达到全市总消费量的 65%。

北京市农产品加工产业的主要特点是规模偏小、产业链条较短。北京市 2008 年仅食品的年消费额就近 1 000 亿元，同年北京市各类农产品加工企业的总产值为 466 亿元，其在北京市农产品市场的份额是较小的。2006 年底京郊乡镇农产品加工企业共有 545 家，2008 年底北京市农产品加工企业的数量在减少。北京市中小企业农产品加工占多数，这主要是因为北京市农业种植面积小，不适合形成大的农产品加工生产企业。北京市农产品加工产业不够完善，企业多是单一性生产，企业之间协作以及产业上下游之间的衔接还较薄弱。北京市发展农产品加工业强调带动农业生产的作用，对农产品加工与市场的衔接，以及促进北京市农产品流通的作用强调不足。

在农产品流通产业中，农产品加工业的作用是不可忽视的。农产品加工业是农业产业链的延伸，能够解决农产品流通中“小生产”与“大市场”的矛盾，可以依靠农产品加工业进行农产品食品安全控制、创建农产品品牌和税源管理。针对农产品零售环节，农产品加工企业可以利用自身的仓储、运输和配送优势，直接完成与超市和农产品零售网点的对接。

当前北京市的农产品加工产业政策中缺乏对农产品流通产业的政策考虑。北京市农产品产业发展的重点是扶持大型龙头企业，这主要是出于经济效益和带动农业生产的考虑。但对于大型农产品加工企业而言，其市场和原料供应都面向全国，对北京市农产品流通产业的依赖和贡献并不很大。因此，发展面对北京市市场和农业生产，并能够促进农产品流通的农产品加工企业也是十分必要的。

2. 农产品初加工业

农产品初级加工主要针对可食用农产品所进行的挑拣、清洗、干燥、粉碎、分切、保鲜、包装等简单加工，它涉及农产品生产、农产品物流、农产品加工等环节，是农产品流通链条中的结合点。

北京市农产品初级加工主要涉及蔬菜、水果、花卉、禽蛋和肉产品等农产品。蔬菜加工发展较快的部分是蔬菜的分拣、包装。为适应蔬菜配送的要求，减少蔬菜运输成本，蔬菜种植基地、蔬菜配送公司建设有分拣中心，一般蔬菜会剔除 20%，有机蔬菜则会剔除 40%品相不好的蔬菜。蔬菜包装则是为了方便运输和销售，标识出品牌和产地。近年蔬菜礼盒也开始兴起。水果初级加工主要是按规格分拣、分箱包装。近年还出现了果园采摘和礼品包装。花卉初级加工有修剪、保鲜、包装以及干制。禽蛋和肉产品主要是进行小包装加工。从流通环节上看，北京市农产品初级加工发展最快的是销售、配送前的分拣、包装；速冻、真空保鲜、冷冻干燥加工等需要先进设备的初加工方式还有待发展；能够进行烹调前加工的企业有 10 家左右，其产量目前还非常小。

农产品初级加工是很有发展前景的产业，这主要是因为农产品初级加工投资少、见效快、经营风险小，有利于农产品保险、销售和减少垃圾。北京市近年出台了不少政策，间接地促进农产品初加工的发展，例如 2002 年北京市开始进行“农超对接”，农产品需要进行初加工以便直接配送进入超市。2005 年国家开始限制城市发展农产品初加工，而鼓励在农村发展农产品初加工业。2008

年北京市按照“场地挂钩”的要求，提出凡进入北京市场的蔬菜必须有包装。为减少城市垃圾，北京市在2010年后开始实行“净菜上市”。

(三)农产品流通信息业

1. 京郊农业信息业

北京市是全国农村信息化水平较高的地区，2009年已经基本完成了由广播电视、电信网络等构成的信息网络设施的建设，其中有线电视用户超过130万户，固定电话用户超过200万户，农民手机拥有率接近80%，光纤网络覆盖率达到95.3%，各类信息服务站点6 346个。与农产品流通相关的农业信息应用领域主要包括农业产销组织介绍、农业及农产品资讯。农业产销组织介绍是最常见的农产品流通信息，产销组织包括京郊村镇、农民专业合作组织、经纪人、批发市场、经销商、农产品加工企业、农产品仓储和配送企业，他们建设自己的网站、主页，或通过用户注册在其他网站上发布组织介绍，其中乡镇政府、农产品批发市场和大、中型农产品加工、配送企业拥有自己的网站，而农民专业合作组织、农产品经销商的介绍性信息正在增加。农业及农产品资讯是通过广播电视、电信网络传播的，其中网站正在成为最重要的农业信息平台，2008年底北京现代农业信息平台的注册会员有1 886个，信息资源有4.9万条，发布供求信息3.04万条，农产品产销预测2 900多条。当前，北京市农业信息业正进入信息资源的深度利用阶段，重点要解决的是信息设施的应用问题。北京市农业信息单位普遍存在专职信息技术人员不足、信息总量和价值不大的问题。一般单位使用信息员或联络员提供信息，这使得信息来源面窄、人员成本较高，在新发地批发市场也仅有8名信息采集人员。由于成本较高，造成信息总量不足、动态信息比重较小，多数信息缺乏时效性和价值偏低。农民对信息的投入积极性不高，电脑拥有率和上网率偏低，致使农产品信息的整体应用水平不高。

2.农产品市场信息业

市场信息是北京市农产品流通信息领域中最重要的组成部分，按信息来源可以分为产地、零售、批发市场和专业信息机构，其中批发市场是目前最重要的市场信息来源。北京市农产品批发市场于21世纪初开始涉足市场信息，2003年部分农产品的价格、质量可以从网上查询，2005年出现了农产品市场动态行情和介绍产品的信息网站，2009年主要农产品批发市场开始建立农产品价格、行情和交易情况的实时行情信息监测体系。到目前，北京市已经建成北京市农产品市场联网体系、开发建设了农产品市场行情信息管理系统、构建了农产品市场网络服务平台、建立了农产品市场行情预测预报体系和农产品市场商品基础数据库，全市20多个农产品批发市场实现了计算机信息联网，并建立起了农产品市场分析、预测预警、信息发布的通道。农产品批发市场内部网络建设包括交易管理、电子结算、监控系统、公告系统，并在市场内发布市场新闻、消防信息、业内动态、检测结果等；对外网站发布行情信息、市场信息、经销商信息、产品信息、数据库、农产品知识性介绍等；市场信息汇总后，批发市场会向农业部、商务部、国家统计局、北京市商务局、北京市农业局、北京市价格局、电视台等单位发布，近年批发市场间的信息交流也在加强。除批发市场外，农产品流通的其他环节的信息工作相对较弱，超市、农贸市场等零售环节的农产品信息是最薄弱的，只有少数企业通过其他网站发布需求；农民专业合作组织有不少建有自己的网页或通过其他网站发布产品信息，进行自我介绍和产品推广，但产品信息多是静态信息，缺乏报价等动态信息；独立从事农产品市场信息的机构仅有十余家，但信息来源依赖批发市场等其他单位。

3. 农产品商务信息业

农产品电子商务是北京市近年发展较快的农产品流通信息领域，举办这些网站的主要有各级农业部门和政府、农产品批发市场和农贸市场、农产品经销企业、专业农产品与农业信息网站，以及其他少量农业合作组织、配送加工企业等。农产品电子商务有网上黄页、信息中介、虚拟社区、电子商店、价值链整合和第三方交易市场等形式，基本可分为商情信息、交易撮合和电子商务三个层次。北京市农产品网络销售和信息产业的应用还处于低中端水平，2009 年北京市涉农信息网站有 80 个，其中大部分属于商情信息网站，交易撮合网站有 20 个，电子商务网站有 7 个。农产品电子商务网站的内容涉及行情信息、市场信息、经销商信息、产品信息、数据库、农产品知识性介绍等，企业、行业组织和各级农业部门的网站则包括自身介绍和相关领域信息。在这些信息中，能够直接实现农产品销售的有两类，即农产品市场信息发布系统和农产品网络销售系统，交易双方通过网站信息了解对方，然后以在线或线下达成交易。农产品网络销售和信息产业目前仍处于初级阶段，但其对农产品流通的作用日趋加大。2008 年大兴农产品电子商务实现农产品销售 1 475 吨，成交额达到 1 000 余万元；平谷区桃园村利用网络销售大桃创造利润达 50 万元。农产品网站的直接作用是通过市场信息形成了农产品市场行情和价格，从而打破了农产品交易受物流和交易场所的限制，大大减少了交易时间和交易成本。随着农产品网络销售和信息产业的发展，以农民专业合作组织、农产品经纪人、农产品经销公司为主的销售方，以农产品网络销售、农产品配送为主的中间环节，以超市、农产品加工企业为主的采购方的农产品流通体系会逐步形成。

（四）农产品流通的其他相关产业

1. 农产品质量安全

农产品质量安全是农产品生产、流通所衍生出的一个新兴领域，它涉及认证、检验和质量安全追溯等方面。我国农产品质量安全认证主要有良好农业规范认证、无公害农产品认证、产品质量认证、绿色市场认证、HACCP 认证和有机产品认证，其中后三项属农产品流通过程中的质量安全认证。绿色市场认证由商务部制定；绿色食品认证制度由农业部制定，由中国绿色食品发展中心实施认证；有机产品认证制度由国家质量监督检验检疫总局制定，在北京设有 8 家认证机构；HACCP 认证制度由国际食品法典委员会制定，我国由有资质的第三方机构实施认证。不同的认证有不同的检验体系，农业部 2010 年要求在部、省、县三级建立农产品质量安全中小（站）。

北京市批发市场基本完成了农产品检验机构的建设，其销地批发市场设施完备，19 个批发市场都达到国家标准；产地批发市场建设有农产品质量检验室，配备有简单设备。部分农产品生产基地、农产品加工企业和农产品配送企业能够进行程度不同的农产品检验。早在 2004 年北京就开始对进京农产品进行农产品质量安全追溯试点，2006 年有 39 家农产品生产基地进入试点，2008 年底北京首家农产品质量安全追溯查询系统在房山区启动，2009 年有130多家企业、生产基地、超市建设了农产品质量安全追溯查询系统。

北京市建设农产品质量安全体系具有自身优势，这包括北京市的技术水平较高、认证和检验中心集中、北京市对农产品质量安全较为重视，特别是2008年举办奥运会促进了北京市农产品质量安全总体水平的提升。目前，北京市农产品质量安全体系存在的问题有：多种农产品质量体系并存，造成认证和检验机构较为混杂。除农产品批发市场外，其他生产、流通环节的产品质量安全没有保障，特别薄弱点是在农产品产地和没有通过批发市场渠道就进入市场的流通环节。农产品质量控制也是弱点，检验机构没有执法权，不合格农产品可以通过批发市场以外的渠道进入流通领域。从总体看，未来几年北京市农产品质量安全将会有快速发展，初步形成产业化是可能的。

2.农产品金融与期货

我国在20世纪90年代初开始建立农产品期货市场，目前有郑州商品交易所、大连商品交易所2家期货交易所。这2家期货交易所经营的农产品期货品种有12个，其中郑州商品交易所主要经营绿豆、小麦、棉花、白糖等主要农产品的期货合约，大连商品交易所主要经营大豆、豆粕、豆油、玉米等大宗农产品的期货合约。经过十几年的发展，我国农产品期货市场运行规范稳健，为保护农民利益、引导农业生产与流通、规避市场避险起到了重要作用。但在北京市农产品流通产业中，农产品期货交易的成分并不多，其原因主要来自于北京市农产品的交易品种和产地、市场特性。期货交易主要是粮油等大宗农产品，而北京市是消费型城市，主要流通的农产品是蔬菜、瓜果、肉类、水产品等鲜活农产品，同时北京市也不是粮油作物的主要产地，因而农产品期货在北京市不会有太快的发展。农产品期货对北京市农产品流通存在间接影响，这主要涉及农产品价格和市场信息。

针对农产品流通的金融服务一直是人们不太重视的方面，农产品交易结算、融资和保险等领域存在缺陷。农产品交易结算主要是结算方式落后，多数流通环节采用现金结算，电子结算系统还不完善。农产品保险发展较好的部分是农产品对外贸易的保险，而针对由于气候、运输损失等农产品流通风险的保险产品还很缺乏。在融资方面，农户、农产品经销商和中小型农产品加工企业的融资较困难，金融创新产品较少。北京市在农产品流通金融服务领域是具备良好条件的，未来应予以大力发展。

三、北京市农产品流通相关产业的发育特性

（一）农产品物流业的产业发育特性

农产品物流是北京市农产品流通产业中的薄弱环节，直接表现就是农产品物流的成本高、效率低。外地进京农产品的产地价格和北京市农产品在超市的销售价格相差在3～10倍，除经销商利润外，造成这一价格差异的因素是运输成本、仓储成本和农产品损耗，而这些因素都发生在农产品物流环节。在北京市超市可以观察到农产品的品种少、新鲜度差，这说明农产品运输、配送状况不佳。

造成农产品物流问题的原因是多方面的。从农产品生产看，农民分散生产造成了农产品生产规模小、产品标准化程度低，而现代物流业要求在包装、仓储、运输、配送等环节实行统一标准，两者

的矛盾限制了农产品物流业的发展。从交易方式看，当前批发市场是农产品流通的核心，90%的农产品必须流经批发市场，而批发市场又造成了农产品物流的断链，使农产品产销之间无法直接联系。农产品物流设备、信息和技术条件要求较高，特别是生鲜类农产品，更是需要冷库、保鲜车等设备，一般农产品运输车辆无法进入城区，仓储能力不足实际需要的50%，这都限制了北京市农产品物流业的发展。从产业主体看，农产品批发市场发展重点是场内交易，而物流业的发展会使场外交易增加；城市完成"农改超"时间较短，以超市为主体的农产品运输、配送体系还较薄弱；北京市目前第三方物流企业还较少，第三方物流发展也需要一个过程。在政策方面，北京市和商务部虽然都鼓励发展第三方物流，但农产品食品安全控制和农产品流通税收大部分是在批发市场实现的，这说明发展第三方物流的政策也不配套。

北京市农产品物流产业发展的关键环节是第三方物流。在北京市实施"农改超"后，以农贸市场为基础的个体商贩运销方式大幅度减少，超市对现代农产品物流产生了巨大需求，这为北京市农产品第三方物流发展提供了极好的契机。农产品第三方物流起着纽带作用，它使京郊农村、批发市场和农产品超市联系在一起，并使农产品运输、仓储、配送和相关信息得到发展。

(二)农产品加工业的产业发育特性

北京市农产品加工业是相对薄弱的一个行业，其在北京市农产品流通产业中的地位不高。从规模上看，北京市2009年初只有492个农产品加工企业，而且这一数量较前几年还在萎缩，其中又以中小企业为主。顺义区是北京市农产品大区，该区69%的农产品加工企业人数在百人以下，95%税收来自其中的十几家大中型企业。北京市强调农产品加工企业的产值，农产品初加工和直接参与农产品配送的企业并未受到重视，而大型农产品加工企业更多依赖全国原料和市场。

北京市农产品加工业发展速度不快的原因是多方面的。北京市是特大型消费城市，其农产品需求近 90%由外地供给，京郊更多是为北京市提供鲜活农产品，用于农产品加工的原料资源不足。北京市长期实行扶持大型农产品企业的政策，这主要是出于产值、税收方面的考虑，因而造成中小型农产品加工企业发展条件不佳，产业分布面较窄。

从另一个角度看，北京市拥有规模巨大的市场，年农产品消费需求近 1 000 亿元，这又带来巨大的农产品流通量。如果着眼于农产品流通，把农产品加工作为农产品流通的一个促进环节，北京市农产品加工业是具有发展前景的。在政策制定方面，应重视发展农产品初加工企业，以京郊农产品为原料的中小型农产品深加工企业，可以进行配送的农产品加工企业，以及依赖北京市场和外地原材料的农产品加工企业。

（三）农产品流通信息业的产业发育特性

从农业信息、农产品市场信息和农产品商务信息的发展情况看，北京市农产品信息业的总体发展水平还处于初级阶段。这一阶段的基本特征是农产品信息处于依附地位，尚未形成相对独立的业态，产业规模还较小。发布农产品信息、举办农产品网站的主要是批发市场、经销商、农民专业合作组织，其更多的目的是宣传、推介和寻找商业机会；目前尚未出现大量以农产品信息作为经营对象，并以此获得收益的机构或个人。因此从严格意义上讲，农产品信息产业还未形成。

造成农产品信息产业发育不足的原因不是信息技术问题，而是在农产品流通体制和农产品信息应用方面。目前，农产品流通是以批发市场为核心，按销售渠道进行农产品集散，个体经销商在经销商中占绝大部分，批发市场和农贸市场采用摊位对手直接交易，"农超对接"则采用订单生产。在这种情形下，交易渠道相对固定，农产品信息处于不透明状态。农产品信息的应用成本较高是阻碍农产品信息产业发展的另一个原因。从技术层面看，农产品信息业包括四个环节，即农产品信息的采集、加工、存储和发布；农产品网站建设、运营；农产品信息接收、分析；以及农产品信息的非网络传播。目前，参与这四个环节的费用都很高，特别是由于信息采集、发布量小，每条信息单位成本很高。经营农产品信息很难获得收益也是一个关键问题，除成本因素外，农产品信息的价值较低、信息费用支付手段落后也是其中的原因之一。

北京市农产品信息产业需要大力发展，其重点是创造农产品信息产业的发育条件。由于成本原因，规模较小的个人或机构难以参与农产品信息产业。因此，应大力促进大中型农产品流通企业在这方面的发展，除批发市场、超市外，农产品经销企业、农民专业合作组织、农产品加工与配送企业等也应重点扶持。在流通体制上，应继续发展"农超对接"等产销结合形式，减少流通环节和批发市场的制约作用，并借助农产品仓储、物流、配送行业的发展来促进农产品信息业的发展。网站建设是一个突破口，应支持建设一批农产品营销和信息网站，特别是支持农村乡镇、农民专业合作组织和农业企业在这方面的建设。另外，还应在加快农业信息化的普及工作，降低农民的信息使用费用，扩大农产品信息使用人群。

(四)农产品流通其他相关产业的发育特性

除农产品物流、农产品加工和农产品信息产业外,北京市农产品质量安全、农产品金融期货等相关领域的发展是不充分的。农产品检验体系、农产品结算系统等分别归属于政府、金融等系统,在农产品流通领域尚未形成独立的经营主体,在很大程度上这些领域尚未发育成产业。农产品认证、农产品期货等虽是独立产业,但其经营规模与北京市农产品流通的总体规模相比是非常小的。

造成这一现象的根本原因是农产品质量安全、农产品金融期货业等处于北京市农产品流通产业的边缘,北京市农产品流通产业尚未发育到使这些产业充分发展的阶段。北京市农产品流通产业目前处于产业基本结构业已确定、相关产业开始迅速发展的阶段。这一阶段以农产品批发市场为核心,以经销商为具体经营主体,外地农产品是北京市农产品供应的主要来源,京郊由农民专业合作组织、农产品生产基地提供部分来源。在销地由超市、社区菜市场、农贸市场构成零售渠道。围绕这一主要流通体系,农产品加工、农产品物流、农产品信息等产业在发展,但这些产业没有达到成熟的阶段。也正是这些产业尚不成熟,使更边缘的农产品质量安全、农产品金融期货领域发育迟缓。

目前,北京市农产品质量安全、农产品金融期货等相关领域正进入一个新的发展阶段,这一阶段的成效取决于两个方面:第一,农产品流通产业的总体发育是农产品质量安全、农产品金融期货等领域的发展基础,因此必须促进北京市农产品流通产业的进一步完善和相关产业向成熟阶段的迅速发展。第二,农产品质量安全、农产品金融期货自身产业化进程,即在经营主体、服务产品和经营方式上逐步清晰、规范，进而形成相对独立的产业。

四、北京市农产品流通相关产业的发展方向与策略

北京市农产品流通产业所面临的根本问题是农产品市场需求和批发市场交易能力日趋增大，而农产品物流、加工、信息等相关产业的发育滞后。北京市农产品流通相关产业应重视薄弱环节，使农产品流通产业更加均衡、成熟。

促进那些具有相对独立性的相关产业的发展，将是发展农产品流通相关产业的关键。北京市农产品流通相关产业受农产品流通体制的影响很大，进而产生了很大的依附性，自主发展的愿望不够强烈。这一特点表现在北京市农产品流通相关产业常常落后于农产品流通的需要，而缺乏通过自身主动发展促进北京市农产品流通产业的完善、提升。这些具有相对独立性的产业包括农产品第三方物流、农产品配送、农产品电子商务、农产品加工与初级加工、农产品经销企业。

具体而言，各个农产品流通相关产业的发展方向与策略如下。

（一）以发展农产品经销企业带动农产品流通相关产业的发展

目前，北京市农产品经销的主体是个体经销商，他们采用摊位对手直接交易方式，一般不涉及交易以外的其他业务，这在很大程度上切断了农产品流通相关产业之间的联系，阻碍了这些产业的发展。因此，在北京市现有农产品流通体制下，能够快速发展农产品流通相关产业的关键就是要大力发展规范化、规模化的农产品经销企业，以取代个体经销商。农产品经销企业除经销农产品外，有能力把农产品运输、仓储、配送、加工、信息和农产品质量监控、

追踪联系在一起，实现产业的更好整合。北京市农产品经销商3万～5万人，按其业务量换算，农产品经销企业达到1 000～3 000个，其中大中型企业200～300个。

（二）以第三方物流为重点的运输、仓储、配送体系

大力发展农产品第三方物流业是实现农产品物流相关产业发展的关键。农产品第三方物流业贯穿于农产品生产、收购、运输、储存、装卸、搬运、包装、流通加工、分销、信息活动的全过程，除降低成本、提高效率、增加附加值、降低市场风险外，最重要的意义是打破北京市运输、仓储、配送等行业的条块分割，实现农产品物流的资源整合。以农产品第三方物流业为纽带，进一步发展三类农产品配送中心，即依托乡镇、批发市场、农产品加工企业的农产品配送中心。乡镇农产品配送中心与农民专业合作组织、产地批发市场、农民相结合，承担产地农产品储运功能。批发市场农产品配送中心承担批发市场农产品的初级加工、仓储和向超市、社区菜市场的农产品配送业务。农产品加工企业的配送中心一方面完成本企业的配送任务，另一方面可以将自身的仓储、运输能力向其他经营主体开放。农产品运输业的发展有三个方向：外地进京的远途运输发展大吨位、高速度运输，以减少进京车辆和提高运输效率；京郊农村加强农民专业合作组织、农民运输专业户的运输能力，特别是增加能够进入城区的运输车辆的运力；超市和农产品加工企业发展冷藏车辆，提高冷链配送能力。农产品仓储的发展主要在于提高批发市场的仓储条件、支持农民小型冷藏库建设、发展专业仓储企业，鼓励农产品加工企业开放其仓储设施。另外，结合农产品第三方物流业，发展现代农产品物流信息系统。

（三）扶持服务于农产品流通的农产品加工业

促进流通是北京市农产品加工业的发展方向。农产品加工可以解决“小生产与大市场”、农业生产季节性的矛盾，并利用自身的仓储、运输、品牌、渠道和质量控制等方面的优势，提高农产品价值和促进农产品进入市场。结合北京市的消费型城市、外地供应北京市农产品比重较大等特点，北京市农产品深加工重点在三个领域发展，即生产规模较大，时令性较强和外地农产品产地与北京市市场价差较大的农产品。例如北京市生产量较大的有桃、磨盘柿、蘑菇、西瓜等，时令性较强的有桃、西瓜等，价格差异较大而当地加工能力不足的有柑橘、鲜菜等。北京市农产品深加工业的产业政策从强调扶持龙头企业，延伸到鼓励中型、拥有生产储运条件的企业发展，从而扩大产业规模和可加工农产品的范围。农产品初级加工业重点发展两个领域，在京郊农村，促进农产品初级加工与农产品配送中心结合、农产品产地批发市场与农民专业合作组织结合，发展分拣、包装以及净菜、礼盒果菜等；在批发市场，发展农产品的分装、礼盒果菜以及厨房式加工。

（四）发展贯穿农产品流通全过程的信息产业

信息流与物流、资金流存在相互对应的关系，农产品流通产业和农产品物流活动的逐步完善将为农产品流通信息产业提供有利条件。因此，发展以农产品流通产业链为基础，覆盖农产品流通全过程的信息产业是必要的。覆盖农产品流通全过程的信息产业将不仅仅局限于农产品信息和农产品网站，而是要包括京郊农业、外地农产品产地、农产品、农产品价格、农产品商务、农产品相关产业、北京市农产品消费市场、农产品质量安全监控管理等多个领域。京郊农业信息领域除目前乡镇网站外，重点发展农民专业合作组织、农产品生产基地的网站建设。在北京市市场缺乏关于国内其他地区的农产品资源和生产信息，发展相关领域有助于拓宽北京市农产品的供应渠道。农产品市场价格信息要实现动态化，以完善北京市农产品市场的价格形成机制。农产品商务应从交易撮合向高层次发展，力争实现主要农产品的在线交易。农产品运输、仓储、配送、加工等行业要加快信息平台建设，使自身业务信息化。北京市农产品市场信息来源多样，但这些信息需要整合以达到应用水平。农产品质量安全的重点是监控管理和建设信息披露体系，以及完善农产品质量安全追溯查询系统。

（五）根据需要，适时发展农产品流通相关的其他产业

农产品质量安全、农产品金融期货等相关领域处于农产品流通产业的边缘。农产品质量安全是一个急需加强的领域，除完善政府下属的检验检测体系外，还应促使企业参与农产品质量安全的认证、培训，重点发展农产品质量安全检验体系、农产品质量安全追溯查询系统。农产品金融期货领域重点建设农产品交易结算系统，增大对农产品流通相关企业的融资支持。

第五章　北京市农产品流通中的价格形成

一、北京市农产品构成与蔬菜价格

北京市农产品价格近年持续上涨，这已引起了有关方面的高度重视。不少学者从供求关系和价格波动因素角度进行了研究，政府也采取了不少平抑农产品价格的措施，但效果并不十分显著。

农产品价格的形成与农产品流通方式密切相关。北京市农产品流通体系是以批发市场为核心的，产地流通环节包括经纪人、合作社、产地批发市场，销地批发环节包括一、二级批发市场，销地零售环节包括超市、社区市场、农贸市场。北京市农产品流通体系历经近20年的发展，对农产品市场的影响力日益加强，而其内在的缺陷也正是农产品价格持续上涨的根本原因。

农产品价格还受自然条件、生产与流通的技术条件的影响。农产品生产是受自然条件影响最大的产业，地理、气候、季节决定了是否适宜农产品生产。在农产品生产中，栽培方式、经营方式和生产技术对农产品的产量、品质和成本有直接影响。在农产品流通中，运输方式、存储方式和市场信息会影响农产品的损耗、质量、流通效率和交易成本。而这些因素的影响是通过生产、流通过程，逐步积累并最终在农产品终端价格上体现出来的。

基于上述两方面的原因，我们将在农产品流通方式和农产品价格影响因素两个方面进行分析。在农产品流通方式研究中，通过分析农产品流通的主要环节，探讨北京市农产品流通的特点，寻找北京市农产品流通的问题。在农产品价格影响因素研究中，通过分析影响农产品价格的主要因素，探讨这些因素的作用特点，寻找这些因素所带来的问题。在此基础上，我们将以完善北京市农产品流通体系、降低北京市农产品价格为目标，探讨相关的政策、措施和方法。

按一般分类，农产品包括蔬菜、粮油、果品、畜产品、禽蛋、乳品、水产品、花卉，不同农产品有不同的流通特点。粮油流通由粮油市场和国家储备共同完成，由于国家储备对粮油价格有很强的干预作用，粮油价格的市场特征相对较弱。畜产品采用“定点屠宰”、“场厂挂钩”制度，国家对畜产品流通过程有严格控制。禽蛋运输、存储较为困难，在农产品中所占比例也较小。乳品的销售渠道是有加工厂家构建的，几家大型企业垄断着北京的乳品市场，控制着乳品价格。水产品在北京市农产品消费中的比例不大，花卉更是一种零星农产品消费品种。在所有农产品中，只有蔬菜和果品是完全有市场进行流通的，其价格的市场特征非常明显，北京市的农产品流通体系也主要是根据蔬菜和果品的流通特点来构建的。在蔬菜和果品中，蔬菜又占据着主导地位，蔬菜对人们生活的影响程度要远远大于果品，其流通量也要远远大于果品。由于蔬菜流通能够反映北京市农产品流通的特点，蔬菜价格对北京市农产品价格影响较大，因此我们将以蔬菜作为研究对象，探讨北京市农产品价格的形成和调控方式。

二、北京市蔬菜流通中的价格形成方式

(一)产地蔬菜流通中的价格形成

北京市消费的绝大部分蔬菜是由周边省区供应的,而其中70%以上又是由经纪人运销的,经纪人是联系菜农和市场的第一座桥梁。经纪人在产地组织货源,进行蔬菜的初次分拣、包装,然后将蔬菜运销到当地的产地批发市场或北京市的销地批发市场,中间还常常经过县、地等多个层次。经纪人在蔬菜流通中进行第一次加价,幅度为收购价格的10%~15%,相当于菜农利润的20%~30%。很多地方,经纪人掌握着蔬菜定价权,挤压了菜农的收益空间。

合作社是自2007年开始加快建设的,其功能是向农民提供技术和销售服务。合作社的销售服务方式有“公司+合作社+社员”、合作社开拓市场、合作社协助农民与经销商交易。与经销商交易时,合作社在一定程度上维护了农民的市场地位,提高了蔬菜销售价格;但由于合作社不是流通主体,其对价格的提升能力也是有限的。在参与经营协作和开拓市场时,合作社减少了流通中间环节,这还能够降低蔬菜的终端价格。

产地批发市场主要分布于北京市周边省区,承担着当地和南方蔬菜进京前的二次加工和集散。通常,经纪人从菜农地头收购蔬菜,然后运输到产地批发市场,进行清理、包装等,最后批发给外地经销商。山东寿光物流园是进京蔬菜最大的产地批发市场,2012年蔬菜从地头到物流园的运销成本每500克0.1~0.15元,物流园从买卖双方收取合计3.3%的管理费,蔬菜仓库每个每年费

用1万元,蔬菜加工、包装和运出成本每500克0.4～0.5元,销售蔬菜加价25%～30%。蔬菜经由产地批发市场会增加运输距离、交易和二次加工成本,市场中还有大户垄断市场和哄抬菜价的现象,但客商云集的优势使这里的蔬菜更容易销售。

蔬菜从产地批发市场到销地批发市场需要通过高速公路进行运输。运输成本主要包括运输车辆和油料费用,净菜、整理、装卸和运输的人工费用,包装箱、塑料袋、胶带、冰块等材料费用,过桥过路费、超载罚款和市场进门费等。2012年从山东寿光到北京新发地的30吨大货车单程运输费用合计约3 000元,相当于蔬菜成本增加约20%。虽然绿色通道的开设使过路费减免近800元,但运输成本较高仍是蔬菜价格上涨的原因之一。

(二)销地蔬菜批发中的价格形成

北京市农产品批发市场分为一、二两级。新发地批发市场是北京市最大的一家一级批发市场,其交易量占一级批发市场的90%,全市蔬菜供应量的80%。新发地是进京蔬菜的门户,其首要功能是向二级批发市场进行分销,销售方式是运菜车辆在露天转销;新发地还有相当规模的室内交易场所和存储设施,超市、团体机关和零售商贩可以直接从新发地进货。新发地的蔬菜流通成本主要包括管理费、储运费和人工费,2012年管理费按交易额的2%收取,标准仓库费用每年约20万元,人工装卸、看菜费用每天约160元。批发商的利润因经销蔬菜种类不同而有很大差别,2012年大白菜为6%～10%,豆角为30%～40%,番茄为40%～60%。新发地批发市场在地理、政策和经营上已经形成了垄断,这是蔬菜流通成本增加的关键环节。由于运菜车辆不能进入五环路,新发地成为外埠蔬菜进京的最后一站,这等于切断了外埠蔬菜在京直销的途径。

岳各庄、大洋路、八里桥等8家批发市场是北京市的二级批发市场。与新发地不同，二级批发市场多采用室内交易、固定摊位，具有很强的配送功能。蔬菜进货来源是一级批发市场和产地批发市场，销售对象是超市、社区菜市场的零售商和团体机关等消费者。流通成本主要有进货成本、运输费、摊位费和管理费、人工费用、水电和停车等杂费、税金等。2012年二级批发市场的摊位费1 500～2 500元，管理费100～200元，装卸费每吨约200元，以及数量不等的杂费、税金。二级批发市场的地理位置更接近城区，采用更固定的摊位销售方式，分销批量更小，这使得二级批发市场的蔬菜价格要高于一级批发市场的10%～30%。

（三）销地蔬菜零售中的价格形成

超市是城市居民日常生活用品销售的主渠道，在控制蔬菜零售终端方面有先天优势。2012年北京市的物美、京客隆、超市发、家乐福四家超市的零售店面就超过482家。超市大部分蔬菜是从批发市场进货的，通常由批发市场中的经销商或第三方配送企业进行配送运输。2009年超市开始尝试“农超对接”，具体方式有超市与专业合作组织采用采购合同销售，超市参股专业合作组织建立蔬菜基地，专业合作组织作为超市和农民间的中介等。超市菜价要高于农贸市场、社区菜市场，多数从批发市场进货的蔬菜会加价80%以上，“农超对接”渠道的蔬菜也会加价60%以上。超市蔬菜价格高的原因是多方面的，这包括超市多数位于繁华城区，场地、经营、人工、税收等基本运营成本很高，超市销售有进场费、促销费、堆头费、条码费等多种费用，超市销售的蔬菜在食品安全、包装、品牌和农产品标准等方面有严格要求等。

农贸市场主要分布于郊区和农村，菜贩采用摊位方式进行销售，进货来源多数是批发市场。现存农贸市场采用物业式管理，市场收取摊贩的摊位费，以及管理费、卫生费、过秤费、水电费等杂费。2012 年露天市场的摊位费为 400～600 元，固定摊位的摊位费为 700～1 200 元，各种杂费合计为 400～600 元。摊贩除交市场的费用外，还需要承担储运和人工费用，其中储运费包括批发市场进货时的出门费、运输车辆费、仓库费，合计每月为 1 000～1 500 元，人工费用为 2 000～3 000 元。农贸市场的菜价加价幅度一般超过 50％。加价幅度较高的原因是市场不断加租把费用转嫁给消费者，摊贩无法进行大批大量采购运输，农贸市场设施简陋而使农产品损耗较高。

社区菜市场是主要城区的便民蔬菜销售点，其场地较小，采用固定摊位、室内销售方式，菜贩数量较少，进货来源多是批发市场。除菜贩的人工费和利润外，销售成本主要是进菜和运输费用、摊位费和管理费、水电及其他杂费，其范围与农贸市场相似。由于社区地点的不同，菜贩的销售成本水平差异很大，但销售价格要高于批发市场 60％，甚至 100％以上。社区菜市场菜价很高的原因是销售量有限，场地费用、人工费用、损耗费用都要分摊在这些销量上，使单位菜价升高。

（四）北京市本地蔬菜的价格形成

对外埠蔬菜供给的严重依赖是北京市菜价高居不下的重要原因之一。2011 年，北京市蔬菜产量为 300 万吨，自给率为 28％；“十二五”时期末，北京市计划使蔬菜产量达到 450 万吨，自给率达到 35％，这将在一定程度上降低本地蔬菜的供应成本。但北京市蔬菜生产的设施化、精品化也决定了本地蔬菜的生产成本偏高。

北京市未来种植蔬菜的70万亩面积中有35万亩属于设施农业，蔬菜大棚的建设成本超过每亩2万元。除南、北菜园外，东厢菜园的32万亩种植面积发展特色高端蔬菜。供给低价大陆菜的蔬菜基地主要分布在河北、山东、内蒙古、山西等距京500公里以内的地区。

北京市本地蔬菜拥有运输距离较近的优势，因而更倾向于直销方式。最常用的直销方式是蔬菜生产基地向超市供货，并实行品牌化经营；其次是农民合作社与餐饮企业、学校、军队等团体消费者合作，作为这些团体消费者的蔬菜生产基地；目前还在尝试周末车载蔬菜市场，由合作社直接派车进入社区，在周末销售自产蔬菜；自产蔬菜直销到户，蔬菜基地菜农按需求订单生产，由蔬菜基地配货、运输、销售给消费者；农民合作社在社区开办蔬菜直销店等。

(五)农产品流通相关产业对蔬菜价格形成的影响

运输是影响蔬菜价格的最直接因素。北京市每天从事农产品运输的车辆有近3万辆，其中80%是外埠车辆，20%是市内车辆。外埠蔬菜运输车辆主要是大吨位货车，2012年山东寿光到北京新发地的单程运输费用约每吨130元，其中油料费占50%。市内运输车辆主要是面包车，载重量较小，其运输成本约占蔬菜零售加价的20%。运菜车辆无法进入城区、第三方物流十分落后、蔬菜运输损耗过高等原因，大大提高了蔬菜的运输成本。

仓储处于蔬菜批发、零售和部分生产环节。批发市场一般建有普通仓库和冷藏库，而大部分蔬菜是随车或露天堆放的；零售蔬菜则存储在摊位或小仓库。2012年，北京市的农产品仓储容量约60万吨，全市有5～7天耐储蔬菜品种的动态储备能力。新发地有

6 万吨的低温库和 6 万吨的恒温库。超市和社区菜市场通常没有专门的蔬菜仓库，在产地则多为 100 吨以下农民自建自用的仓库。2012 年，北京市普通仓库的租金每天为 0.4～1.0 元，冷藏库每天为 2.8～3.6 元，零售菜贩租用的仓库价格各异。北京市蔬菜仓储能力总体上只能满足需要的 50%，零售环节仓储缺口更大，这使得蔬菜仓储成本较高，保鲜时间较短。

蔬菜配送是近年北京市新出现的一个行业，2012 年从事该行业的公司已达数百家。配送公司一般采用“供应商＋配送公司＋消费者”的模式，货源大部分来自一、二级农产品批发市场，少部分来自蔬菜生产基地；服务对象主要是机关、学校、军队、饭店，以及社区菜市场、超市。配送公司采用集中配送，有较好的进货渠道，因而可以大大降低市内采购成本。目前，配送蔬菜的价格要低于二级农产品批发市场的摊位零售价格，比社区菜市场的零售价格低约 20%，平均每 500 克蔬菜的配送利润约 0.3 元。配送是未来很具有前景的行业，其发展对降低蔬菜价格有重要意义。

北京市与蔬菜流通相关的信息产业发展极不均衡。批发市场的信息化建设始于 2005 年，目前已经成为蔬菜流通的基础信息平台，对价格形成有重要的作用。在产地，部分合作社、地方政府和蔬菜生产基地开始建设或利用他人网站进行产品推广、信息发布。在零售环节，超市、农贸市场和社区菜市场的信息化水平较低。蔬菜经销网店多由经销商、配送公司、合作社建设，但网上交易功能还不强。由于产地和零售两端的信息产业发展不成熟，除批发市场外，其他流通环节的信息产业对蔬菜价格的影响并不大。

(六)税费和调控政策对蔬菜价格形成的影响

北京市蔬菜流通的税费设计倾向于高费低税。蔬菜流通中的直接费用包括摊位费、进场费和管理费，以及现已减免的运输过路费等，其中仅进场费累积就超过10％。自2012年起，国家对蔬菜批发、零售过程的增值税进行了减免，2013年又对农产品批发市场、农贸市场用地的土地税、房产税进行了减免。目前，蔬菜流通中税收主要有批发市场、农贸市场、超市的营业税和所得税，其中蔬菜商贩的所得税通常与管理费合并由市场代缴。高费低税刺激了增加流通环节和市场建设，蔬菜流通所增加的收益被节流在市场建设中，对最终降低蔬菜终端价格没有多大帮助。

针对农产品价格快速上涨，北京市近年出台了大量调控措施。实行"农超对接"后，探索了蔬菜生产基地、合作社、一级批发市场与超市、社区菜市场、大型团体消费者的对接直销。建设公益化蔬菜零售网点，包括社区菜市场、超市的规模化和连锁化经营、社区早晚市场、小区配套蔬菜销售设施建设。实施"菜篮子"工程，扩大本市和周边蔬菜基地，提高蔬菜自我供给率。开辟"绿色通道"，尝试蔬菜运输车辆进入五环路，以提高蔬菜运输效率。降低交易税费，包括主要蔬菜进场费、降低摊位和增值税等。加强重点蔬菜品种的储备和应急调控等。这些措施局部性地降低流通成本为15％～30％，但没有改变蔬菜价格上涨的趋势。

三、北京市蔬菜价格形成中的影响因素

（一）蔬菜品种的价格替代

北京市经常消费的蔬菜品种有150余种，其中有50余种占有绝大比重。2010年北京市蔬菜上市量为800万吨，北京八大农产品批发市场中有54种蔬菜上市总量为691万吨。在这54种蔬菜

中又有20种居上市量的前列，它们是马铃薯、大白菜、甘蓝、洋葱、葱、冬瓜、番茄、胡萝卜、黄瓜、白萝卜、西葫芦、小辣椒、茄子、柿子椒、芹菜、菜花、蒜、蒜苗、姜和芸架豆。2010年这20种蔬菜的上市总量为541万吨，占54种蔬菜上市总量的78%。由此看出，北京市上市蔬菜品种是非常集中的。在上述蔬菜品种中，大白菜、甘蓝、马铃薯、洋葱、冬瓜、胡萝卜、白萝卜、南瓜等8种蔬菜较耐储存，是北京市确定的主要储备蔬菜品种。从季节分布上看，冬季主要上市的蔬菜品种有大白菜、马铃薯、葱、洋葱、白萝卜、胡萝卜等储存菜，以及番茄、黄瓜、柿子椒等设施蔬菜；夏季主要上市的蔬菜品种有马铃薯、大白菜、甘蓝、菜花、白萝卜，以及多种时令鲜菜。

蔬菜具有明显的品种可替代特性。当某种蔬菜供应减少而使价格上升时，人们可以减少对这种蔬菜的消费而转向其他蔬菜品种的消费。蔬菜品种的可替代特性使蔬菜价格保持相对一致和稳定。2010年，白萝卜、洋葱、大白菜、冬瓜、胡萝卜、南瓜、马铃薯、甘蓝等储备蔬菜的上市价格分布为每千克1.16元、1.71元、1.27元、1.14元、1.18元、1.72元、2.25元、1.44元，其价格具有相当的一致性。

（二）季节对蔬菜价格形成的影响

季节对北京市蔬菜价格有明显影响。每年12月至次年3月是北京的冬季，此时北方地区天气寒冷，蔬菜供应主要来自山东、河北和南方地区。山东蔬菜多为设施蔬菜，供应量约为北京市蔬菜的28%；河北供应量约17%；南方蔬菜是时鲜蔬菜，供应量约为北京市蔬菜的15%。4月进入春夏季，随着天气转暖北京、辽宁的供应量开始增加，南方蔬菜开始减少。5～7月份是北京的夏季，此时露地蔬菜生产逐渐取代设施大棚，主要蔬菜供应地转为河北、北京和山东。河北供应量约为 36%；北京供应量约为 14%；山东供应量约为 20%。8 月份以后进入秋季，北方冷凉地区的蔬菜陆续上市，秋茬蔬菜成为北京市场的主要供应来源。河北、山东、北京、辽宁、内蒙古和天津的蔬菜供应量分布为 34%、21%、14%、8%、8%、6%。

随着季节的变化，蔬菜价格呈现周期性变动。冬季是北京蔬菜的淡季，是一年之中蔬菜价格最高的时期；而每年的 7 月下旬到 9 月下旬是一年之中蔬菜价格最低的时期。2010 年，12 月至次年 4 月份北京市蔬菜平均价格为 5.7 元，8～10 月份为 2.34 元。北京市蔬菜价格受需求影响更大，这表现在夏季产菜区的蔬菜价格会明显下落，使北京与夏季产菜区的蔬菜价格有更大差异；而秋冬季北京市蔬菜价格与产菜区的差异相对较小。2010 年，12 月份至次年 4 月份北京的蔬菜价格高于山东 15%，5～7 月份高于山东 31%，8～10 月份高于山东 17%。另外，随着每年蔬菜供应地由南向北转移，有的时候还会出现价格倒挂。12 月份至次年 4 月份北京的蔬菜价格低于辽宁 10%，8～10 月份低于南方 13%。

(三)产地对蔬菜价格形成的影响

山东、河北、辽宁、北京是北京蔬菜主要供应地，占到北京蔬菜供应总量的 70%以上。山东是北京市冬春季的主要蔬菜供应地，12 月份北京市蔬菜供应量的 32%来自山东。山东的设施蔬菜面积很大，其中潍坊市、聊城市的设施蔬菜对北京的供应比例分别是 13.5%和 10%。山东蔬菜价格较低，2010 年冬春季的平均价格是 2.67 元，与北京市场的蔬菜差价为 0.4 元。河北是北京市夏季蔬菜的主要供应地。每年从 5 月份开始，河北蔬菜供应比例逐步接近并超过了山东的供应比例。6～7 月份，河北蔬菜的供应比例超过了40%，其中廊坊、保定等北京周边地区蔬菜供应比例较大。8～10月份河北张家口坝上地区对北京市蔬菜供应量加大，重点产区是张北、康保、沽源和尚义坝上4个县。河北蔬菜价格也较低，5～7月份平均价格约1.7元，与北京市场差价为0.6元；8～10月份平均价格约1.27元，与北京市场差价为1.16元。辽宁是北京市的第三个蔬菜供应地，冬春季及5月份占北京蔬菜供应量的12%。辽宁并非全省都是北京市的蔬菜供应地，实际上只是距离北京较近的锦州地区。北京市本地蔬菜供应从每年5月开始增加，9月达到高峰。5～10月份约占北京市场供应量的9%，6～9月份约占北京市场供应量的16%。南方地区在冬春季对北京市蔬菜供应较大，约占北京蔬菜供应量的15%，产地主要是海南、广东、广西、云南4个省(自治区)。内蒙古在夏季也是北京市蔬菜的供应地，约占北京蔬菜供应量的8%。

产地对蔬菜价格的影响来自气候、生产规模和流通成本。北京市全年蔬菜供应地按季节是由南向北转移的，冬春季北方地区天气寒冷，不适宜蔬菜生产；而夏季全国大部分地区天气炎热，也不适宜露地蔬菜生产；蔬菜产地只能根据气候变化进行转移。山东、河北是蔬菜生产大省，生产成本较低使得产地蔬菜价格较低。北京市本地蔬菜在夏季供应量较大，一方面是气候原因，另一方面也是流通成本降低的原因。

(四)供应量对蔬菜价格形成的影响

北京市人口规模巨大，一方面使得蔬菜消费量巨大，另一方面也对稳定蔬菜消费量有一定作用。2010年前的5年，北京市蔬菜年均消费量为770万吨，其中2008年最高，为780万吨；2009年最低，为760万吨。2010年以后，北京市蔬菜年均消费量达到800万吨。虽然近年总消费量有所上升，但每年波动范围也就是十几万吨，约2%的幅度。

北京市蔬菜的月度上市量也比较均衡，约65万吨。按月度分布来看，每年的4、5、11、12月份蔬菜上市量处于相对比较高的水平，约70万吨；每年的6～10月份处于一年之中比较低的水平，约62万吨。根据2005—2009年的蔬菜供应量，北京市1～12月份每天供应的蔬菜量分布为2.1万、1.9万、2.2万、2.3万、2.2万、2.1万、2.0万、2.0万、2.0万、2.0万、2.1万、2.2万吨。

从北京市蔬菜供应量分布看出，冬春季是北京市蔬菜供应量较大的季节，这时蔬菜价格较高，因此价格并不是影响蔬菜消费量的关键；这主要是由于冬春季水果供应量减少，从而产生的用蔬菜替代水果的效应。

四、北京市蔬菜价格形成中的关键问题

（一）流通过程中的关键问题

北京市蔬菜价格形成的过程表明，以批发市场为核心的流通体系对蔬菜价格持续上涨起着至关重要的作用。

产销两地批发市场，其间以公路车载运输相联系，形成了一个狭窄的流通通道，为蔬菜垄断经营奠定了基础。由于客商聚集的作用，产地批发市场虽然交易成本高，但蔬菜销售容易，迫使蔬菜向产地批发市场聚集。北京市禁止运菜车辆进入五环路，切断了外埠蔬菜进京直销的路径，迫使零售商进入产地批发市场。除运输限制外，蔬菜销售发票、蔬菜质量检查等方面的制约，也使蔬菜流通必须经由批发市场。在批发市场内部，经销商大户操控蔬菜

交易的能力很强，对垄断市场、抬高蔬菜价格起到了直接作用。

以批发市场为核心的流通体系使蔬菜流通环节过多。蔬菜从菜农到最终消费者之间要经过经纪人、产地批发市场、外埠进京运输、销地一级批发市场、销地二级批发市场、超市、社区菜市场、农贸市场等中间环节。每个流通环节要发生摊位费、进门费、管理费等交易费用，运输、装卸、仓储、损耗等运销成本，以及经销商、菜贩的人工费和利润。每个环节的流通成本和牟利欲望，最终汇聚成了高菜价。

以批发市场为核心的流通体系使蔬菜流通相关产业失去了发展动力，间接使流通过程效率降低。市区蔬菜运输由零售商、蔬菜团体消费者等承担，专业蔬菜运输产业无法形成。新建蔬菜仓库主要是批发市场的附属设施，专业仓库建设和仓储市场发展有相当困难。配送行业的产业链较短，利润空间有限。蔬菜生产和零售两端的信息缺乏，阻碍了网络销售等商务信息业的成长。

以批发市场为核心的流通体系强化了菜农和消费者的弱势地位。蔬菜流通过程形成了巨大利润，并进一步转化为批发市场规模的扩大和经销商聚集度的增加，最终形成了批发市场的强势地位。这一流通体系正日益完善，其成本汇集能力也就日益强大。而菜农的定价权、市民的消费选择权进一步丧失，政府对蔬菜价格的干预也难以奏效。这使得北京市蔬菜价格只能呈现持续上涨的趋势，甚至在短期难于形成一个相对均衡的状态。

（二）蔬菜价格影响因素中的关键问题

北京市蔬菜价格不仅仅取决于流通方式，自然、技术和生产也是重要影响因素，许多问题最终被带到蔬菜流通中。

蔬菜生产是其流通的源头，生产发展的滞后是推动北京市蔬菜价格上涨的重要动力。北京市人口规模巨大,而且新增人口速度很快。蔬菜生产规模保持稳定,甚至蔬菜生产发展速度低于人口增长速度,都必然导致北京市蔬菜价格上涨。蔬菜生长对气候等条件要求较高,这意味着不是任何地区、任何时候都适合于蔬菜生产,保护和建设蔬菜生产基地至关重要。由于北京市蔬菜供应绝大部分依赖外埠,这要求北京市必须与周边各省(自治区、直辖市)搞好蔬菜生产协作。

冬春季是北京市蔬菜价格较高、消费量较大的时期,而冬春季的蔬菜生产主要是设施蔬菜。设施蔬菜存在生产成本高的问题,尽管国家进行了大量补贴,蔬菜大棚设施的建设、使用投入仍然很大。夏秋季露地蔬菜大量上市,蔬菜大棚设施的利用效率下降,这也是一种间接成本。

蔬菜的储存能力和储存技术也是一个难题。蔬菜时令性强,存储损耗很大,这使得蔬菜存储的难度大、成本高。蔬菜存储的重点是满足北京市冬春季的蔬菜供应,这要求存储时间有 4 个月到 6 个月,过长的存储周期可能使蔬菜的存储成本高于生产成本。目前,北京市自身的蔬菜存储能力是不足的,其存储能力主要是保障北京市的基本蔬菜供应,还无法达到通过存储方式降低蔬菜价格。实际上,最有效的蔬菜存储应放在蔬菜产地和运输中途。蔬菜在消费地存储,蔬菜的运输成本将叠加存储成本,因此在产地存储更为有利。蔬菜在运输中途存储则是因为中途多是非城市地区,地价便宜,存储设施的建设成本较低。但是,蔬菜产地和运输中途都不在北京市的直接掌管之下,这是发展蔬菜存储能力的现实制约。

调节供应量是减少蔬菜价格波动的主要手段,平稳的供应可以抑制蔬菜价格的上涨。目前,调节蔬菜供应量的问题主要是侧重行政干预,对市场变化的反应能力不足。政府部门根据常规蔬菜消费量设置警戒线，在蔬菜供应量高于或低于警戒线时通过蔬菜来源、蔬菜存储、税收和价格方式调整。但是，市场规模发展而使自身惯性加大，行政手段的调节能力在下降。由于行政手段滞后于市场变化，其抑制蔬菜价格波动的效果并不理想。

五、改善流通方式以促使蔬菜价格平稳的政策建议

北京市蔬菜流通体系经过十几年的发展，已经具备相当规模，可以实现蔬菜的集散、价格形成、市场管理等功能。为解决蔬菜价格持续上涨的难题，不能试图破坏这一体系，而只能着眼于降低流通成本、提高流通效率。具体而言，较为有效的措施是在渠道上增加批发市场数量、完善零售终端体系、发展城市物流配送产业，在经营方式上使经销企业规范化、改变摊位对手销售方式、扩大蔬菜直销。与此同时，要从蔬菜流通的技术角度着手进行改进，提高蔬菜生产、运输、储备和市场信息反应能力，通过提高蔬菜流通规模降低蔬菜流通成本和蔬菜价格。

1. 加强蔬菜生产基地建设

蔬菜生产是蔬菜流通的源头，扩大蔬菜生产是平抑蔬菜价格的根本。北京市应加强与周边及其他省市蔬菜主产地的产销、购销合作，建立牢固掌控的生产基地，确保形成稳定可靠的蔬菜供应来源。通过对本地和蔬菜生产基地的生产布局调整、优化品种结构、增加蔬菜种植面积，来提高蔬菜的产量和质量。通过强化生产基地基础设施建设和生产技术投入，继续实施设施农业扶持政策，大力发展设施农业。通过加大对龙头企业的扶持，不断提高组织化程度，提高蔬菜生产经营效益。

2.增加批发市场数量

批发市场在流通中的垄断地位是蔬菜价格持续上涨的根本原因。增加批发市场数量,形成竞争,可以有效抑制其对零售终端的垄断控制。对于一级市场,应适当限制新发地的规模,建立多个一级批发市场,形成环北京市的一级批发市场体系。与此同时,应增加二级批发市场的数量,扩大其经销权限,特别是其与外埠产地批发市场、外埠蔬菜生产基地的联系,以减少其对一级批发市场的依赖。

3.完善公益性城市蔬菜零售体系

农贸市场退出城市后,超市没有很好地承担城市蔬菜零售的功能,因此必须尽快完善公益性城市蔬菜零售体系。增加蔬菜零售场店的数量,实现对城市居民区的全面覆盖,以满足居民日常生活需要。政府通过新建、参股、收购等方式,对经营场所进行建设和控制,为零售终端的公益性经营创造条件。推行连锁化经营,采用统一采购、统一经营,减少经营成本。以零售场店为基础,进行农商对接,促进合作社、蔬菜生产基地的进店经营。

4.提高蔬菜的运程运输能力

蔬菜进京是北京市蔬菜流通中的瓶颈,也是降低蔬菜流通成本、降低蔬菜价格的关键环节。除蔬菜的公路运输外,北京市应协调铁路部门对蔬菜的铁路运输提供保障,给予运力支持,促进蔬菜的大批量、长距离铁路运输。对已经实行“绿色通道”政策要进一步完善,扩大“绿色通道”政策覆盖的蔬菜品种范围,确保“绿色通道”畅通。要调整外埠蔬菜运输车辆进入城市中心区的法律政策,解决蔬菜运输车辆进城难的问题。

5.发展城市物流配送产业

北京市从批发市场到零售终端之间的蔬菜物流配送业相对落后,这直接导致了蔬菜物流效率下降、成本增加。应重点发展第三方蔬菜物流业,以提高运输能力、增加冷链运输、减少运输车辆。增加仓储设施,这将有助于平抑蔬菜价格波动。发展配送产业,减少团体机构、零售商自行采购的人力成本和中间损耗。发展产销两端的信息产业,为蔬菜网络销售和农商对接创造条件。

6.提高蔬菜储备能力

提高蔬菜储存能力对调控蔬菜价格,特别是控制冬春季蔬菜价格上涨有重要意义。从政府角度,应进一步完善储备制度,优化储备商品结构,使蔬菜储备从保障基本供应转向调控市场供应。北京市应依据人口增长,生产供应、消费和应急需求,加大财政资金投入,逐步增加蔬菜的储备数量和供应天数。北京市应与周边省市合作,在蔬菜生产基地和蔬菜运输中途建设一批蔬菜存储设施,实现蔬菜的就地储存,减少北京市的市内蔬菜存储压力。要提高蔬菜存储设施的技术水平,增大存储总容积,降低物耗和存储成本。

7.建设规范化蔬菜经销企业

商贩是目前蔬菜流通的主力军,也是导致蔬菜流通低效率、高成本的关键因素。建设一批有实力、规范化的蔬菜经销企业,将改变蔬菜流通主体的构成。这些企业可以突破批发市场的垄断瓶颈,实现产销的对接,减少流通过程和流通成本,最终降低终端价格。政府可以通过对这些企业的监管,解决食品安全、税收等行业管理难题。

8.改变摊位对手销售方式

摊位对手交易来自农贸市场,是目前仍占主导地位的蔬菜经销方式。这种经销方式的商贩人数众多、销售效率低下,各级市场靠多收摊位费、管理费而把交易成本转嫁给消费者。必须大力推广超市、菜店、连锁经营,把零售终端作为经营主体,使其直接面对消费者和对销售结果负责。

9.扩大蔬菜直销

扩大直销规模是北京市蔬菜流通的重要方向。本地和外埠蔬菜生产基地可以通过与零售终端的对接合作、在城市开办专营店、直接向城市进行配送运输等方式直销。蔬菜直销能够摆脱批发市场的控制,减少流通过程的中间成本,降低终端销售价格。蔬菜直销比重的增加,扩大了消费者的价格选择,对平抑蔬菜整体价格有重要意义。

10.做好蔬菜价格信息工作

控制蔬菜价格必须及时了解市场,对市场变化做出反应。政府相关部门要密切关注蔬菜的市场供应和价格走势,继续加大监测力度,做好预测预警工作。要大力发展蔬菜流通相关信息产业,扩大蔬菜市场信息的来源渠道,使人们能够从多个角度、全方位地了解市场动态。扩大蔬菜网上交易等信息平台,建立产销之间、流通环节之间、各种蔬菜和农产品之间的联系,使人们能够对蔬菜市场变动及时、准确地反应。建设蔬菜价格的媒体传播渠道,使消费者了解蔬菜供应和价格情况,准确引导消费,减少蔬菜的炒作行为和误导消费行为。

第六章　北京市农产品流通中的质量安全

一、农产品质量安全

(一)农产品质量安全的概念

农产品质量安全是指农产品必须保证人们健康和安全的需要。农产品是人们直接食用的,与身体有直接联系。多种生产、加工、运销中的因素都会造成农产品对人体产生危害,例如有害金属元素、农药残留、动植物型农产品抗生素残留、某些转基因农产品、农产品腐坏,以及农产品的营养成分、色香味添加剂等。保证农产品质量安全就是要消除这些农产品生产、加工、运销中的危害因素。

农产品质量安全还表现在农产品生产、加工、运销中的规范标准,这涉及农产品的可靠性和使用性,包括农产品的等级、规格、品质等特性要求,以及农产品对人与环境的危害等级水平的要求,例如农产品的保质期、食品添加剂含量等。农产品质量安全标准是国家立法强制要求的,农产品质量安全达不到这些标准也就是非安全的农产品。

影响农产品质量安全的环节和因素是多方面的,这包括生产、采收、运输、加工、销售等多个环节。农业生产包括种植、养殖等活动，是农产品生产的第一个环节，对农产品的质量安全起着至关重要的作用。农业生产中，农药、化学等投入品不合理使用、农产品检验检疫制度不健全，以及环境污染等是造成农产品质量安全问题的主要因素。农产品加工包括农产品的初级加工、再加工，以及农产品加工中的运输、存储，是对农产品的多次处置。农产品生产中，农产品加工工艺落后、检验检疫制度不健全是造成农产品质量安全问题的主要因素。

流通过程对农产品质量安全也有重要影响，这主要包括农产品检验检疫和农产品的运输、存储和销售。农产品检验检疫是保证合格农产品进入流通过程的重要环节。农业生产所产生的农产品质量安全因素大多不是在生产过程检验的，而是在农产品进入流通过程时检验的，因此流通环节才是把好农产品质量安全的最重要关口。运输、存储和销售环节也会影响农产品质量安全，例如农产品腐败变质、添加超标保鲜剂和人工色素等。

保障农产品质量安全的基本意义在于确保广大人民群众的身体健康和生命安全。由于农产品对人们的身体健康有直接影响，因此农产品质量安全不仅仅是经济问题，也是社会问题，这一问题关系到人民生活、社会安定和政府形象。

农产品质量安全对农产品生产加工效益有重要影响。保障农产品质量安全，最重要的意义就是确保广大人民群众的身体健康和生命安全。同时，保障农产品质量安全，能有效解决生产和需求之间、品种和质量之间的矛盾，提高农产品市场竞争力，增加农民的收入，推动优质高效农业发展，推动我国经济增长，扩大国际市场份额。

从农产品流通角度看，保障农产品质量安全是农产品流通体系建设和农产品流通产业发展的一个基本目标。农产品流通体系建设和农产品流通产业发展着眼于农产品流通效率，而农产品流通效率既要考虑流通数量，也要考虑农产品质量安全，这样才能更好地满足市场的需要。

（二）农产品质量安全的影响因素

农产品质量安全受农产品从生产到消费整个过程的影响，这个过程包括环境、生产、加工、运销、质量安全监管和消费者的共同影响。这些影响既有自然因素，也有人为因素；既有物质因素，也有制度因素。

1.环境因素

农业生产受环境影响巨大，环境污染是造成农产品质量安全问题的重要原因。环境污染主要来自大气、水、土壤和生物等方面。大气污染的主要污染物是氟化物、二氧化硫、氮氧化物和金属飘尘；水污染的主要污染物是工业废水和生活污水；土壤污染的主要污染物是废气、废水污水、过量化肥、农药残留、农用残膜等；生物污染的主要污染物是生物疾病。环境因素是通过农业生产影响农产品质量安全的，这种影响明显、直接、巨大，必须通过环境改造和改进生产技术方式来解决。

2.农业生产因素

农业生产主要种植、养殖，这一过程对农产品质量安全影响最大，而且更多体现在人为因素方面。农业生产对农产品质量安全的影响主要来自生产投入物、农民行为和生产方式。生产投入物主要是化肥、农药、兽药、饲料等，这些投入物多数是农业生产必不可少的，但过量和不恰当使用则会产生不良后果。我国禁止使用一些高毒、剧毒和对人体有潜在危害的农业投入物，对多数可以使用的投入物也严格规定了使用要求;使用禁用投入物或不合理使用投入物会造成环境污染、使农产品生产毒性。农民行为主要是农民为了追求更大经济利益,例如早日上市、增加产量和美化外观等,而滥用化肥、农药和兽药,大量使用违禁的催生剂、激素和添加剂。农民行为的隐蔽性强,对农产品质量安全的危害常常难于发现。生产方式主要体现在农业生产方式较为落后。很多农民凭借传统技术和经验从事农业活动,他们对合理使用农业投入物、国家对农业生产的规范要求、现代农业生产的方式方法缺乏了解,使所生产的农产品达不到农产品质量安全要求。

3.农产品加工因素

农产品加工是指对农产品进行的初次加工和再加工,随着社会发展和人们对农产品需求品种的增加,农产品加工的次数大大增加,这也对农产品质量安全的影响大大增加。农产品加工过程对农产品质量安全的影响主要是不合理使用食品添加剂、产品质量不合格、达不到卫生标准。食品添加剂在食品加工中广泛使用,但不合理使用食品添加剂则会对人民身体健康造成损害。常见的不合理使用食品添加剂包括产品加工过程中超量使用食品添加剂、使用国家明令禁止的食品添加剂、使用不合格的人工合成色素等。产品质量是指没有按照生产质量要求进行生产,产品不合格。前面市场上还存在大量以次充好、假冒伪劣的农产品,这些农产品对人民身体健康有直接损害。卫生标准主要是菌数卫生指标和重金属指标,菌数卫生指标是指菌落总数和大肠杆菌群等指标,重金属指标是指铅、汞、镉等重金属含量。我国对农产品卫生标准有强制性规定,农产品质量安全出现问题是由于超过了这些强制性规定。

4. 农产品流通因素

农产品流通是指农产品从生产加工到消费者之间的储运、销售过程，对农产品质量安全也有相当程度的影响。农产品储运包括农产品运输和储藏。在产品储运过程中，一些农产品为了保鲜和延长保质期而需要使用冷链流通车和一些必要的保鲜剂。有些商贩会超标、超量使用添加剂或使用非法添加剂，如用孔雀石绿处理水产品使之颜色鲜绿等，这些将影响农产品质量安全。销售过程中，经常出现的影响农产品质量安全的情况有以次充好，销售过期、变质的农产品，隐瞒农产品生产加工和储运中的不安全因素，销售环境不卫生，人员操作不规范等。

5. 农产品质量安全监管因素

农产品质量安全是需要监管保障的，监管力度越强，对农产品质量安全的保障越就越强。农产品质量安全监管涉及多个方面，最重要的包括立法、执法、设施和人员等。我国现已出台了多项农产品质量安全相关法律、法规，但随着农产品的生产、流通、技术和种类的日趋复杂多样，相关法律、法规的漏洞仍然很多。在执法环节，很多地方存在监测范围覆盖面不全、监测对象种类过多、出现质量安全问题难于查处等。在设备设施方面，检测部门普遍存在先进设备仪器缺乏，检测经费不够，检验依据的配套性差等。在人员方面，技术人员不足，检测水平不高，检测工作尚未制度化也影响着农产品质量安全的监管。

6. 消费者因素

消费者对农产品质量安全也有影响。我国消费者在农产品质量安全方面缺乏必要的知识，相当一部分消费者不关注农产品质量安全；有些消费者虽然关注农产品质量安全，但却无法辨识农产品质量安全状况;对出现质量安全问题的农产品缺乏解决问题的手段。由于经济发展水平相对落后,多数消费者更重视农产品价格,这也为存在质量安全问题的农产品流入市场提供了便利条件。

(三)农产品质量安全的管理方式

1.农产品质量安全立法

我国农产品质量安全立法构架由国家和地方两个层面构成,已经具备基本的法律法规,但配套法规制度仍不完善。

我国《农产品质量安全法》于 2006 年 11 月开始施行。《农产品质量安全法》涉及农产品质量安全标准、农产品产地、农产品生产、包装标识、监督检查、法律责任等,是我国农产品质量安全管理的法律基础。农业部 2014 年 1 月印发了《关于加强农产品质量安全全程监管的意见》。《关于加强农产品质量安全全程监管的意见》是实现农产品质量安全监管的具体措施,覆盖了农产品从产地到进入市场或生产加工企业前的生产、收购、贮藏、运输等环节,主要包括加强产地安全管理、严格农业投入品监管、规范生产行为、推行产地准出和追溯管理、加强农产品收贮运环节监管、强化专项整治和监测评估、着力提升执法监管能力等。

《农产品质量安全法》颁布后,我国各省区制定了相关的《农产品质量安全管理办法》,但多数市、区县尚未出台相关配套法规或规章。地方性农产品质量安全法律法规不健全导致执法依据不足,相关法律衔接不紧,旧法废除后没有新法补充。

2.农产品质量安全宣传教育

宣传教育是农产品质量安全管理的有效手段,通常采用的手段有媒体宣传、知识培训、专业指导和对消费者的宣传。

媒体宣传是利用网络、电视、广播、报纸等媒体向大众宣传农产品质量安全的相关知识，例如农产品质量安全的意义、农产品质量安全的法律法规。媒体宣传可以增强农产品生产者和流通者的质量安全意识，营造社会对农产品质量安全监督的氛围。

知识培训主要针对农产品生产和流通中的相关人员，例如生产领域的生产基地、合作社、公司企业负责人，流通领域的经纪人、经销商。通过知识培训，促使生产和流通活动更加科学化、规范化，以此减少个人因素和不规范的生产、流通方式对农产品质量安全的影响。

专业指导是指专业技术人员深入农村和农产品流通场所，对相关人员进行的针对性的直接指导。在生产过程中，大部分农户对于国家禁限用的农药不清楚，不了解国家有关无公害农产品的安全生产操作规范，无法认知无公害农产品和绿色食品，不会建立安全的农产品生产记录制度等。在流通过程中，农户普遍缺乏做好包装标识、加强品牌打造的意识，批发和商贩的销售方式分散，可追溯性差等。上述这些内容都是专业指导的重点。

对消费者的宣传也是农产品质量安全宣传的一项内容，包括提高消费者的质量安全意识，普及常识性的有毒、有害物的识别方法，面对农产品质量安全问题产品来积极维护自身合法权益等。

3.农产品质量安全监测

我国农产品质量安全监测采用多级监测体制。农业部负责对重要农产品质量安全进行监督抽查；有相关资质的部属、省属农产品质量安全检测机构对农产品质量安全进行例行监测；具有相应检测能力的市县检测中心(站)以速测方式为主对农产品质量安全日常监测。

农产品质量安全监测主要包括农业投入品、农产品生产和农产品流通。农业投入品监测包括:生产经营单位是否全面建立进销台账、标签标识、质量追溯等管理制度;农业投入品市场规范化;种子、农药、化肥经营中的禁用高毒农药,以及无证经营和违法经营行为。围绕农产品重点品种,批发、农贸、超市等重点区域以及生产、流通等重点环节,针对蔬菜、水果、水产品、原(杂)粮、干菜(果)、茶叶中农药、渔药等药物残留进行监测。对农产品生产基地进行监测,通过例行抽检,对检测出的不合格农产品进行无害化销毁,严格质量追溯制度,对抽检样品药物残留不合格的生产单位或经营单位进行严厉查处。

4.农产品质量安全认证

我国农产品质量安全认证包括无公害农产品、绿色食品和有机食品,简称"三品"。无公害农产品是指经省一级农业行政主管部门认证,允许使用无公害农产品标志,无污染、安全、农药和重金属均不超标的农产品及其加工产品的总称。绿色食品是遵循可持续发展原则,按照特定生产方式生产,经专门机构认定,许可使用绿色食品商标标志的无污染的安全、优质、营养类食品。有机食品是指按照有机农业生产标准,在生产中不采用基因工程获得的生物及其产物,不使用化学合成的农药、化肥、生长调节剂、饲料添加剂等物质,采用一系列可持续发展的农业技术,生产、加工并经专门机构(国家有机食品发展中心)严格认证的一切农副产品。

有机食品、绿色食品、无公害食品是农产品质量安全工作的有机组成部分。三者相互衔接,互为补充,各有侧重,共同发展。三者的区别在于,无公害农产品突出安全因素控制;绿色食品既突出安全因素控制,又强调产品优质与营养;有机食品注重对影响生态环境因素的控制。

农产品质量安全认证的实施对象是农产品生产者，包括农业企业、农民专业合作经济组织。农产品质量安全认证的相关工作有产地环境质量监测与评价、质量安全认证、改进农业生产技术和农业生产标准化。产地环境质量监测与评价是农产品质量安全认证的基础工作。在此基础上，组织符合标准的农产品进行“三品”认证。通过改进农业生产技术，促进农产品质量安全水平。农业标准化生产是最终目标，目的从源头加强对农产品的质量安全管理。

5.农产品质量安全专项整治

农产品质量安全专项整治是针对农产品质量安全的突出问题，围绕重点案件，进行集中检查、集中处理。

2014年，农业部在农产品质量安全专项整治中推出的整治重点有：在农药市场监管上，以农药产品质量和标签监督抽查为重点，严厉打击生产经营假冒伪劣农药、非法添加隐性农药成分、捆绑销售未经登记农药的行为；在农药使用管理上，以蔬菜、水果、茶叶、中药材等鲜食农产品生产用药为重点，严厉打击违法使用甲胺磷等禁用农药及克百威、氧乐果、水胺硫磷、火多威、三氯杀螨醇等限用农药的行为。在饲料生产经营环节，以生猪、肉牛和肉羊育肥用饲料产品为重点，严厉打击饲料生产中非法添加“瘦肉精”和非法经营含“瘦肉精”饲料的行为。在养殖环节，以生猪、肉牛、肉羊为重点，锁定问题多发地区，严厉打击养殖场(户)饲喂“瘦肉精”的行为。在收购贩运环节，严厉打击兜售“瘦肉精”、教唆养殖场(户)使用“瘦肉精”、收购贩运含“瘦肉精”活畜和贩运过程中使用“瘦肉精”的行为。突出奶牛主产省、奶牛养殖大县和奶牛养殖重点区域，以婴幼儿配方乳粉奶源安全为重点，严厉打击生鲜乳生产、收购和运输过程中各类违法添加行为，重点治理非法收购生鲜乳、倒买倒卖不合格生鲜乳、恶意争抢奶源的行为，严打非法收购运输"黑窝点"。在兽药生产经营上，严厉打击生产销售禁用兽药、假劣兽药以及不按兽药国家标准违规生产的行为，特别是擅自改变组方、违规添加禁用兽药、人用药品或其他药物的违法行为。严肃查处无兽医处方擅自销售兽用处方药行为。在兽药使用上，以兽用处方药的使用为重点，严厉打击超剂量超范围用药、违规使用原料药、不执行休药期、无兽医处方使用兽用处方药等违法行为。围绕生猪私屠滥宰的高发时段和地域，严厉打击生猪私屠滥宰行为，收购和屠宰病死畜禽行为，注水或注入其他物质行为，宰前使用"瘦肉精"的行为，特别是以增重为目的使用沙丁胺醇的违法行为。围绕国内市场销售的大宗品种和出口主要品种，以水产品养殖企业、获"三品一标"认证的水产品养殖场、健康养殖示范场、出口水产品原料备案场为重点，严厉打击养殖者违法使用硝基呋喃类药物、孔雀石绿等违禁物质的行为。以种子、农药、肥料、兽药、饲料和饲料添加剂、农机等产品为重点，围绕春耕、三夏、秋冬种等重点农时，在农资主产区、小规模经营聚集区、区域交界处等重点区域，突出农资批发市场、专业市场、集散地、运销大户和乡村流动商贩，严厉打击无证照生产经营、制假售假等违法违规行为。

6.农产品质量安全的设施与队伍建设

农产品质量安全监测与管理需要相应的硬件设施，除化验室等建筑外，还包括环境检测（土壤、大气、水等，重点检测重金属含量）、农药残留检测、微生物检测相关仪器，例如原子吸收、原子荧光、电感偶和等离子体质谱仪、紫外分光光度计、分光光度计、液相、气相、液质、气质、微波消解仪、电热板、大气采样器、氮磷钾速测仪、电子天平等。改善农产品质量安全设施需要增加相应投资，因此资金量直接影响着农产品质量安全管理水平。

农产品质量安全监测与管理还需要专业检测人员，专业检测人员的数量和检测技能也对农产品质量安全管理有直接影响。专业检测人员需要经常性学习，例如农产品质量安全形势和任务、农产品质量安全监管、农业标准化建设、农产品质量安全检测、农产品质量安全应急处置等，在农产品质量安全的监管、检测、执法、生产过程、舆论和消费等方面提高能力。

二、北京市农产品流通中的质量安全状况

（一）北京市农产品生产中的质量安全

北京市作为首都，其农产品生产在质量安全较全国具有一定先进性。自 20 世纪 90 年代，北京市开始积极发展都市型农业，其宗旨是发展服务于首都的技术先进的现代化农业。这一时期，北京市农产品生产坚持走农业产业化发展，如服务于首都的“菜篮子”工程，在农产品供应保障能力和质量安全水平上都有所提升。

北京市的设施农业从 20 世纪 80 年代开始发展，主要有大棚、日光温室、改良阳畦等，是一种集工程技术、信息技术、生物技术、环境技术为一体的现代农业生产方式。2008 年，北京市出台了《关于促进设施农业发展的意见》，规划了“两区两带多群落”发展布局，以温室、大棚为主体，规划每年新建设施农业面积 4 万亩左右。为此，北京市重点实施了“百村万户一户一棚援助型设施农业推进工程”、“两区两带规模化设施农业推进工程”、“多群落特色产业推

进工程”、“基础设施配套建设工程”、“配套服务体系推进工程”等五项工程。2008年北京设施农业总面积有22.5万亩；2012年北京市设施农业面积达到35万亩，设施农业收入达到52亿元。

北京市对农业生产实行区域性发展。通州是北京市的主要蔬菜种植区，全区目前已经形成了蔬菜、食用菌、水产养殖、畜禽养、设施农业等集中生产区。蔬菜生产区在宋庄、潞城、西集和漷县，通过推广成熟的新品种、新技术，带动培养重点生产基地和骨干农民，全面提升蔬菜生产能力和质量安全。食用菌生产区在永乐店、漷县和马驹桥，通过建设“一带两园三个中心”，发展农产品的工厂化生产。水产养殖生产区在台湖、张家湾和西集，建立有观赏鱼、食用鱼良种繁育、科技试验示范和科技服务三大体系。畜禽养生产区在潞城、西集、永乐店、宋庄和梨园，通过对原有养殖场的基础设施和配套设施进行规模化、集约化、标准化改造，全面提升了规模化养殖水平。设施农业生产区在永乐店、于家务、马驹桥、西集，重点建设工厂化育苗、蔬菜标准园、蔬菜出口加工基地和食用菌产业基地。

北京市农产品生产还在生产技术、品种选育、生产组织上有较大发展。在生产组织上，北京市突出以集体组织为主的生产经营形式，企业或合作社的专业标准和集约化的生产程度高。在品种选育上，通过引进新优品种，使良种覆盖率大大提高，在品种和质量安全有了更好保障。在生产技术上，通过机械化育苗、新型土壤和棚室消毒、绿色生态防控、生产周期控制等，有效地提高了生产品质和农产品质量安全。

(二)北京市农产品流通中的质量安全

北京市农产品流通以批发市场为中心，其对农产品质量安全的控制也主要依据批发市场得以实现。这些农产品质量安全控制措施包括交易主体管理、实行可追溯制度、进场管理、流通方式等。

有些人士在2002年就提出北京市农产品准入问题,2007年北京市开始大力推进农产品市场准入制度。这一制度从规范市场交易主体开始,要求进入北京市农产品交易的主体必须办理营业执照;进京的外埠蔬菜基地应为具有独立法人资格的经济实体或农民专业合作经济组织,产品应获得无公害农产品、绿色食品、有机农产品的相关认证;进入批发市场的交易车辆必须具有产地证明和产品质量证明。2013年北京市开始对外埠进京蔬菜实行市场准入制度,并对获得进京资格的害蔬菜基地进行动态管理,当这些基地蔬菜质量出现问题时将取消其进京资格。

北京市于2005年开始尝试农产品追溯,2007年强化农产品交易的索证索票制度,以便推行农产品追溯制度。进场交易的批发商要具有产地证明、产品质量证明、销售凭证;批发商要给予零售商销售凭证,详细填写销售单位、销售日期、商品名称、产品产地等内容;市场管理部门要对营业执照、产地证明、产品质量证明、产品标签和标识进行登记备案。2013年,北京市农业局建设了一套食用农产品质量安全追溯系统,此系统是北京市农业局为实施农产品质量安全管理,界定生产与经销主体责任,保障消费者知情权而建立的管理系统。这套系统目前在蔬菜品种上选择部分企业先行试点,主要功能是实现农产品生产、包装、储运和销售全过程的信息跟踪。

北京市农产品批发市场是农产品流通的主渠道,但其设施简陋、交易手段落后仍然是一个难于解决的问题,多数市场采用场地管理和摊位交易上。多数农产品交易市场,鼓励具有追溯标识和包装规范的农产品进场交易,但由于这类农产品所占比重较小而无法限制普通农产品的进场交易。对于具有质量证明的农产品，采用协议方式进行检测，对多次检测不合格的农产品进行退市处理。由于缺乏信息服务、质量检测、电子统一结算、安全监控、垃圾处理等配套服务设施，北京市农产品进场管理不够严格，这使得这一环节成为农产品安全质量管理的薄弱环节。

北京市农产品批发市场的物流功能普遍欠缺，农产品分选包装、冷藏保鲜、冷链物流和配送等设施设备不足。蔬菜长途运输道路不畅，货车非法超载现象严重，有很大的安全事故隐患。冷链不健全致使物流过程中鲜活农产品质量下降、损耗增加。近年，有些学者提出北京市构建农产品封闭供应链物流体系，这种方式是在现有农产品物流的基础上，通过资源整合，充分发挥自身的优势，以核心企业为主构筑农产品供应链，将农产品的产前、产中和产后经济活动纳入到封闭供应链的体系之中。封闭供应链物流体系能够大大提高农产品的质量安全水平。但从实践角度看，农产品封闭供应链物流体系与现实差距很大，在短期仍然难于实现。

（三）北京市居民对农产品质量安全的要求

居民的生活和购买行为对农产品质量安全是有影响的。相关调查表明，北京市居民对农产品质量安全的认知程度还不很高，从而使北京市农产品对质量安全水平较低的农产品有相当程度的接受。

北京市人口数量巨大，居民生活节奏较快。在一日三餐中，多数上班族的早餐和中餐不在家吃，多数人在家吃晚餐。居民经常购买的农产品是蔬菜、瓜果、畜产品、水产品、禽蛋、粮油等。居民大部分购买农产品的地点是农贸市场，城区居民主要依靠鲜活农产品市场、超市和社区菜店。居民的忠诚度比较高，常常在同一商贩处购买农产品。

多数北京市居民购买过绿色食品、安全食品或者无公害食品，他们担心食品的安全问题，但对绿色食品、安全食品和无公害食品的区别则了解较少，只是认为化肥、农药会影响食品的安全性。在平时购买活动中，北京市居民最重视农产品的新鲜程度，其次是农产品价格，然后才是农产品的质量安全。这说明北京市居民对农产品质量安全的认知还停留在表面，而不具备多的农产品质量安全知识。北京市居民对农产品品牌的关注度不高，他们认为品牌农产品具有较高的质量安全保证，但品牌农产品的价格偏高、宣传成分较大，对已经取得“三品”认证的农产品的质量安全保障措施信赖程度不高。

多种因素影响着居民对农产品质量安全要求。从家庭收入看，收入高的群体对农产品质量安全有较高的关心程度，而低收入家庭则不太重视农产品质量安全问题。从教育程度看，受教育程度越高的人群，对农产品质量安全的关注程度越高。从性别看，女性较男性对农产品质量安全更为关注。

（四）北京市的农产品质量安全宣传

北京市农产品质量安全宣传涉及农业生产、农产品质量安全管理、农产品流通和消费者。

北京市农产品质量安全的管理部门涉及农委和农业局、各区县种植业服务中心、各区县农业环境和生产监测站、各乡镇农业服务站；区县设有农产品认证检查员、乡镇设有技术指导员、生产基地设有内检员；在区县、乡镇和村级还有农业人员。这些机构和人员一方面负责农产品生产的质量安全检测与管理，一方面负责农产品质量安全的宣传和技术指导。他们熟知农业生产过程，对农药、化肥、种子了如指掌，具有农产品质量安全的专业知识，是农产品质量安全宣传的一线人员。这些人员编写生产技术规程，推广“三品”，介绍农产品质量安全监测，填写和使用农产品质量安全文件；在生产过程解决生产技术问题，推广先进的农业生产技术；基层人员还通过自身的示范作用，带动周围农民提高农产品质量安全意识。

北京市农产品质量安全的管理部门针对农产品生产企业、合作社、生产大户、加工配送企业、大型农贸市场、农药农资经营企业，经常性地组织培训。这些培训涉及农产品质量安全法律法规、农产品质量安全检测技术、提高农产品质量安全的先进生产技术、农产品质量安全形势和整治活动等。提高这些培训，提高农产品质量安全从业人员和相关人员的综合素质。

流通是北京市农产品质量安全宣传的重点和难点，特别是批发市场、农贸市场和社区菜店。农产品经销商对农产品质量安全问题的严重性普遍认识不足，对农产品质量安全信息不够关注；他们一般认为市场管理较为规范，从而放松了对农产品质量安全问题的警惕性；由于市场负责农产品质量安全管理，经销商缺乏对保障农产品质量安全的主动性和积极性；知识水平和收入水平对经销商有直接影响，知识水平和收入水平越低的经销商，对农产品质量安全越缺乏关注；由于运输、存储和摊位的条件限制，经销商常常通过经验判断农产品质量；为了降低成本，经销商也不愿意主动提高农产品质量。北京市农产品市场管理部门会组织管理人员和经销商学习农产品质量安全知识，主要包括农产品质量安全法规、市场管理制度、农产品质量安全违规处置等。

近年，北京市逐步加强了对市民的农产品质量安全宣传。这些宣传的主要内容包括 普及农产品安全消费知识，展示农产品质量安全工作进展及成效，营造全社会共同关注、推动农产品质量安全工作的和谐氛围。这些宣传的方式有举办专题讲座、发放宣传材料、解答群众问题；对社会开放农产品质量安全、让市民参观农产品检测过程；组织农产品质量安全知识竞答和安全农产品进社区活动；利用媒体普及农产品安全知识，加强科普宣传。

(五)北京市的农产品质量认证

北京市的农产品质量认证工作包括无公害农产品、绿色食品、有机农产品和地理标志农产品，统称“三品一标”。“三品一标”是北京市政府主导推进的农产品质量安全工作，目的是通过标准化生产，使农产品生产规模化、基地化，保障农产品质量安全和创立安全优质农产品品牌。

北京市的农产品质量安全工作起步较早，在全国居于领先水平。2004 年，北京市在全市展开无公害农产品工作，当年有认证企业 159 家，认证种植面积 1.86 万公顷，认证产量 63 万吨。2008 年，北京市无公害农产品的认证企业总数达到 562 家，认证种植面积 4.47 万公顷，认证产量 178 万吨。北京市的绿色食品认证开始于 1996 年。到 2008 年，获得绿色食品认证的企业有 245 家，认证产品总数近 900 个，多数绿色食品认证企业规模较大，知名品牌较多。北京市有机农产品也开始于 2004 年。到 2008 年，有机农产品认证企业有 380 多家，认证种植面积 1.31 万公顷，认证产量 20 万吨。相对于绿色食品认证，有机农产品认证企业的规模较小。到 2010 年底，全市无公害农产品、绿色食品、有机农产品生产企业 1 205 家，获证产品 4 299 个，年实物生产总量超过 300 万吨，产地生产面积逾 100 万亩。2012 年，新认证无公害农产品 200 多个，复查换证率达到 70%；新认证绿色食品生产企业 8 家，产品 80 个，企业续展率达到80%。到2013年,北京市在国家质量监督检验检疫总局一共注册了10个,其中农产品地理标志有7个,占总数的70%。

北京市的农产品质量安全认证主要通过农产品质量安全信息系统、农产品质量安全检查手册、优质农产品销售渠道等方式进行。

农产品质量安全信息系统是由北京市农业局组织设计的,包括“三品一标”生产企业信息和短信群发两个子系统。生产企业信息子系统汇集了全市“三品一标”生产企业基本信息和监管动态信息,短信群发子系统借助12316信息平台,定期向生产企业及各相关农产品质量安全监管机构人员发送法律法规、技术标准和日常管理信息。

农产品质量安全检查手册由北京市农业局统一组织编写,内容包括生产企业应知应会的法律法规、技术标准、生产规范、投入品使用和包装标识等方面,同时在《手册》中附有生产企业法人代表或生产者签名的“产品质量安全承诺书”,留有农业部门在监督检查过程中需要的记录流水栏目。

优质农产品销售渠道是由北京市农业局积极推行的,它使生产与流通、销售对接,鼓励和支持各方参与“三品一标”优质的销售。在销售过程中,对推动和参与“农超对接”、“农商对接”的“三品一标”生产企业,给予优惠和资金奖励,确保“三品一标”农产品适销对路和优质优价,带动农业增效和农民增收,提升生产企业标准化生产的自觉性。

(六)北京市的农产品质量安全监测

北京市农产品质量安全监测主要包括流通环节监测和生产环节监测。

北京市农产品市场通过多年建设,已经形成了一套农产品质量安全监测方式,这主要包括政府部门抽检、市场自检和经销商自律。政府部门抽检是指农业、工商部门按照相关法律法规及职能分工,对农产品市场进行的农产品质量安全抽检,然后定期分析农产品质量规律,以及公布农产品质量安全状况及信息等。市场自检是指依靠农产品市场自身的市场检测系统和农产品质量检测设备,由进驻市场的理化中心检测机构,对进场交易的农产品进行检测;对于发现不符合质量安全标准的农产品,检测机构将向市场管理和农业、工商部门报告。经销商自律是指经销商按批次提供检测报告,以使经销商提高农产品质量安全意识,自觉做到不销售不符合标准的农产品。2012 年北京市一百多家大中型农产品批发市场、零售市场、商场、连锁超市和社区菜市场建设了具有法定资质的检测站或快速检测室,覆盖了食品生产、流通、消费各环节。

北京市农产品市场的农产品质量安全监测仍然存在缺陷。2013 年北京市曾经对 8 家大型农产品批发市场进行调查,结果发现这些批发市场尽管都配有食品安全检测室,但无统一检测标准,检测人员配备不足。近年国家对农产品批发市场检验检测中心的建立给予了一定的资金支持,但由于抽检发生的相应费用和检验员的工资要由市场支付,批发市场自身检测的积极性不高。进入农产品批发市场的产品具体来源不明,一车产品可能来自众多生产者,很难分清批次,抽样代表性不强。市场管理方则担心,一旦查出问题产品,上报主管部门或被曝光,会给市场带来负面影响。

北京市及京郊区县的农产品检测体系于 2004 年前后开始建设。各区县的农产品监测检测中心在建设初期主要承担市、区县农业行政主管部门下达的农产品质量、安全执法和日常监督检验。检验范围包括农产品中重金属及农药残留物检测,土壤养分、有害物质及农用水等农业环境质量监测，农业生产投入品家药、化肥及有机肥的成分测定分析等。在此基础上，对农产品生产、加工基地和农产品批发单位进行农业生产环境、农产品质量的指导。北京市农产品质量检测中心主要从事农产品质量检测与农田环境监测，重点是产地环境、生产过程和产品质量的检测技术方法的研究。

2014 年北京市基本建设完成了市、区、乡镇及企业三级的农产品质量监测网络，这一网络包括 6 个市级专业质检中心，并配备市级流动检测实验室，每个郊区县分别建成 1 个农产品质量安全综合检测站；在农业龙头企业、重点乡镇、大型农贸批发市场和蔬菜、畜禽生产基地，配备一批快速实用的农产品质量安全检测设备。北京市的三级农产品质量监测网络建设完成后，每年市级定量检测农产品样本不少于 1.5 万个，区县检测样本不少于 20 万个，企业检测样本不少于 40 万个，已经基本形成了多种形式、相互补充的农产品质量安全检测制度。

(七)北京市的农产品质量安全整治

北京市农产品质量安全整治的运行方式是每年部署，组织牵头，部门联动，拉网式检查和依法查处。每年北京市制定《北京市农产品质量安全专项整治方案》，对全年农产品质量安全整治工作进行整体部署。根据农产品质量安全的整治任务的不同，有相关主管部门进行牵头组织。部门联动是指农业、公安、工商、质检等多部门联合工作，从多方面合力查处违法案件。北京市农产品质量安全整治全面覆盖全部区县，全部批发市场、农产品经营企业和单位，特别是整治重点区域和农产品种类。对农产品质量安全违法案件进行立案，依法查处。

北京市农产品质量安全整治的具体内容根据当年农业部提出的农产品质量安全整治部署来确定。例如，2007 年的整治重点是高毒农药与种植业产品整治、动物及动物产品专项整治、水产品质量安全整治、认证产品质量安全整治、标准化生产基地的专项检查和农产品批发市场整治与监测；2012 年的整治重点是农药打假、蔬菜禁限用高毒农药、“瘦肉精”、生鲜乳违禁物质、兽用抗菌药、水产品禁用药物和有毒有害物质、农资打假；2013 年的整治重点是农药及农药使用专项整治行动、“瘦肉精”、生鲜乳违禁物质、兽用抗菌药、水产品禁用药物和有毒有害物、农资打假。

2012 年的农产品质量安全整治中，农药打假专项治理包括加强禁限用农药监管，清理整顿农药生产经营主体，加强农药产品质量监督抽查，强化农药违法案件查处。蔬菜禁限用高毒农药专项整治包括推进标准化生产，规范农药使用行为，推广安全生产技术，加强农药残留监测。“瘦肉精”专项整治包括加强饲料质量安全及畜禽养殖、屠宰、运输、收购环节监管，严把饲料质量安全关、畜禽质量安全源头关、畜禽产品出厂关及外埠畜禽进京关。生鲜乳违禁物质专项整治包括加强生鲜乳收购和运输标准化管理，加大生鲜乳质量安全监测力度，强化生鲜乳质量安全生产制度建设。兽用抗菌药专项整治包括加强兽药生产经营行为、畜禽养殖生产行为及动物诊疗机构的监管，加强药残监控。水产品禁用药物和有毒有害物质专项整治包括加强水产品药残监测，开展渔业高产高效基地建设，加大养殖环节用药监管力度，加强外埠进京苗种药残抽检。农资打假专项治理包括强化行政审批，加大市场监管和案件查处力度，推进农资服务体系、诚信体系建设。

北京市农产品质量安全整治的基本手段是“查”、“打”结合。2012 年，对蔬菜农药残留超标案件的查处方式是：按照属地管理原则,北京各区县农业主管部门及时对超标基地或超标企业下发限期整改通知书;由北京市植保站牵头,联合市农优站及时组织市区(县)相关部门开展针对性的生产档案记录和农药库房进行调查,并对相关农药产品进行抽检;对整改期满后基地的蔬菜品种进行再次抽检,对再次抽检仍超标的,建议相关部门撤销其认证资质或相关荣誉,并进行全市通报;各市区县根据职能分工对蔬菜残留超标行为进行查处;对典型案件及时曝光;对符合移交司法机关的一律移送司法机关查处。2012 年,对生产、经营假劣农药案件的查处方法是:责令停止生产、销售和使用不合格产品,查明不合格产品的来源和去向;要求生产或经营单位回收已售出不合格产品;对违法行为实施行政处罚和处理相关假冒伪劣农药产品;对抽检到擅自添加甲胺磷等国家禁用农药成分的农药产品,对其生产、经营单位一律按照相关法律条款的上限进行处罚,并全市通报,建议农业部撤销其农药登记证;对每年抽检有 2 次质量不合格的生产、经营单位,建议农业局将其列入诚信体系的 C 级或 D 级,对每年抽检有 3 次不合格产品的生产、经营单位,市区相关部门将抽检结果反馈到生产、经营单位的发证部门,并全市通报;对典型案件及时公开曝光;对符合移交司法机关的一律移送司法机关查处。

三、北京市农产品质量安全存在的问题

(一)农产品质量安全管理体制和制度中的问题

参与农产品质量安全管理的部门众多,而且职能不清、管理混乱。目前,参与农产品质量安全管理的部门有农业部门、卫生部门、商业部门、质量监督检验检疫部门、食品药品监督管理部门、环

境保护部门、工商管理部门等。这些部门的职能交叉，各自制定有自己的农产品质量安全标准，颁布有自己的农产品质量安全管理规章政策，从而形成了多头管理的局面。面对多头管理，农产品生产者、农产品流通者和农产品消费者常常无所适从，也变相形成了谁也不从。

我国农产品质量安全法规体系包括国家法律、行政法规和部门规章、地方法规和政府规章等，其中国家法律涉及农产品质量安全、产品质量、食品安全、农业、畜牧、动物防疫、清洁生产、环境保护等，行政法规和部门规章涉及食品安全、农药、兽药、饲料、肥料、水产养殖、无公害食品、绿色食品、有机食品等，地方法规和政府规章涉及农产品质量安全实施办法、市场准入等。这些法律、法规和规章存在的主要问题在于其普通实施，特别是地方性法规、规章。在现行法律、法规和规章体系中，多数从各部门角度制定，对农产品质量安全在农产品生产、流通和消费过程中的形成协调不够。现行体系中，国家法律、行政法规和部门规章较多，地方法规和政府规章仍显不足。

（二）农产品质量安全认证与证明中的问题

农产品质量安全认证更多的是在提高农产品的品牌形象，尚不能完全保障农产品的质量安全。首先，“三品”所规定的标准是与发达国家和国际市场需求相连接的，而与现阶段北京市市场上的不同层次需求相脱离；多数情况下市场无法接受高品质高价格的农产品，这使得“三品”的覆盖面仅占少数的市场份额，这等同于认可非“三品”农产品在市场这存在的合法性。其次，获得认证的农产品不能保证农产品的质量安全；无公害农产品受市场环境、条件的制约而无法统一实际标准；绿色食品还不能认为是一流品质的农产品;有机食品在生产过程中也没有达到国际化、市场化运作。第三,"三品"普遍存在重认证、轻管理的问题,农业生产部门希望更多农产品通过认证,但对生产过程中技术、成本和管理认识不足,"三品"的质量安全水平难于持续保持。

农产品质量安全证明的可信度不高。北京市防止不合格农产品流入北京市,逐步实行了市场准入制度,禁止未经认证、认定或检测、检疫不合格的农产品上市销售。各级农产品市场也鼓励销售商在进场交易时出示产品产地证明和质量检测合格证明,以保证进场交易的农产品的质量安全,以及农产品出现问题后可以追溯到生产源头。但是,北京市及其外地的农产品生产多数仍然是小生产,其生产模式和经营模式决定了不可能所有上市交易的农产品都经过认证。农户和产地经销商为了满足市场销售的要求,想尽各种方法获得农产品证明,地方政府和协会组织也会出于对当地经济发展和自身利益考虑而放松监管,这使得进京农产品证明存在着大量虚假成分。

(三)农产品质量安全检验中的问题

北京市农产品批发市场按照国家要求配备有检验室,其他农产品市场也有相应的检验设施,但这些检验室和检验设施的规模、设备、人员差异很大。除少数市场有国家支持资金外,多数市场是由自己出资建设检验室或检验设施的,因此检验室和检验设施的规模和检验能力有很大差别;多数市场配备的检验设备比较齐全,但由于检验需要发生成本,因而这些设备的使用率不高,有些设备处于闲置状态;多数市场为了节约成本,聘用的检验人员不是专业人员,人员的技术水平较低。

从检验方法看,现有农产品市场基本上采用对市场内正在销售的农产品进行抽检,而非在农产品进入市场时进行检验,这种检验是很多不合格农产品能够进场并已经销售。各个农产品市场对农产品的抽检品种、频率、检测项目没有统一标准,因而各个农产品市场所把握的农产品进场尺度不一样。由于农产品检测费用由市场承担,而不同农产品的检测费用高低不同,检测时间长短也有差异;不少农产品市场偏重对检测成本低、检测时间短的农产品进行抽查,而不愿检验成本高、时间长的农产品。

(四)农产品质量安全问题处理和整治中的问题

目前,北京市农产品质量安全监督管理的方法主要是搞行动、大检查,缺乏管理的系统性和连贯性。管理部门以专项整治为手段,一定时期对出现问题较多的农产品质量安全领域进行突击性检查和处理,但是专项整治的后续措施不足。这种管理方式带来的问题是,不法分子每年躲过几次检查,就进入安全期,仍然可以进行违法生产和流通;这种整治覆盖面不全,总会存在一些死角,问题不是最严重的地方常常让人忽视。

对农产品质量安全违法行为处罚力度不足。农产品市场常常认为出现农产品质量安全问题对自身形象影响不好,对不法行为睁一只眼闭一只眼,对问题农产品的处理做不到将其彻底消灭。目前,多数农产品批发市场都有自己的网站,但在其网站上很少能找到对本市场食品安全抽检的结果和问题产品的退市公告。在地方媒体上,一般消费者也很难了解到农产品质量安全状况,以及对问题农产品的查处信息。

(五)农产品质量安全宣传和责任机制中的问题

农产品质量安全宣传存在方向不明的问题。农产品质量安全宣传的对象主要包括农产品生产者和流通者、农产品质量安全管理者、农产品消费者。目前在这些对象中,宣传最有效果的是针对农产品质量安全管理者,内容包括法律法规、检验技术、工作规范等。对于农产品生产者和流通者的宣传虽然是农产品质量安全宣传的工作重点,但效果并不尽人意;这方面的宣传内容主要集中在提高生产者和流通者的农产品质量安全意识,但由于利益冲突而导致生产者和流通者在提高农产品质量安全方面处于消极和被动。针对消费者的农产品质量安全宣传是普遍缺乏的,因而导致消费者群体缺乏发现农产品质量安全缺陷和抵制农产品质量安全违法行为的能力。

与农产品质量安全相关的是农产品质量安全的责任机制,这种机制目前仍未真正建立起来。农产品质量安全问题最终的受害者是消费者,只有消费者能够了解真实的农产品质量安全状况,能够以合法方式抵制达不到质量安全的农产品,才会对劣质农产品和农产品质量安全违法行为产生根本性打击。如果不让消费者了解农产品质量安全的真相,使消费者容易接受劣质农产品,劣质农产品和农产品质量安全违法行为就会永远存在。这也就是说,要建立从消费者通过流通和生产过程对农产品质量安全责任进行传递,使劣质农产品的生产者和流通者经由市场得到惩罚。

四、改善北京市农产品质量安全的途径

(一)改变行政管理方式,利用市场力量保障农产品质量安全

农产品质量安全问题之所以难以解决,其主要原因是目前对农产品质量安全管理采用了行政手段。这种手段是将消费者排除

在农产品质量安全之外，切断了消费者和生产、流通者之间的联系；取而代之的是诸多涉及农产品生产、流通的管理部门，对农产品生产、流通活动进行检查和处罚所出现的问题。消费者是农产品质量安全的最终和最大关系方，消费者无法参与农产品质量安全活动，这就使农产品质量安全失去了最关键的影响力量。管理部门是农产品生产、流通和农产品消费之外的第三方，由于自身利益与农产品质量安全并不直接相关，这些部门所采取的检查、处罚等也就并不彻底；加之管理部门政出多门、行动不一，也使农产品质量安全处于无人能管、无人愿管的局面。

改变农产品质量安全状况的根本出路是发挥市场经济的作用，将农产品生产、流通者和农产品消费者联系起来，将农产品质量安全状况直接传导到消费者，并由消费者对农产品质量安全存在问题的生产、流通者进行影响。这种影响就是消费者对这些不安全农产品予以拒绝，从而断绝不安全农产品生产、流通者的生存空间。

在常规管理方式上，要减少行政部门管理农产品质量安全的随意性，通过一定稳定的程序，将农产品质量安全纳入规范的常规性管理。在这一管理程序中，核心环节是农产品质量安全的检验检疫，以之所提供的数据向公众、农产品市场管理者、农产品质量安全管理部门、农产品生产和流通者进行传递；对于不安全农产品，公众予以拒绝消费，农产品市场实现禁入，管理部门进行查处；这样通过影响不安全农产品生产、流通者的生存，来最终减少不安全农产品的存在；国家在这一过程中，通过立法、宣传、建立机制等方式，扶持和引导农产品质量安全活动。

（二）建立农产品质量安全强制收费检验检疫制度

农产品检验检疫是辨别农产品质量安全状况的关键环节，目前这一环节的主要缺陷是检验机构规模小、人员数量少且素质低、检验设备使用率低、检验农产品的数量少、检验水平偏低。农产品检验检疫水平低的根本原因是成本问题。检验检疫需要人员、设备、费用，无论国家还是农产品市场，如果维持检验检疫机构的正常运转，其所承担费用都是巨大的；同时检验检疫作为公益性和政策性活动，其本身没有收益。这种情况使维持检验检疫机构倾向于节约成本、减少检验。

基于这种情况，建立农产品质量安全强制收费检验检疫制度是必要的。农产品质量安全强制收费检验检疫制度的基本设想是对进入市场的农产品进行强制性的检验检疫，而这种检验检疫的费用由农产品销售方承担。

农产品质量安全强制收费检验检疫制度的执行方式如下：①所有进京销售的农产品都必须通过检验检疫过程，这里所说的农产品包括本地生产的农产品，也包括外埠生产的农产品；检验检疫机构设在北京市，包括批发市场、超市、农贸市场等。②农产品检验检疫结果是允许农产品在京销售的凭证，这种凭证伴随农产品在京流通过程中，直至最终消费者。③农产品检验检疫需要收费，费用由销售方进行支付。④农产品检验检疫所收取的费用给予检验检疫机构，用于这些机构自我发展。⑤建立相应的农产品质量安全免检制度，对于获得“三品”认证以及国家认可的农产品质量认证的农产品予以免检。⑥检验检疫数据作为公共信息，向社会媒体进行公开。

（三）建立农产品质量安全凭证制度

现行农产品质量安全实行认证和证明制度，其中认证主要包括无公害农产品、绿色食品和有机食品认证，证明主要包括农产品产地证明和农产品质量检测合格证明。无公害农产品、绿色食品和有机食品认证的主要缺陷是更多用于品牌塑造，农产品生产者重认证、轻管理，有时这些认证还能成为弄虚作假的幌子。农产品产地证明和农产品质量检测合格证明的出具方常常在外地，生产者想尽方法弄到这些证明，弄虚作假非常容易。

与农产品质量安全强制收费检验检疫制度配套，可以建立农产品质量安全凭证制度。农产品质量安全凭证制度是指按农产品批次，由专业检验检疫机构发放农产品质量安全凭证。

农产品质量安全凭证制度的执行方式如下：①由国家统一制定各类农产品的质量安全检验检疫标准，这种标准应适应农产品的常规质量安全水平，并能进行快速检验。②农产品质量安全凭证有专业检验检疫机构进行发放。③农产品质量安全凭证应跟随农产品批次，并设有有效时间限制。农产品具有保鲜期，这种特性可以有效防止生产者在获得某种认证疏于管理、弄虚作假。④建立农产品质量安全凭证联网查询系统。当前信息技术、物流技术和农产品可追溯系统的发展，已经可以使农产品质量安全凭证做到联网查询。通过农产品质量安全凭证联网查询系统，可以了解农产品质量安全凭证的发放、流通情况，并使该凭证作为农产品可追溯系统的可追溯代码。

（四）建立农产品质量安全信息公开制度

当前农产品质量安全信息是不公开的，或者说公众通过公开渠道难于了解农产品质量安全的信息。产生这一现象的原因首先是农产品质量安全检验检疫的信息不全，由于采用抽样方式进行检验检疫，绝大多数农产品没有相关质量安全信息。其次，农产品认证和证明中的虚假信息较多，生产者和销售商为了销售农产品而搞证明，他们并不愿意将这些含有虚假成分的信息进行公开。第三，农产品质量安全信息主要用于农产品进入农产品市场，随后其价值就将消失。第四，缺少公布农产品质量安全信息的渠道。这一情况的最终结果是消费者无从获知农产品质量安全信息，因而无法辨别农产品质量安全状况；生产者和销售商可以隐瞒农产品质量安全的真实情况，为劣质农产品进入市场留有巨大空间。

农产品质量安全信息公开制度是将农产品质量安全检验检疫所产生的信息，通过公开渠道向社会公众发布，为公众对农产品质量安全进行监督和判别、选择农产品提供条件。

农产品质量安全信息公开制度的执行方式如下：①国家或地方政府建设农产品质量安全信息平台，这些平台包括广播、电视、报纸的媒体，专业和非专业信息网站，农产品市场的信息发布窗口等。②由农产品质量安全检验检疫机构收集信息，经过整理后向农产品质量安全信息平台发布信息。③通过农产品质量安全教育，引导消费者了解和使用农产品质量安全信息。④是农产品质量安全信息与农产品质量安全责任、农产品可追溯系统、农产品质量安全违法处罚等相关联，为农产品质量安全管理机构提供实时信息。

（五）加强对公众的农产品质量安全教育

农产品质量安全对公众关系最为密切。公众是农产品的最终消费者，不合格农产品对他们的危害最大。公众为数众多，对农产品质量安全的监督力度最大。公众最为消费者,其选择权对农产品销售有最直接的影响,而农产品生产者和销售商最担心的农产品销售量。因此,公众和农产品生产者、销售商之间才是最重要利害关系方。

当前,公众是最缺乏农产品质量安全知识的群体。这主要是因为公众对农产品质量安全的知识水平偏低,容易忽视农产品质量安全问题。由于公众数量庞大,所需要的农产品质量安全教育的费用成本巨大。对于农产品生产者和销售商而言,公众了解更多的农产品质量安全知识使他们销售农产品更加可能,因而会有意无意地回避对公众提供农产品质量安全知识。

对公众的农产品质量安全教育集中在三个方面:①加强农产品质量安全意识,重点是普及农产品质量安全知识,揭示农产品质量不安全因素,说明不安全农产品对公众的危害。②使公众了解农产品质量安全状况,重点是通过公开农产品检验检疫信息,展示现实市场上的农产品质量,以及农产品经销商的信誉状况,帮助公众分辨农产品质量。③解决农产品质量问题,重点是教育公众通过合法渠道,对农产品质量安全所造成的危害进行追溯,维护公众自身的合法权益。

(六)完善农产品质量安全可追溯体系

农产品质量安全可追溯体系是寻找农产品质量安全问题的源头,打击农产品质量安全违法行为重要手段。目前,农产品质量安全可追溯体系所存在的主要问题是这些系统分散在各地和各个部门,不同系统规模小,系统之间互不兼容。系统不兼容导致信息无法共享,这既提高了开发成本并使系统的效能降低,又由于难于查询而限制了各个系统的应用范围。由于推行农产品可追溯制度较晚，现有系统的技术水平较为落后。农业生产者主要是农户、农业专业合作社，他们过于分散而得不到农产品可追溯系统的应用水平。在流通领域，农贸市场和社区菜市场仍然有很大比重，这些销售地点也难于应用农产品可追溯系统。在制度方面，现行法律法规没有健全，与农产品可追溯相关的标准体系和配套标准还不完整。最后，现行农产品可追溯系统在应用时要投入大量人力、物力和财力，这与农产品可追溯系统所产生的效果还有一定差距，这使得社会对农产品可追溯系统的认可程度还较低。

完善农产品质量安全可追溯体系的主要工作有：①建立健全农产品可追溯法律法规，农产品可追溯的实行具有强制性，必须对农产品生产、流通、检验、消费、责任、违法查处等一系列活动进行规范，从而使农产品可追溯进行法律依据。②制定完整的农产品可追溯的标准体系，这一标准体系涉及体系、标准和应用指南，以使个股系统兼容、信息资源共享。③加强系统研发，利用最先进的信息技术开发农产品可追溯系统，实现各地、各单位的农产品可追溯系统的联网，并使农产品可追溯系统容纳到其他农产品生产、流通等系统中。④加快推广普及速度，通过降低农产品可追溯系统的应用成本，提高社会对农产品可追溯系统的认知程度，使农产品可追溯系统更广泛地利用。

（七）加强质量不安全农产品的处置

对质量不安全农产品的处置直接涉及不安全农产品、农产品质量违法事件和相关责任人，是最能够解决农产品质量安全问题的环节。目前，对质量不安全农产品的处置主要依赖集中整治、违法曝光和禁止入市等手段，但这些手段还存在不少问题。农产品质量安全集中整治存在一阵风的问题，违法者躲过整治时期，仍然可以继续从事违法活动。违法曝光则不够充分，农产品生产管理者惧怕自身形象受损而对农产品质量违法事件和责任人遮遮掩掩，这反而助长了农产品质量违法。由于农产品质量证明造假容易，农产品检验检疫不够严格，禁止入市的手段也有很大漏洞。

加强农产品质量不安全的处置应着眼于常规处置，通过建立一种规范化的、日常运行的处置方式，加大处置力度，堵死农产品质量不安全的漏洞。

加强农产品质量不安全处置的主要方式有：①建立专门的农产品质量安全查处机构，避免多部门共管、职能交叉、责任不清、查处能力不强的问题。②以农产品质量安全检验检疫数据为依据，通过常规提供的数据发现农产品质量安全问题。③将多种处置方式相结合，其中主要的方式是曝光、禁止入市、追踪责任源头、行政和法律惩处。对不安全农产品进行曝光，要借助信息公开，在公众容易获得信息的渠道，加长曝光时间。禁止入市要针对不合格农产品的批次，可以尝试对严重危害人们健康的农产品进行扣留或销毁。结合农产品可追溯系统，追踪不合格农产品的源头和责任人。对危害人们健康的农产品事件和责任人按其性质进行性质处罚和追究法律责任。

第七章　北京市农产品消费的特点

一、北京市农产品消费的特点概述

(一)北京市不同农产品的消费特点

1.粮油

北京市粮油消费的基本特点是基本结构稳定、总量持续增加、直接消费比重减少、消费品种很多。北京市粮油消费的基本结构较为稳定。粮食消费主要为小麦、稻谷、玉米和大豆,其中小麦消费约占粮食总消费量的1/3,稻谷约占1/4,玉米约占1/4,大豆约占1/10。在居民日常生活消费中,面粉和大米的消费比重有所变化,2006年以前大米占北京市居民消费的60%,而2008年以后面粉消费量逐年增加,达到50%~60%。北京市玉米消费约占粮食消费量的1/4,但其主要用于饲料。随着城市人口的持续增加,北京市的粮油消费量也在持续增加。2008年北京市粮食消费量为487万吨,2012年达到512万吨,平均每年以1%的速度递增;2008年北京市各种粮食总需求量为606万吨,2014年达到800万吨。2014年北京市食用油消费量也超过48万吨。随着人们生活水平的提高,口粮在人们粮食消费中的比重下降。餐饮业对粮食的需求量快速增加,其他食品消费在人们日常消费中的比重增加。特别是畜产品和酒品的需求增加，而导致饲料用粮和酿酒用粮的快速增加。由于北京市人口数量巨大，致使各地粮油产品涌入北京，北京市也成为全国粮油产品的集散地。

2. 蔬菜

北京市的蔬菜消费处于持续增加状态。北京市蔬菜持续增加主要源于城市人口的增长，2000 年北京市常住人口为 1 381.9 万人，2012 年为 2 069.3 万人，2014 年为 2 114.8 万人，平均每年增加近 50 万人。2005 年北京市人均蔬菜消费为每年 480 千克，2014 年为 720 千克，人均蔬菜消费的增加也导致了北京市蔬菜消费总量的增加。北京市经常性消费蔬菜品种有 80 余种，其中消费较多的有 50 余种。销售量最大的 20 种蔬菜是马铃薯、大白菜、甘蓝、洋葱、葱、冬瓜、番茄、胡萝卜、黄瓜、白萝卜、西葫芦、小辣椒、茄子、柿子椒、芹菜、菜花、蒜、蒜苗、姜和芸架豆，占蔬菜上市总量的 75%～79%。大白菜、甘蓝、马铃薯、洋葱、冬瓜、胡萝卜、白萝卜、南瓜 8 种蔬菜较耐储存，是北京市的主要储备蔬菜品种。北京市居民蔬菜消费的特点是鲜菜消费量较大，约占蔬菜消费量的 90%；蔬菜在食品消费中的比重偏低，2008 年约占 17%，2010 年约占 14%；蔬菜消费中仍以大路菜为主，近年精细蔬菜消费比重有所增加；城乡居民的蔬菜消费差异较大，城市居民的蔬菜消费量明显大于农村居民的蔬菜消费量。

3. 乳品

乳品包括杀菌乳、酸乳和乳制品，北京市的乳品消费居全国前列。2012 年、2013 年和 2014 年北京市的乳品产量分别为 56.41 万吨、58.96 万吨和 60.62 万吨，分别占当年全国乳品产量的 2.31%、2.18%和 2.29%。由于乳品需要保鲜、冷藏，因此北京市居民消费的乳品主要来自当地生产。北京市乳品品牌比较集中,主要是三元、伊利和蒙牛,光明等其他品牌占据的市场份额比较小。从消费习惯看,北京市95%的居民经常消费各种乳品,2014年北京市居民人均消费牛奶等46千克,居全国首位。从消费方式看,北京市居民消费量最大的乳品品种依次是液态奶、奶粉、酸奶、冰激凌,其他消费较多的产品品种还有乳酪和黄油。从消费者群体看,消费者年龄已经从儿童、老年人转变成以中青年为主体。从消费方式看,人们主要是以直接饮用为主,另外也有部分是与其他食品搭配食用。乳品消费与人们的收入水平直接相关,随着人们收入水平的增长,北京市的乳品消费量还会呈上升趋势。

4.畜产品

北京市目前每年消费的畜产品为140万～150万吨,包括猪肉、鸡肉、牛羊肉等,其中猪肉比重最大,约占畜产品消费量的60%;鸡肉是北京市消费量居第二位的畜产品,每年消费量约为1.9亿只。畜产品的生产、流通过程比较复杂,一般涉及饲料、兽药等投入品供应、牲畜养殖、牲畜贩运、屠宰加工、畜肉销售等。北京市居民消费的畜产品主要来自北京及周边省区,2012年北京市生产的肉类43.2万吨、生猪306万头、肉禽1.00亿只,2013年北京市生产的肉类41.8万吨、生猪324万头、肉禽0.85亿只。北京市的畜产品消费人群在年龄上去向于年轻,年龄越大消费的畜产品量越少。从消费者家庭收入看,中等收入家庭对畜产品的消费量要大于低收入家庭和高收入家庭,这说明畜产品对于一般家庭而言是主要的农产品消费品。北京市居民对畜产品的质量安全较为重视,有调查表明北京市居民购买畜产品时关注的首要因素是畜产品的质量。人们重视畜产品质量的原因主要是畜产品在饲养过程中使用的兽药等生物、化学制品会严重危害人们的健康，而当前生产、流通中对畜产品质量安全的监管仍然存在很多漏洞。北京市居民对畜产品最为关注的另一个问题是价格。近年，畜产品价格上升较快，与此同时人们对畜产品的消费量开始下降，这表明人们对畜产品的价格有一定的接受限度。在畜产品品种上，人们消费量最大的猪肉、鸡肉，其次是牛肉和羊肉；在猪肉、鸡肉中，消费最大的是鲜猪肉、鲜鸡肉，其次是冷冻肉、腌肉、卤肉等。

5. 禽蛋

北京市是全国禽蛋消费最大城市和地区之一，每年人均消费鸡蛋近 16 千克，每年消费鸡蛋 32 万吨。这些禽蛋由北京市和周边省区生产，2012 年北京市生产禽蛋 15.2 万吨，2013 年北京市生产禽蛋 17.5 万吨，其余禽蛋的主要产地是河北、辽宁等地。禽蛋中鸡蛋占主要部分，禽蛋产品包括鲜蛋、禽蛋制品。北京市居民的鸡蛋消费中 2/3 是散装鲜蛋，95％以上的消费者购买鲜蛋回家使用。由于鸡蛋易碎，难于长途携带，多数消费者是在离家较近的菜市场、超市购买鸡蛋。消费者对鸡蛋关注最多的是鸡蛋的新鲜程度和营养价值。近年，包装鸡蛋和品牌鸡蛋的消费量有所增加，这部分鸡蛋的消费人群主要集中在中青年人，其家庭收入处于中高水平。

6. 水产品

北京市远离江河湖海，水资源和水产品养殖条件都比较差，因此北京市的人均水产品消费量在全国处于较低水平。近年，北京市年消费水产品约 90 万吨，2012 年和 2013 年自产水产品都为 6.4 万吨，其余水产品都依赖外埠供应和进口。北京市的水产品消费渠道包括宾馆饭店、超市、农贸市场、一般餐饮服务，其中宾馆饭店的消费量占30%,超市销售占30%,农贸市场销售占20%,一般餐饮服务消费占20%。由于需要远途运输,水产品在北京市的销售价格较高,因此水产品在北京市农产品市场中处于中高档消费品。对于大众消费者而言,水产品在日常生活中的消费量和重要程度也远低于畜产品、禽蛋等。鲜活水产品需要水箱,冷冻水产品需要冰柜,这些设备的成本比较高,因此很多农产品市场、超市对于水产品的销售能力有限。对于大众消费者而言,他们最为关注的是水产品的价格、新鲜程度和购买方便程度,对品牌等其他因素关注程度较低。

7.果品

果品是北京市居民消费的另一大农产品。北京市每年人均消费果品100千克,每年果品总消费量达到200万吨。北京市的果品供应来自本地和外埠,2012年北京市自产果品84.3万吨,2013年北京市自产果品79.5万吨;外埠供应的果品主要来自我国南方和周边省区,夏秋季的果品供应是山东、河北,其他季节则来自南方。北京市经常销售的水果有30余种,其中销售量较大的是苹果、梨、西瓜、香蕉等;经常销售的干果有20余种,其中销售量较大是花生、瓜子、枣、葡萄干等。北京市果品价格有明显的波动周期,每年9月底水果价格开始上扬,春节前后达到最高,春夏季南方早熟水果上市后水果价格开始回落,夏季北京市和周边省区水果上市时价格最低。果品作为一般消费品,人们在消费时主要关注价格、质量、购买的方便程度。北京市居民购买果品的地点主要是农贸市场、社区菜市场、超市,这主要是考虑到保鲜和购买方便,选择距家较近的地点。一般消费者对果品的价格较为敏感,多数消费者选择农贸市场和社区菜市场的原因就是超市的果品销售价格较

高。从质量上看，北京市居民多数认为超市销售的果品较农贸市场要好，但对农药残留等普遍感到担心。北京市居民对水果的新鲜程度关注较多，因此每次购买的数量不是很大，而购买频次较多。

8.花卉

花卉是北京市发展较晚但速度很快的产业。2012 年北京市的花卉消费总额达到 100 亿元，2015 年可以达到 150 亿元左右。北京市的花卉消费中有 15%～20%是北京市本地生产的，其余为外埠供应。2012 年北京市花卉种植面积为 7 万亩，年产值为 14 亿元，直接从事花卉生产的 252 家，从业人员 3 万人，有 40 家花卉市场、1 500 家花卉零售店。2015 年北京市花卉种植面积达到 10 万亩，年产值 30 亿元。北京市每年还向外地和国际市场提供花卉产品，其中出口额约占产值的 1%。北京市花卉消费的其余 80%～85%来自外埠，主要是我国南部地区。北京市的花卉消费分为集团消费和个人消费，集团消费主要是公共绿化、宾馆饭店等公共场所装饰、节日装点等，个人消费主要生活装点和赠送他人。集团消费在北京市花卉消费占较大比重，这主要是出于城市建设和国际化大都市发展的需要，近年旅游、花卉展会等也成为花卉的大宗消费。北京市的个人花卉消费者主要集中在 16～35 岁的年轻人士，这部分人士普遍接受过较好的教育，其收入水平在同龄人中居偏上水平。北京市个人消费品种主要是鲜切花、盆花和观叶植物，他们购买花卉的频次并不算高，主要是在节假日和赠送他人时购买，有时也用于家庭装点和净化空气。个人花卉消费者主要的购买渠道是花卉市场，也有部分从花卉商店和流动商贩处购买。

(二)北京市农产品消费者的特点

1.北京市农产品消费者的人群特点

北京市人口总量巨大,人口增长速度较快,这使得北京市对农产品需求的总量和增长速度一直处于较高水平。2012年北京市常住人口2 069万人,其中外来人口774万人;2014年北京市常住人口2 115万人,其中外来人口803万人。多年以来,北京市每年人口以50万人速度递增,2012年人口增长速度为2.2%,2014年人口增长速度为2.5%。这种人口快速这种因为每年粮食消费需要增加20万吨,食用油消费增加1.2万吨,蔬菜消费增加36万吨,乳品消费增加2.3万吨,畜产品消费增加3.6万吨,禽蛋消费增加0.18万吨,果品消费增加5万吨。

北京市的人口文化素质较全国保持在较高水平。2013年北京市大专及以上文化程度的人口占6岁及以上人口的35.1%,高中文化程度人口占20.7%;2013年北京市6岁及以上常住人口平均受教育年限达到11.6年,高于全国平均水平2年。人口文化素质水平对农产品消费的影响反映在消费结构上。人口文化素质较高的人群倾向于精细农产品品种,并对农产品质量安全、农产品品牌、农产品包装和服务有较高需求。

北京市人口的总体收入和消费水平居全国较高水平。2013年北京市城镇居民人均可支配收入为4.03万元,其中低收入家庭人均可支配收入1.85万元;农村居民人均纯收入为1.83万元。在居民八大类消费支出中,与农产品直接相关的食品类价格处于较高水平;2013年北京市食品类价格上涨4.7%,涨幅依然偏高。人均收入水平和产品价格水平的持续增长,也使得北京市农产品消

费总量处于较快的增长状态。

2. 北京市农产品消费者的购买特点

北京市农产品零售终端包括超市、农贸市场和社区菜市场，居民主要以超市和农贸市场为农产品购买地点。去超市购买农产品的主要是城市居民。居民选择超市的原因是超市规模较大，蔬菜质量较为可靠；超市经营多种日用消费品，居民可以顺便购买农产品；超市离居民小区较近，而农产品是居民日常经常购买的商品。城乡接合部的居民选择去农贸市场购买农产品。农贸市场的好处是购买较大，农产品较为便宜、新鲜程度较好。社区菜市场目前在农产品销售中处于补充地位。社区菜市场的问题在于规模较小，农产品价格较高，商贩的服务质量较差。

居民购买农产品的时间包括两个时段。平时购买农产品的人群较为平稳，一类是年纪大的居民，他们负责日常生活采购；另一类是上班族，他们下班后顺便购买生活必需的农产品；这两类人群的购买量相对稳定。节假日是农产品的购买高峰时段，这时上班族有较多的空余时间，而且消费者中有大量年轻人，他们能够大量而集中地购买农产品。

居民购买农产品的品种相对稳定。农产品是人们日常经常消费的产品，农产品消费与人们的生活习惯密切相关，一旦人们形成了某种消费习惯，则这种习惯较难改变。在北京市居民消费的农产品中，一部分大宗农产品是受政府控制和调节的，这些农产品消费量大、农产品质量较好、价格因限制甚至补贴而较低，这部分农产品形成北京市居民消费中比重较大的农产品。农产品消费中稳定性较差的有两种情况。一种是批量较小、新进入市场的品种，一种是质量较差而采用底价销售的品种，这两种农产品被北京市居民接受的程度都比较差。

北京市居民每次采购农产品的数量较少，一般家庭一次采购农产品的数量是维持几天的生活需要。农产品具有容易腐败，保鲜较难的特点，这使得居民不会一次采购过多农产品。随着人们生活、居住方式的改变，家居环境不适于存储农产品，这也限制了居民大量采购农产品。采购批量的减少，使采购参数相应增加，进一步限制了采购距离、采购时间，也相应地增加了采购成本。

价格是居民购买农产品最为关注的因素。农产品是居民日常生活所需，消费量较大，价格稍高则会增加居民日常生活支出。农产品的单价较低，因此其价格弹性较大，居民对农产品价格变动较为敏感。农产品又有较高的可替代性，当某种农产品价格较高时，人们很容易想到购买其替代农产品。在购买人群中，年纪大者和中低收入者较多，由于收入不高，他们更注意生活的节俭。

北京市居民对农产品质量是比较关注的，特别是农产品的新鲜程度。农产品对人们的身体健康影响较大，这使得人们不得不时常关注农产品的质量。近年农产品质量问题频出，尤其是农药残留、兽药和食品添加剂等曝光频率较高，使消费者对农产品质量变得更为警惕。但是，北京市居民在农产品质量方面的知识并不多，因而他们在辨别农产品质量方面也有很多困难。

北京市居民对农产品的价格、质量、新鲜程度关注较多，而对农产品的品牌关注较少。人们关注品牌较少的原因是：多数农产品还没有品牌，特别是在农贸市场和社区菜市场销售的农产品很少进行品牌销售；在超市的一些品牌农产品价格偏高，只有少数收入水平较高的顾客才注意品牌。

包装是近年农产品消费发展较快的领域。超市在农产品零售终端中所占比例的增加，而超市是一个卫生、整洁要求较高的卖场，这促使农产品在销售时包装、条码、产品规格方面得到提升。另一方面，销售商希望增加农产品附加值，也希望减少农产品在流通过程中的损耗，这也促使农产品包装得到了改善。

服务一直是农产品销售中的薄弱环节。北京市农产品最初的主要销售渠道是农贸市场，而农贸市场几乎谈不上什么销售服务，这使得居民习惯了低层次的销售环境、销售人员和销售方法。这种状态沿袭至今，使得农产品几乎是北京市居民日常消费中销售服务最差的领域。

(三)社会经济发展和自然条件对农产品消费的影响

1. 北京市城市发展对居民农产品消费的影响

北京城市定位是国家首都、全国政治和文化中心，强调其城市构成为国家机关、大型文化机构、大型企业总部、国际驻华机构所在地，以及旅游和交通枢纽城市。在经济发展上，第三产业要占经济规模的70%以上，而第一产业应占经济规模的1%以下。由于强调自然环境保护，对农业发展进行了一定限制。在城市空间发展上，通过城市新区建设、旧城疏散、村镇整合，为城区功能改造腾出空间。在人口上，期望2020年将人口控制在1 800万人，年增长率控制在1.4%以下，而城市的极限人口为2 000万人。北京市对城市发展建设用地实行严格控制，期望2020年时城市建设用地控制在1 650平方公里，包括中心城市的778平方公里、新城的640平方公里和乡镇组团的212平方公里。

北京市城市发展对农业发展进行了限制，这表现在经济总量、空间布局和产业结构上。在经济总量要求第一产业下降到1%以下，在东部次区、西部次区和山区次区有限制地发展生态农业。这一发展方向符合北京市城市总体功能的要求，但同时也大大制约了北京市农产品的生产，使北京市必须依赖外埠对自己的农产品供应。

北京城市发展对居民生活空间进行严格控制。在城市功能上，北京市主要强调城市政治、文化中心等功能，没有将城市居民生活纳入在主要考虑范围内，因而在农产品流通、消费等方面缺乏配套设计。对城市中心区的规划，着眼于城市人口外迁，而不是城市人口的就地生活。城市新区的建设较晚，生活配套设施建设还很不完善。乡镇及其组团原本位于农村，没有按照城市居民生活进行配套设施建设。

北京市对城市人口发展速度进行了错误设想。北京市在城市规划中对人口增长速度采用人为臆想的方式进行了估算。这种方式基于的是城市承载力的限度，而不是外来人口涌入城市愿望。北京市人口实际增长速度达到城市规划设计的 2 倍，这更加剧了居民生活空间上的困难。

居民生活空间限制和城市人口超预期的增长，给北京市农产品流通带来的首要困难是场地缺乏。由于农产品流通需要农产品交易市场，而农产品交易市场占用土地面积很大，并且农产品交易市场用地的经济效益相对其他产业是比较低的。在北京市严格控制城市建设用地、限制居民生活空间、农产品交易市场土地经济效益较低的情况下，拿出大量土地由于农产品流通是不现实的。

城市发展给北京市农产品流通带来的另一个困难是交通问题。农产品运输车辆数量众多，农产品运输过程中对城市环境污染比较严重。为此，北京市采取了限制农产品运输车辆进入城市的措施，并将农产品交易市场建设在北京市的五环以外。由于农产品交易市场远离城区，又不容许农产品运输车辆进入城区，这必然性地使生活在城区的居民在农产品消费上陷入困境。

2. 北京市社会经济发展对居民农产品消费的影响

北京市近年经济总体增长较快，2012—2014 年，地区生产总值分别为 17 801 亿元、19 500.6 亿元、21 330.8 亿元，增长幅度分别为 7.7%、7.7%、7.3%。2012—2014 年，全年城镇居民人均可支配收入分别为 36 469 元、40 321 元、43 910 元，实际增长幅度分别为 7.3%、7.1%、8.6%；农村居民人均纯收入分别为 16 476 元、18 337 元、20 226 元，实际增长幅度分别为 8.2%、7.7%、8.6%。

北京市近年第一产业中多数与居民生活直接相关的农产品生产呈下降趋势。2012—2014 年，北京市第一产业总产值分别为 395.7 亿元、421.8 亿元、420.1 亿元，增长率分别为 9%、6.6%、−0.4%。林业受平原造林带动产值呈现高速增长，三年分别增长 1.9 倍、38.4%、19.5%；禽蛋业连续增长，三年分别增长 0.6%、14.8%、12.2%；水产品 2012 年增长 4.3%、2014 年增长 7.2%；生猪出栏 2013 年增长 2.7%；除此之外的其他产业，包括粮食、食用菌、干鲜果品、肉类、出栏家禽、牛奶都呈现下降趋势；粮食下降幅度最大，三年下降率分别为−6.6%、−15.5%、−33.5%。

北京市近年物价指数上涨较快，农产品物价指数也呈现同步上涨。2012—2014 年，北京市居民消费价格指数分别上涨了 3.3%、3.3%、1.6%；其中食品类价格指数分别上涨了 6.6%、4.7%、3.2%，食品类价格上涨速度远远超过居民消费价格上涨的总体水平。在食品类商品中，蔬菜价格三年分别上涨 12%、9.6%、−3.7%，肉禽及其制品价格三年分别上涨 6.7%、6.7%、−0.1%，水产品价格三年分别上涨 4.8%、3.4%、6.1%，干鲜瓜果价格三年分别上涨 2.1%、5.7%、11.7%。

北京市社会经济发展状况表明，近年北京市经济总体发展较快，居民收入也呈现较快的增长，因此居民的农产品消费状态水平是持续增长。食品类商品价格增长速度较居民收入增长速度要低，但两者差距不大，这表明居民实际获得农产品数量有所增加，但增加幅度不大。北京市第一产业呈现较大的下降，这表明北京市更加依赖外埠省区的农产品供应，农产品流通成本是有较大上升的。综合来看，近年北京市居民的农产品消费数量和总额都在增加，但单位农产品消费价格的增长要快于农产品消费数量的增长。

3. 北京市的自然条件对居民农产品消费的影响

北京市地处暖温带半温润地区，属大陆性季风气候，春季多风，夏季炎热多雨，秋季晴朗温和，冬季寒冷干燥。从地理地貌看，北京市位于北大平原北端，西、北和东北群山环绕，东南是缓缓向渤海倾斜的大平原。这种地理条件决定了北京市不具备靠自身条件基本满足北京市农产品供应的条件。由于夏季较短、耕地面积不、缺乏水资源，使蔬菜、果品、粮食、畜产品、水产品的生产能力较低。

由于北京市自己供给农产品的能力较低，居民农产品需求主要靠山东、河北、辽宁、内蒙古等周边省区供应。北京市农产品生产供应地距离北京市较远，致使运输成本较高；在北京市农产品零售终端价格中，生产成本、运输成本和商业利润是主要构成成分。进京农产品的运输方式主要是公路运输，运输能力提升也较慢。

北京市周边省区的自然条件和农业生产技术水平，也对北京市的农产品供应有很大影响。北京市周边省区面积辽阔，农业生产能力巨大，其不足是适于农作物生长的季节时间较短。这种季节特点造成农产品供应量的波动较大，特别是蔬菜、果品等应季农产品供应影响较大。

北京市及其周边省区的生产供应条件，决定了北京市的北方型、波动大、成本高的农产品消费模式。北京市居民的农产品消费属于北方型，蔬菜、果品消费品种少，以大路菜和果品为主；畜产品、乳品和禽蛋消费量较大，而水产品消费量较小。北京市夏季、秋季农产品供应量较大，价格较低，而冬季、春季农产品供应量较小，价格与夏秋季价格相比涨幅较大。多数农产品价格高于其他省区，致使北京市居民农产品消费支出较大。

4. 北京市农产品流通组织方式对居民农产品消费的影响

北京市农产品流通的组织方式是以农产品批发市场为核心，把超市、农贸市场、社区菜市场作为零售终端，经营活动偏重于非公益性。这种农产品流通方式对北京市居民的农产品消费也产生着重大影响，很多居民消费方式实际上是这种流通组织方式所强加的。

北京市农产品流通方式发源于农贸市场，由农贸市场演进形成现在的农产品交易市场体系。农产品交易市场体系中批发功能较为强大，而零售功能较为弱小；随着农贸市场退出城区，农产品交易市场中的零售功能更为弱化。近年，农产品批发市场试图以菜车进社区等方式重新夺回城市零售渠道，但效果并不显著。农产品交易市场系统缺少零售终端，使得北京市居民难于进行大批人量地采购，消费成本较高。

超市在北京市农产品零售中的地位越来越高。农贸市场退出城区后，城区农产品零售终端主要交给超市。超市属于北京市商业系统管理，对原本属于农业系统管理的农产品并不热衷。由于农产品批发市场控制着批发环节，超市无法直接掌握农产品进货渠道，致使农产品货源困难。出于对居民消费能力的考虑，北京市实行农产品价格限制，经营农产品的利润有限，这也正常超市不愿经营农产品。对于超市而言，农产品占据了销售场地，应当与其他经营品种一样分摊经营成本，因此倾向于提高农产品零售价格上述这种情况，迫使北京市居民像消费其他日用品一样消费农产品，不得不接受较高的农产品零售价格，并使农产品消费高端化。

北京市长期以来没有把农产品零售作为公益性活动。在城市开发和居民社区建设时，没有为农产品销售提供场所，致使北京市多数居民社区无法建立社区菜市场。在从业人员上，社区农产品销售人员多是个体商贩，这些商贩素质较低，多数社区对这些人员采取驱赶态度。社区场地、人员工资、管理费用较高，而销售量较小，致使农产品单位售价较高。场地少、服务差、价格高，最终使居民不愿在社区采购农产品。

二、北京市农产品消费市场的总体特征

（一）北京市农产品消费市场巨大

北京市农产品消费市场的总体规模巨大，其根本来源是北京市的人口总量。北京市的人均农产品消费量与全国平均水平接近或略高。2012年，全国人均年果品消费为506元，北京市居民人均年消费为773元；全国人均年消费蔬菜为592元，北京市居民人均年蔬菜消费为590元；全国人均年消费乳品347元，北京市居民人均年乳品消费为421元；北京市人均年禽蛋、畜产品消费高于全国，而粮食、水产品消费低于全国。北京市目前人口超过2 100万

人，是全国最大的三个城市之一；同时北京市人口每年还以 50 万人左右的速度增加，其人口增加量相当于一个中等城市。

北京市农产品消费市场巨大形成的正面影响是为农产品销售创造了巨大空间。市场空间是产业发展和商业利润的来源，北京市的农产品消费市场为农产品流通产业带来了活力。从另一方面看，农产品是人们日常生活的必需品，如果无法满足人们的农产品消费需要，将会产生许多社会问题，因此北京市农产品流通业也面临着巨大压力。

（二）北京市农产品消费的品质正在迅速提高

北京市居民农产品消费开始发生变化，主要表现为消费的农产品种类更多，更加注重农产品质量安全，农产品加工形式更为多样。蔬菜消费中，菌类等高营养价值蔬菜、绿花菜等南方蔬菜、荠菜等野菜逐步进入居民的日常消费。果品消费中，鲜橙等南方和进口水果增加迅速。居民农产品消费倾向于新鲜化，过去的耐储存蔬菜，如大白菜、土豆等消费比例有所下降。在消费习惯上，居民趋向购买时令菜和反季节菜，花椰菜、番茄、韭菜等反季节菜在淡季更加畅销。

居民开始了解农产品质量安全知识，对农产品质量和品牌的关注度较以往更高。在蔬菜消费中，居民更欢迎那些使用生物农药和高效低残留化学农药，多施有机肥料，污染较少的蔬菜。在生产技术上，那些用温室和无土栽培方法培育出来的清洁蔬菜也很好的销路。在乳品消费中，三元、伊利、蒙牛以外的许多小品牌乳品难于进入北京市场。畜产品消费中，居民更愿意购买有品牌的肉食品。

农产品在加工、包装和销售方式上正在发生变化。农产品加工向深度发展，鲜橙汁等饮料产品、酸奶等乳品所占市场份额越来越大。人们在日常消费中，对包括的要求越来越高，品牌蔬菜、熟肉制品的包装大大提高了产品的附加值。旅游、观光农业也成为农产品销售的一种方式。居民在外就餐人数激增，餐饮业成为农产品销售的另一个重要渠道。

(三)北京市居民的农产品消费差异明显

北京市居民的农产品消费有结构上差异，差异最大的体现在城乡差异、家庭收入水平差异。

北京市城市居民与农村居民的农产品消费结构有明显差异。除粮食消费外，城市居民消费的蔬菜、肉禽、鸡蛋和水产品都远远高于农村居民。2008 年统计表明，城市居民与农村居民在粮食、蔬菜、肉禽、鸡蛋和水产品的消费之比分别为 88%、201%、277%、140%、284%。在 2012—2014 年，北京市城乡消费支出比分别为 2.0 倍、2.2 倍和 2.45 倍，消费差异更加明显。

北京市不同收入水平家庭的农产品消费支出存在差异，这种差异对于农村居民更为明显。2008 年统计表明，低收入、中低收入、中等收入、中高收入、高收入的城市居民的蔬菜消费与平均值相比分别为 0.80、0.95、1.06、1.06、1.14，中等收入家庭差异较小，而偏低收入家庭消费量明显偏少；对于农村居民，上述比例分别为 0.75、0.90、0.98、1.15、1.28，消费差异更为显著。

(四)北京市居民的农产品消费面临长期困难

北京市居民农产品消费所面临的困难将长期存在。“吃”是人们生存的基本条件，因而对人们的生活影响巨大。北京市居民在“吃”上所面临的问题，是继住房、交通以后第三个极其难于解决的问题。

农产品价格过高是北京市居民"吃"的首要问题。近年,农产品价格一直处于高位,是北京市除房价以外物价上涨最快的领域。北京市农产品价格上涨最快的是超市、社区菜市场等零售环节,农产品批发市场等批发环节价格上涨也较快。

北京市农产品中蔬菜、水果、水产品等鲜活农产品的品质较差。北京市鲜活农产品需要长途运输,因而流通时间较长。北京市的农产品存储设施缺口较大,特别是冷库、冷藏运输车辆等,致使鲜活农产品的损耗率仍然很高。农产品在市内流通中问题较多,主要有农产品运输困难,配送行业还不够发达,农产品加工和包装不足,农产品零售方式落后等。

北京市居民的另一个农产品消费问题是购买不方便。北京市已有的居民小区缺乏农产品销售场所,居民无法就近购买农产品。农贸市场退出城区后,超市的农产品零售能力不足,无法为居民进行充足供应。新建居民小区远离市区,居民购买农产品更为不便。现有从事农产品销售的人员素质较低,批发和零售环节的服务质量较差。

(五)改善北京市居民农产品消费的难度较大

造成北京市居民农产品消费困难的因素很多,其中最主要是人口增长、流通体制、农产品销售条件等,而这些因素在短期内难以彻底改变。

北京市每年新增人口数量过大。北京市的人口总量已经超过北京城市规划所设计城市人口承载量的极限,而北京市的各种设施是以根据城市人口承载量而建设的,因此包括农产品流通在内的各种公用设施是根本无法满足城市人口增长需要的。人口增长是前面农产品流通出现问题的根本原因。

北京市农产品流通体制加剧了农产品流通困难。农业主管部门控制着农产品批发市场,但却无法进入城市零售终端;商业主管部门控制着城市农产品零售终端,但却没有农产品应货源;这种农商分割导致农产品流通供应链的断裂,从而必然性地造成了北京市居民“吃”的困难。

北京市农产品流通问题具体体现在零售场所、农产品运输和农产品销售方式上。北京市城市建设没有将农产品销售纳入公益性范围,致使居民居住集中地缺少农产品销售场所。由于维护农产品批发市场的垄断地位和城市环境保护的需要,禁止农产品运输车辆进入城区,导致农产品运输困难。超市在经营农产品时,处于经营成本的考虑,不断提高农产品零售价格。

三、基于市场特征的农产品流通改善途径

(一)改变现有城市规划对农产品流通产业的限制

北京市现有城市对农产品流通产业有很大的影响。城市规划确定了城市规模,进而限定了人口总量和农产品市场规模。城市规划决定了农产品流通的场所,特别是批发市场、超市、农贸市场等用地面积较大的交易场所。

北京市现有城市规划是 2005 年 1 月颁布设施的,从当前社会经济发展看这一规划存在较大缺陷。现有城市规划对北京市人口总数的预测与现实差距很大,该规划预期 2020 年时将北京市人口控制在 1 800 万人,但实际 2008 年就已经突破 1 800 万人,2014 年已经达到 2 113 万人。农产品消费总量与人口数量直接相关,而农

产品流通产业规模与人口数量直接相关。由于现有城市规划对人口增长远远低于实际情况，导致农产品流通产业规模低于实际人口需要。

现有城市规划对北京市农产品流通场所用地规划不够合理。农产品批发市场过少，而且远离城市，致使农产品批发市场成为北京市农产品流通的重要瓶颈。市区超市多为大型综合型超市，由于成本问题而对鲜活农产品经营场地进行了挤压。城市居民小区缺乏市区菜市场等农产品流通场所，是居民日常生活很为不便。

由于现有城市规划存在的问题，需要对该规划进行调整。对城市人口数量需要考虑实际情况，在无法有效控制城市人口增长的情况下必须按照实际人口数量配置农产品流通产业规模。对城市建设用地进行调整，要保证居民生活配套设施用地，防止由于经济效益较低而压缩农产品流通等基本设施场所用地。

（二）建设多种农产品流通渠道

北京市农产品消费呈现多样化特征，这种多样化主要体现在城乡差异、收入水平差异，同时也影响到教育水平、职业和居住场所的差异。目前北京市农产品流通渠道过于狭窄，批发主要依赖农产品批发市场，零售主要是超市、农贸市场、社区菜市场，而城区零售终端主要依赖超市。农产品作为一大类商品，其涵盖的商品品种非常广泛，因此很有必要根据不同消费需求，建立不同的流通渠道。

在批发环节，除现有的农产品批发市场外，还应大力发展农产品直销和大型农产品经营企业。北京市的农产品批发市场已经发展多年，现已经具有相当规模，是北京市农产品批发体系的主体。近年在政府主管部门推动下开展的“农超对接”为农产品生产基地、农民专业合作组织直接进入城市开辟了渠道。“农超对接”在本质上不是经营实体，也不是一种独立的农产品流通渠道，它是超市和农产品生产基地、农民专业合作组织之间的销售方式，因此这种方式还有待改进。大型农产品经营企业是指从事农产品批发的独立性实体，它直接联系农产品生产和农产品零售终端，拥有运输、存储能力。大型农产品经营企业应与农产品批发市场并行发展，以解决农产品批发市场交易方式落后、流通效率较低的问题。

在零售环节，除现有超市、农贸市场和社区菜市场外，还应开放农产品专营店、中小型农产品零售企业。超市、农贸市场和社区菜市场是目前农产品流通渠道中最为薄弱的环节。超市的主要问题是运营成本高、销售能力有限、居民购买农产品不够方便。农贸市场已经退出城区，不能作为城市农产品零售的主渠道。社区菜市场缺乏经营场所、菜价高、服务质量差。因此，应大力发展其他形式的农产品零售渠道。农产品专营店是指具有中小规模，独立经营农产品的零售企业。农产品专营店可以发布在居民社区，它作为正规企业，其经营能力和服务质量要高于农产品零售商贩。农产品专营店可以使用各种小型零散的经营场所，以解决居民社区缺乏社区菜市场的经营场所问题。中小型农产品零售企业是指从事与农产品相关的运输、存储、信息、零售等业务的独立企业，只有农产品流通相关产业等待发展，农产品零售环节才能形成一个有机的产业集群。

农产品配送和农产品电子商务也是农产品流通中需要更快发展的新型渠道。农产品配送行业是农产品批发和农产品加工的延伸，主要面对单位食堂、饭店、餐饮服务等农产品消费大户，它是与超市并行的农产品流通渠道。农产品配送具有运输、存储、农产品加工等功能，这一行业的壮大，能够更好地提高农产品零售环节的效率。农产品电子商务是与信息产业相关的新型流通渠道，它既是农产品交易的网络平台，也能开展农产品零售。信息产业已经进入成熟的高速发展时期，农产品电子商务将是未来非常活跃的商业领域。

（三）推行开放性商业化政策

农产品流通，特别是农产品零售环节的"公益性"是近年讨论的主要问题。持农产品流通公益性观点的人士认为，农产品消费与交通、住房相似，涉及千家万户和人民生活水平，因而不能完全以营利为目的，需要政府干预、扶持和控制市场。持农产品流通非公益性观点的人士则认为，农产品作为一种商品必须把其流通经营交给市场，现有的批发、零售都是市场行为。农产品流通偏于公益性时，需要政府主导和参与；但现实情况是政府并没有在零售场所、零售价格、农产品运输和存储等方面掌握和提供资源，因此公益性农产品流通是难于实现的。农产品流通偏于非公益性时也遇到了困难，主要是居民社区缺乏农产品零售场所、农产品价格高、居民购买农产品非常不便。但是，农产品流通所出现的问题出于商业化经营，而是政府希望垄断农产品流通经营，同时再城市规划时对农产品流通设施条件较为忽视所造成的。

上述分析表明，政府在制定农产品流通政策时应放弃"农产品流通属于公益性"的政策，全力推进农产品的非公益化。农产品的品种繁杂，经营的统一性非常差，因而很难像交通、住房、水电、电信等行业由政府控制和经营。目前，政府也没有能力在农产品零售场所、零售价格、农产品运输和存储等方面提供大量资源，而农产品流通过程就是由大量经销商、零售商贩、超市等经营的，是完全的商业性活动。因此，政府应从商业活动角度出发，通过完善市场规则、创造良好的市场环境、减少政府行政干预,来促进农产品流通的发展。

(四)打破垄断与农产品流通部门协调发展

打破垄断格局是实现农产品流通完全商业化的重要前提。北京市农产品流通领域处于部门垄断中,农业部门控制着农产品批发市场,商业部门控制着超市。为维护农产品批发市场和超市的农产品流通主渠道地位,农产品流通相关产业和其他形式的农产品经销企业受到限制,从而造成农产品流通渠道过窄,居民的农产品消费不便。打破垄断格局必须大力发展多种形式的农产品流通企业,通过市场竞争来农产品流通的完全商业化。

农业部门和商业部门的另一矛盾在于部门之间的协调性较差。农业部门企图以批发市场为主体,向城市延伸流通渠道;商业部门希望依靠零售终端,向农业生产者获取农产品进货来源;农业部门与商业部门在农产品批发和零售之间出现了断裂,这是造成北京市农产品流通诸多问题的主要原因。为了减少农业部门和商业部门的矛盾,可以发展能够融合批发和零售的中间型农产品流通经营企业,农业部门和商业部门也可以通过策略协调进行共同发展。

第八章　北京市农产品的生产供应

一、北京市农产品供应产地的生产状况

（一）北京市的农产品生产状况

北京市的总面积有16 410平方公里，西、北、东三面是山区，东南是华北平原。北京市属于大陆性季风气候，夏季高温多雨，冬季寒冷干燥，春、秋短促。北京市地质条件复杂，土壤类型多样。北京地区的自然条件适于生物生存，因而生物多样性较为丰富。

作为国家首都，北京市的农业生产受政治、经济、文化和人口等多种因素的影响。根据北京市农业发展规划，北京市农业按照"城市、近郊、平原区、山区、京外合作区"等五个圈层进行发展。城市农业区重点发展公园农业、社区农业、校园农业、家庭农业；近郊农业区重点发展农业高新技术研发、总部经济、会展农业、农产品流通业、农业主题公园和休闲观光农业；平原农业区重点发展农产品加工业、设施农业、现代种业与景观农业；山区农业区重点发展循环农业、低碳农业、有机农业和沟域经济；京外合作区重点建设为北京市提供农产品供应保障的农产品生产基地、外埠供应基地。

根据北京市农业发展规划，北京市农业重点发展"粮经作物、蔬菜、果品、畜牧、籽种、休闲观光、农产品加、农产品流通"等九大产业。粮经产业的目标是稳定320万亩左右的粮经作物播种面

积，以“两带三群”建设推进粮经作物规模生产。“两带”是指平原地区的优质高产粮食生产带和浅山及山前平原区的生态作物种植带；“三群”是指绿色杂粮生产群、鲜食产品生产群、其他高效粮经作物生产群。蔬菜产业重点建设“一带三园”，同时重视发展特色蔬菜。“一带”是指环城都市型现代蔬菜展示体验带；“三园”是指南菜园、北菜园、东厢菜园；蔬菜特色产业包括食用菌产业、西甜瓜产业、绿色有机食品产业、加工配送蔬菜产业、蔬菜工厂化生产产业。果品产业按照“八带百群千园”进行发展。“八带”包括 16 万亩苹果、20 万亩梨、40 万亩大桃、7 万亩葡萄、20 万亩柿子、60 万亩板栗、18 万亩核桃、14 万亩仁用杏；“百群”是指“名特优新”品种群；“千园”是指公园式旅游观光休闲果园。畜牧业按照“三区四带”进行发展。“三区”包括禁养区、限制养殖区、可持续发展区；“四带”包括生猪产业带、奶牛产业带、肉禽产业带、蛋禽产业带。畜牧业围绕籽种渔业、生态渔业、设施渔业、观赏渔业、休闲渔业，重点在四个渔业资源养护及增殖重点区域、六个重点观赏鱼养殖带和十条生态渔业、冷水渔业及休闲渔业区域进行发展。籽种产业按照“一个核心、两大区域、三类基地、四级网络”的空间布局发展。“一个核心”是指中关村国际种业园区；“两大区域”是指会展、交流交易功能区；“三类基地”是指本市生产基地、南繁基地、外埠制种基地；“四级网络”是指国家和市级、区县级、科教机构和企业级网络。休闲观光农业在城近郊区、平原区、远郊山区，根据资源、环境、区位及农业生产特点进行发展。农产品加工业重点发展北、中、南三大园区。北部是指肉类、果品、饮料产业园区；中部是指名优产品加工展示产业园区；南部是指乳品、肉类、粮油产业园区。农产品流通业是以批发市场为核心的农产品流通体系的建设、提升和改造。

北京市的城市特点和农业发展规划表明，北京市的农业发展不是以增加产量为目标的，而是发掘农业资源的综合优势，以此为北京市整体城市功能服务的。由于直接用于农业的种植面积的减少，使农产品总产量减少；由于城市发展，使农业用地的价值相对提高；由于生产成本的提高，也使本地农产品的市场竞争力下降。从表 8.1 可以看出，除禽蛋外近年北京市农产品的总产量呈下降趋势。

表 8.1　2011—2014 年北京市主要农产品产量

指标	单位	2011 年	2012 年	2013 年	2014 年	平均值
粮食	万吨	121.8	113.8	96.1	63.9	98.9
蔬菜	万吨	296.9	279.9	266.9	236.2	270.0
肉类	万吨	44.4	43.2	41.8	39.3	42.2
出栏生猪	万头	312.2	306.1	314.4	305.8	309.6
出栏家禽	万只	107 36.7	10 089.4	8 529.8	7 550.7	9 226.7
禽蛋	万吨	15.1	15.2	17.5	19.6	16.9
水产品	万吨	6.1	6.4	6.4	6.8	6.4
牛奶	万吨	64.0	65.1	61.5	59.5	62.5
干鲜果品	万吨	87.8	84.3	79.5	74.5	81.5

从农产品自给率看(表 8.2)，北京市的禽蛋、牛奶的自给率较高，而其他农产品的自给率都不高。近年，北京市的多数农产品自给率仍在持续下降。以 2014 年农产品产量计算，北京市粮食、蔬菜、肉类、禽蛋、水产品、牛奶、干鲜果品的自给率分别为 8％、16％、26％、61％、8％、61％、37％。在北京市农业十二五规划中，相关部门希望蔬菜、猪肉、禽蛋、牛奶、禽肉、水产品的自给率在 2015 年分别达到 35％、30％、66％、68％、70％、15％，但实际上北京市农产品的自给率都没有达到目标。

表 8.2 近年北京市主要农产品产量的自给率

指标	单位	产量平均值	大约消费量	自给率
粮食	万吨	98.9	800	12%
蔬菜	万吨	270.0	1 522	18%
肉类	万吨	42.2	150	28%
禽蛋	万吨	16.9	32	53%
水产品	万吨	6.4	90	7%
牛奶	万吨	62.5	97	64%
干鲜果品	万吨	81.5	200	41%

(二)山东省的农产品生产状况

山东省是中国东部沿海的一个重要省份,位于黄河下游,东临渤海、黄海,与朝鲜半岛、日本列岛隔海相望,西北与河北省接壤,西南与河南省交界,南与安徽、江苏省毗邻。山东半岛与辽东半岛相对,环抱着渤海湾。特殊的地理位置,使山东省成为沿黄河经济带与环渤海经济区的交汇点、华北地区和华东地区的结合部,在全国经济格局中占有重要地位。

山东省是粮食生产大省,夏粮作物主要是冬小麦,秋粮作物主要是玉米、地瓜、大豆、水稻、谷子、高粱和小杂粮。小麦、玉米、地瓜是山东省的三大主要粮食作物。21 世纪前 10 年,山东省的粮食总产量一致保持在 4 000 万吨以上;2010 年山东省粮食总产量达到 4 336 万吨,平均亩产达到 408 千克;2011 年,山东省粮食总产量为 4 426 万吨,平均亩产 619 千克。2013 年山东省粮食总产量达到 4 530 万吨,小麦、玉米的平均亩产分别达到 600.4 千克、606 千克。山东省粮食生产稳步增长主要依靠中低产田改造、高标准粮田建设、高产创建和新品种新技术推广。

棉花是山东省的重要作物，主要产区在黄泛平原。从2007年开始，山东省的棉花种植面积和总产量逐年降低。2010年前，山东省棉花平均年产量约94万吨；2011年，山东省棉花种植面积为1 130万亩，总产量78万吨，平均亩产量69千克。2012年山东省棉花种植面积有1 020万亩，总产量70多万吨，平均亩产量70千克。山东省棉花产量下降的原因是棉花价格和植棉效益大幅降低，植棉用工多、投资大、成本高，植棉的政策支持力度也不够。

山东省的油料生产在全国具有重要地位，其面积、产量和出口分别占全国的1/4、1/3和1/2以上，油料主产区在胶东与鲁中南丘陵区和黄泛平原地势较高的沙土地。2009年山东省油料作物种植面积1 520万亩，总产380万吨，其中花生1 162万亩，总产量331万吨；2011年，山东省花生种植面积1 196万亩，总产量339万吨；2013年山东省花生种植面积为1 200万亩，总产量352万吨。近年，山东省油料作物总产量稍有下降，其主要原因是油料作物价格波动幅度较大，种植效益不稳定；另外，油料作物主要种植在中低产田，机械化程度低，种植区域分散，也使得油料作物种植比较效益低。

山东省主要种植北方果树，是全国水果主要产区之一。山东省生产各种水果20多种，品种达数百个，其中苹果产量占全国的1/4以上，桃、梨、葡萄等在全国也占有重要位置，水果产量中的70%以上销往外省和出口。2005年、2010年、2011年、2013年，山东省的水果产量分别为1 201万吨、1 438万吨、1 488万吨、1 400万吨。

山东省蔬菜生产自然条件优越、品种资源丰富，是全国最大的蔬菜产地。山东省的蔬菜有100多个种类，3 000多个品种，70%以上销往省外，出口量占全国的1/3。山东省蔬菜生产基本实现了由以城郊生产为主到以建设农区大基地生产为主，由以秋菜生产为主到以冬春菜生产为主，由以大路菜生产为主到以精细菜生产为主，由以省内消费为主到以供应省外和出口为主的转变。2005年、2010年、2011年、2013年，山东省的蔬菜产量分别为8 608万吨、9 030万吨、9 181万吨、10 810万吨。

山东省也是全国农区畜牧业大省，肉、蛋、奶产量在全国名列前茅。山东省的优质畜牧品种有鲁西黄牛、渤海黑牛、莱芜猪、里岔猪、青山羊、寿光鸡等。2010年山东省的肉、蛋、奶产量分别为700万吨、375万吨、270万吨；2011年山东省的肉、蛋、奶产量分别为711.05万吨、401.64万吨、278.95万吨。2013年山东省的肉、蛋、奶产量分别为774.8万吨、396.2万吨、281.2万吨。

山东省濒临黄海和渤海，海岸线长达3 121公里，约占全国的1/6，湖泊总面积1 496.6平方公里，蓄水量23.5亿立方米，水产生物资源十分丰富。2010年山东省水产品总产量783.5万吨，其中海水产品645.9万吨，淡水产品137.5万吨；2011年山东省水产品总产量达到813.5万吨，其中海水产品664.4万吨，淡水产品149.1万吨；2013年山东省水产品总产量达到851.9万吨，其中海水产品688.2万吨，淡水产品163.7万吨。

(三)河北省的农产品生产状况

河北省环抱北京市，东与天津市毗连并紧傍渤海，周边其他接壤省区分别是山东省、河南省、山西省、内蒙古自治区、辽宁省。河北省地势西北高、东南低，由西北向东南倾斜。河北省的地貌复杂多样，高原、山地、丘陵、盆地、平原类型齐全。河北省的总体气候条件较好，温度适宜，日照充沛，热量丰富，雨热同季，适合多种农作物生长和林果种植。按地带划分，河北省的冀北高原为一年一熟低温作物区，冀北高原以南至长城以北为一年一熟中温作物区，长城以南至滹沱河以北为二年三熟作物区，南部为一年二熟作物区。

河北省是全国13个粮食主产省之一，在全国粮食生产中占有重要地位。河北省的粮食作物主要是小麦、玉米，其总产量占到全省粮食总产量的80%以上。2010年以后，河北省的粮食生产发展迅速，粮食播种面积保持在9 300万亩左右，其中4 000万亩为粮食生产核心区，小麦、玉米的播种面积为7 000万亩。河北省注重提高粮食的综合生产能力，包括农田基础设施建设、先进适用技术推广、粮食生产核心区建设等，2014年河北省的粮食播种面积达到9 500万亩。2010年河北省的粮食总产量为2 910.17万吨，平均亩产345.8千克；2011年河北省的粮食总产量为3 172.6万吨，平均亩产366.47千克；2013年河北省的粮食总产量为3 365.0万吨，平均亩产355.2千克；2014年河北省的粮食总产量为3 360.2万吨，平均亩产353.6千克。

河北省是蔬菜生产大省，是另一大进京蔬菜生产地。河北省的蔬菜品种以大路菜为主，产量最大的是大白菜、黄瓜、番茄，近年豇豆、胡萝卜、四季豆等小品种蔬菜的产量增长较快，食用菌生产也保持着快速增长。2011年，河北省的蔬菜播种面积为1 737万亩，总产量为7 384.3万吨；2013年，河北省的蔬菜播种面积为1 830万亩，总产量为7 902.1万吨；2014年，河北省的蔬菜播种面积为1 856万亩，总产量为8 125.7万吨。河北省的蔬菜生产已经向设施化、规模化、产业化方向发展。2013年河北省设施蔬菜播种面积达到蔬菜播种总面积的31%，2014年这一比重达到32.3%。河北省重点建设了24个蔬菜生产示范县，2013年这些蔬菜生产示范县的蔬菜播种面积和蔬菜产量分别为全省的30.1%和29.9%。

河北省通过建设蔬菜生产基地来实现蔬菜生产产业化，2013 年全省的 112 个县区的蔬菜生产基地的特色蔬菜产量达到全省的 31.1%。

果品生产是河北省农业的三大支柱之一，其果树种植面积居全国第一，果品总产量居全国第二。河北省果品是典型的北方品种，主要有苹果、梨、核桃、红枣、板栗和葡萄。2011 年，河北省的果树种植面积为 2 300 万亩，果品总产量为 1 100 万吨。2013 年，河北省的果树种植面积为 2 583 万亩，果品总产量为 1 345.9 万吨。2015 年，河北省苹果的种植面积 400 万亩，产量 750 万吨；梨的种植面积 300 万亩，产量 600 万吨；核桃的种植面积 400 万亩，产量 30 万吨；红枣的种植面积 500 万亩，产量 120 万吨；板栗的种植面积 350 万亩，产量 40 万吨；葡萄的种植面积 150 万亩，产量 150 万吨。

畜牧业是河北省农业的另一支柱。2010 年以来，河北省主要通过规模化养殖提高畜牧产品产量，并通过畜产品质量安全监管提高畜牧产品质量。2010 年河北省的肉类产量、禽蛋产量、牛奶产量分别为 435 万吨、360 万吨、480 万吨；2012 年肉类产量、禽蛋产量、牛奶产量分别为 443.0 万吨、342.7 万吨、470.2 万吨；2013 年肉类产量、禽蛋产量、牛奶产量分别为 448.8 万吨、346.1 万吨、458.0 万吨。

（四）内蒙古自治区的农产品生产状况

内蒙古自治区位于河北省以北，靠近北京市，是北京市的一个农产品供应省区。内蒙古自治区地域辽阔，土地总面积 118.3 万平方公里，地貌以内蒙古高原为主体，由草原、森林和荒漠组成，有众多河流，自然资源十分丰富。内蒙古自治区拥有 1 亿多亩耕地，土质肥沃，日照充足，非常适合农作物生长，是我国重要的粮食生产基地。内蒙古自治区拥有 5 片草原，草质优良，也是我国重要的畜牧业生产基地。内蒙古自治区现有水面 1 379 万亩，适于发展内陆淡水渔业。

内蒙古自治区的主要粮食种植地区分布在河套平原、土默川平原、西辽河平原、嫩江西岸平原和广大丘陵山区，粮食作物主要有玉米、小麦、水稻、大豆、马铃薯五大作物和谷子、高粱、莜麦、糜黍、绿豆等杂粮杂豆。内蒙古自治区的粮食生产得益于优越的自然条件，包括适于农作物生长的多样性土壤，丰富的农作物品种资源和充足的阳光资源。虽然内蒙古自治区是我国自然灾害比较严重的地区，但有利于农业生产的条件仍占主导。在生产方式上，内蒙古自治区侧重于地域特点和自然优势，通过建设生产基地发展粮食生产。农业种植结构继续优化，设施农业、高效农业得到大力推广，农业朝着精细化、规模化、效益化、现代化方向发展。2002 年以来的十余年时间，内蒙古自治区的粮食产量保持持续增长。2011 年，内蒙古自治区的粮食播种面积为 8 341 万亩，粮食总产量 2 387.5 万吨，平均亩产 286.2 千克。2014 年，内蒙古自治区的粮食播种面积为 8 601 万亩，粮食总产量 2 753 万吨，平均亩产 319.7 千克。

内蒙古自治区是我国重要的畜产品生产、加工和输出基地，全区天然草场面积 13.2 亿亩，其中可利用草场面积 10.3 亿亩，可饲用牧草 900 余种，主要优良牧草 217 种。内蒙古自治区的畜牧业主要包括肉、蛋、奶、毛绒、皮张等五大类。内蒙古自治区发展畜牧业的主要措施是建设规模化养殖基地和改良畜牧品种。2012 年,内蒙古自治区已经相继建成一大批奶业生产基地、肉牛和猪禽生产基地、肉羊和细羊毛生产基地、羊绒生产基地。全区羊肉产量超万吨旗县达到 37 个,牛肉产量超万吨旗县达到 21 个,牛奶产量超 10 万吨旗县达到 26 个,山羊绒产量超 100 吨旗县达到 23 个。内蒙古自治区原有地方畜牧品种有蒙古马、蒙古牛、蒙古羊、双峰驼、白绒山羊,通过改良和引进,新型优良品种已有数十个。2012 年,内蒙古自治区的牲畜存栏数为 1 亿多头(只),肉类、牛奶、禽蛋、绒毛的综合生产能力分别达到 245 万吨、910 万吨、54 万吨、12 万吨。2014 年,内蒙古自治区的牲畜存栏数为 1.29 亿多头(只),肉类、牛奶、绒毛的总产量分别为 252 万吨、788 万吨、13 万吨。

(五)辽宁省的农产品生产状况

辽宁省位于我国东北地区的南部,与河北省接壤,是另一个北京市农产品供应省。辽宁省土地面积为 14.8 万平方公里,其中山地为 8.8 万平方公里,平地为 4.8 万平方公里,水域和其他为 1.2 万平方公里。辽宁省的东、西两侧是山地丘陵,中部是辽河平原,南部的辽东半岛插入黄海、渤海之间。辽河平原自然资源丰富,土壤肥沃,是辽宁省的粮食基地。辽宁省属温带大陆性季风气候,雨热同季,日照丰富,四季分明。

辽宁省是北方粮食生产大省,2012 年粮食种植面积为 4 790 万亩,粮食总产量 2 070.5 万吨;2014 年粮食种植面积为 4 852.7 万亩,粮食总产量 1 753.9 万吨;辽宁省粮食生产在 2011 年到 2013 年达到一个高峰,粮食总产量分别为 2 035.5 万吨、2 070.5

万吨、2 195.5 万吨。辽宁省粮食作物主要以玉米、水稻为主，玉米、水稻的种植面积占全省粮食种植面积的 90%以上。玉米是辽宁省第一大粮食作物，其种植面积占全省粮食种植面积的 50%，2014 年玉米总产量为 1 170.5 万吨。辽宁省的水稻种植面积约占全省粮食种植面积的 16%，2014 年水稻总产量为 451.5 万吨。辽宁省的其他主要粮食作物还有豆类、薯类、小麦、高粱，种植面积分别在 300 万亩至 500 万亩。

辽宁省的蔬菜生产居全国中上水平，2012 年全省蔬菜种植面积约 650 万亩，蔬菜总产量 4 013 万吨。辽宁省的蔬菜属于北方品种，主要是黄瓜、番茄、辣椒和茄子，其他产量较大的蔬菜还有白菜、萝卜、马铃薯和大葱，瓜类主要是西瓜、甜瓜。近年，辽宁省蔬菜生产的重点是发展设施蔬菜，2012 年辽宁省设施蔬菜已经达到蔬菜总产量的 75%。

辽宁省是猪肉调出大省，生猪生产能力及猪肉供给水平全国领先，2010 年以来每年生猪省外年调出量超过千万头。2010 年辽宁省生猪出栏 1 588 万头，猪肉产量 215 万吨；2012 年生猪出栏 2 728 万头，猪肉产量 230 万吨；2013 年生猪出栏 4 000 万头，猪肉产量 338 万吨；2014 年生猪出栏 2 839 万头，猪肉产量 240 万吨。辽宁省生猪生产依赖规模化养殖，2014 年全省生猪标准化规模化养殖率已达到 64%，猪肉产量的 70%来自于规模化养殖场。

辽宁省乳品生产也居全国前列，2011—2014 年全省乳品产量为 129 万吨、138 万吨、121 万吨、131 万吨。辽宁省乳品生产的优势是饲料和规模化养殖。辽宁省 2013 年的饲料生产能力达到 1 287 万吨，2014 年为 1 126 万吨，其中年产 5 万吨以上的饲料生产企业占44%。辽宁省奶牛规模养殖比重达到75%，2014年全省存栏200头以上的奶牛标准化养殖场有1 532个，年末全省奶牛存栏56万头。

辽宁省近年的禽肉、禽蛋生产居全国前四位。2011—2014年辽宁省的禽肉产量分别为125.1万吨、130.3万吨、128.1万吨、130.6万吨；同期禽蛋产量分别为269.4万吨、282.9万吨、276.8万吨、279.3万吨。辽宁省的禽肉、禽蛋生产坚持规模化、设施化，并在品种选育、生态化养殖等方面居全国之前。

（六）国内其他农产品供应地区的生产状况

除北京市周边省区，国内供应北京市农产品的其他省区主要是南方省份。南方省份供应部分南方水果，主要供应地区是海南省和广东省。

海南省位于我国最南端，海南岛是我国的第二大岛。海南省总面积3.5万平方公里，森林面积204万公顷，森林覆盖率达60%，热带天然林约占全省森林面积50%。海南岛地处热带北缘，属热带季风气候。海南岛入春早，升温快，日温差大，全年无霜冻，冬季温暖。海南省雨量充沛，有明显的多雨季和少雨季。海南省植物资源丰富，是我国南方水果的最理想产地。

海南省农作物中除粮食外，主要是糖蔗、油料、蔬菜、水果，其中水果产量最大的是香蕉、菠萝、杧果、荔枝、椰子、胡椒、槟榔。2013年海南省水果总产量441.9万吨，其中香蕉201.33万吨、菠萝38.86万吨、杧果44.69万吨、荔枝16.94万吨，另外椰子2.52亿个、胡椒4.00万吨、槟榔22.38万吨。2014年海南省水果总产量 420.3 万吨，其中香蕉 167.33 万吨、菠萝 38.24 万吨、杧果 45.54 万吨、荔枝 17.704 万吨，另外椰子 2.41 亿个、胡椒 4.00 万吨、槟榔 22.95 万吨。

广东省是我国大陆最南的省份，陆地面积 17 万平方公里。广东省地形复杂，地势北高南低，山地和丘陵占全省土地面积的 62%。广东省的水资源主要来自降雨，水资源总量丰富，但水资源空分布不均。广东省地处低纬地带，太阳辐射多，热量丰富，是我国太阳能最丰富的地区之一，也是我国植物生长量最大的地区之一。

广东省农作物主要是粮食、糖蔗、油料、蔬菜、水果、茶叶，其中水果产量最大的是香蕉、柑橘（橙）、菠萝、柚子、龙眼、李子、荔枝。2013 年广东省园林水果总产量 1 359 万吨，其中香蕉 426 万吨、柑橘（橙）370 万吨、荔枝 110 万吨、菠萝 87 万吨、柚子 75 万吨、龙眼 70 万吨、李子 58 万吨。2014 年广东省园林水果总产量 1 436 万吨，其中香蕉 424 万吨、柑橘（橙）388 万吨、荔枝 125 万吨、菠萝 89 万吨、柚子 85 万吨、龙眼 80 万吨、李子 62 万吨。

（七）北京市农产品的进口状况

我国进口的主要农产品有粮食、乳品、食用植物油、棉花、鲜干水果及坚果、冻鱼、食糖，其中粮食包括大豆和玉米、小麦、小麦粉、大麦、稻谷与大米等谷物及谷物粉，乳品中主要是奶粉，食用植物油主要有豆油、花生油、橄榄油、棕榈油、菜籽油与芥籽油，鲜干水果及坚果中最多的是香蕉、鲜龙眼。粮食是我国进口量最大的农产品，这主要是粮食关系国计民生并用于储备；粮食中又以大豆的进口量最大，其次是谷物及谷物粉。

我国农产品进口国主要包括美国、巴西、新西兰、澳大利亚、加拿大、泰国、印度尼西亚、马来西亚、印度、法国、越南、智利，其中从美国、巴西、新西兰、澳大利亚和加拿大5个国家进口的农产品就占农产品进口总量的60%以上；美国是我国农产品进口的第一大来源国，占我国农产品进口总额的25%以上，主要进口商品为大豆。

我国农产品进口的省份有山东、广东、北京、上海、江苏、福建、天津、辽宁、浙江、广西；其中山东、广东、北京、上海和江苏是我国农产品进口的主要集中地，这些地区的农产品进口额约占我国农产品进口总额的65%。

2011—2014年北京市农产品进口额分别为118亿美元、180亿美元、141亿美元、128亿美元，分别占当年我国农产品进口额的12%、16%、7.6%、6.5%。北京市进口农产品的主要种类是食用植物油、食用油籽、冻鸡、乳品、水海产品、肉及杂碎、鲜蛋、鲜干水果及坚果，其中进口量最大的是食用油籽、食用植物油、肉及杂碎。

国际农产品市场近年基本保持平稳，加至进口农产品在北京市的市场比重不大，因而对北京市的农产品市场影响有限。在过去50年中，全球主要农产品产量增速与消费量增速基本相当，因而农产品供需基本上是平衡的。我国粮食主要依靠自我供给，粮食进口来源国则多处于产能过剩状态。近年我国大豆和食用油进口增加速度较快，国际市场对中国需求的增加做出了相应的反应。

二、农产品生产供应对北京市农产品流通产业的影响

（一）北京市的农产品自给能力将持续下降

北京市的发展带来了农产品需求的持续增长和农产品自给能力的持续下降。

北京市自身发展加大了对农产品的需求。农产品需求与城市人口有直接关系，几十年来北京市人口持续增长，这极大地增加了对农产品的需求。农产品需求与生活水平也有直接关系，生活水平的提高，使人们在数量和质量两个方面增加了对农产品的需求。农产品需求与城市建设有间接关系，随着城市的扩大和建设用地的减少，农产品流通成本会增加，进而间接增加农产品销售价格。

北京市自身农产品供给能力正在下降。随着北京市非农产业的发展、城市的扩张以及对生态环境要求的提高，农业生产用地大大减少，直接导致农产品生产数量的减少。从农业产业政策上，北京市支持生态农业、设施农业、精品农业和农村旅游，限制用地多、污染大、效益低的农产品生产。近年来北京市在植树造林、农村旅游有很大发展，农产品生产中只有禽蛋、乳品有较大增长，而其他农产品产量都有所减少。

北京市农业部门希望增加当地农产品产量，提高北京市农产品自给率，但近年所提出的农产品生产目标很多未能实现。农产品生产目标难于实现，说明了北京市农产品生产能力达到了极限，短期大幅度提高农产品生产量可能性较小。

从长远看，北京市的人口的增加、人们生活水平的提高、城市建设的发展、农业生产用地的减少等对农产品供求影响的方向没

有改变，北京市自身农产品供给能力仍然会持续下降。

(二)北京市周边和国内外其他地区的农产品生产能力显著提高

北京市自身供给能力下降，因而其农产品供给主要依赖周边地区。从自然条件和近年农业生产发展看，周边地区的农产品生产能力是不断提高的。

向北京市供给农产品的周边地区主要有河北、山东、内蒙古、辽宁、山西等。这一地区有南部的平原、西部的草原、北部的平原和山地、东部的大海；这一地区国土面积辽阔，土壤肥沃，提供了充足的农产品生产土地；这一地区气候适宜，适合多种农作物的生长。北京市周边地区具有明确的产业分工，蔬菜、果品、粮食、油料、畜产品、乳品、禽蛋、水产品的产业门类齐全，可以满足北京市农产品市场的多种需要。

近年北京市周边地区的农业生产发展迅速，通过保持种植、养殖面积、扩大规模化种养殖、提高农业生产技术水平、对农业产业政策倾斜等方式，这些地区的多数农产品产量居全国前列。山东的粮食、油料、蔬菜、果品，河北的粮食、蔬菜、果品，内蒙古的畜产品，辽宁的粮食、蔬菜、畜产品、乳品、禽蛋等生产能力都保持在较高水平。

北京市周边地区具有农产品外销能力。一方面，这些地区的农产品生产能力高于自身消费能力，表现在人均农产品拥有量高于全国其他省份，因而其农产品倾向于外销。另一方面，北京市是一个巨大的农产品消费市场，它也将吸引周边地区的农产品进入北京市。

(三)外埠农产品供应方式存在问题

目前,外埠农产品进入北京市主要依赖批发市场、农产品基地和产业协调等三种方式。

批发市场体系是指通过产地批发市场和销地批发市场进行衔接,完成周边地区向北京市供应农产品的集散过程。在产地,农产品经销商、经纪人、农民专业合作社和农民个人向产地批发市场提供农产品;产地批发市场和销地批发市场由运销商通过公路、铁路运输相联系;在产地,农产品超市、社区菜市场、农贸市场进行零售。在以批发市场为核心的流通体系中存在流通环节多、流通效率低的问题,这主要源于批发市场的流通方式,产销两地批发市场间的联系是流通瓶颈,外埠农产品进入北京市场的入口也很少。

农产品生产基地是拥有巨大生产规模并能够对外进行长期稳定地提供农产品。农产品生产基地农业生产的专业化和区域化,具有相当的生产规模;在管理上,农产品生产基地采用更先进的农业生产组织过程,能够更好地进行农资供应、病虫害防治;在经营上,农产品生产基地使农户、组织、基地、企业更好地结合,共同应对区外市场的需求。周边农产品生产基地以其自身发展为出发点,这些基地不仅要供应北京市场,也要供应其他市场,北京市面对这些外埠农产品生产基地并没有绝对主动权。

农产品供应需要进行产地合作。在产业分工上,粮食、油料、糖料、蔬菜、牧业、渔业具有很强的地域性,北京市农产品供应受周边地区的经济发展和产业政策影响;在距离上,远离市场的地区生产产量大、易运输和大路品种,接近市场的地区生产产量小、易耗损、精品品种;农业生产受产地气候、土壤等自然条件的影响,生产供应的时令季节非常明显;农产品受成本、质量、经营能力的影响,不同农产品在北京市农产品市场的竞争能力不同。北京市与周边地区的农业产业协调依赖政府部门进行，但这种协调难于细致精确，难以适应快速的产销变动，也难于应对市场竞争等复杂关系。

(四)外埠农产品供应设施条件落后

北京市农产品依赖外埠供应，产地距离远是一个突出特点，运输成为农产品供应的至关重要的因素。进京农产品使用公路、铁路运输，其中公路运输更为重要；随着运输距离加长，农产品保鲜也越发关键。运输决定着农产品的供应量、供应时间、保鲜程度、流通成本。运输条件，特别是公路、铁路的建设需要很长周期；另一方面北京市的人口和农产品需求量持续增长，运输条件与农产品需求之间的矛盾是不断增加的。

近年农产品存储设施建设远远落后于农产品生产发展的速度。存储设施决定了多余农产品的数量，也是不同种类农产品相互调剂的手段，因此存储设施决定着农产品生产的总规模。与本地农产品相比，存储设施对于外埠进京农产品更为重要。供应地与北京市距离越远，中间存储设施的数量也越多。由于存储设施分布在农产品运销中途，这导致产地和销地都忽视对存储设施的建设。

信息也是影响外埠农产品进入北京市的一个重要因素。信息在农产品流通中的作用是联系产销双方，使之完成生产和需求之间反应。信息体系越完善，供求反应速度越快，生产和流通成本越低。目前，农产品流通信息体系建设落后于农产品生产发展，能够覆盖北京市及其周边地区的农产品生产、流通信息平台还处于初级阶段。

税费和其他流通费用随着供应距离的加长和流通环节的增多

而累积增加，这使得流通成本增加，流通成本增加会降低外埠进京农产品的最终利润。外埠进京农产品利润降低会缩小供应地域的范围，也会减少能够进京农产品的种类。因此，外埠进京农产品的生产地域和供应品种都不是无限的，流通成本的增加实际上增加了周边地区供应北京市农产品的难度。

三、改善北京市农产品生产供应的措施

（一）对外埠开放的农产品供应思想

北京市是一个特大型的农产品消费城市。北京市自身农产品生产供应能力不足以满足北京市的需要，对外埠农产品生产供应的依赖是一个现实，这一现实要求我们在建设农产品供应体系时必须考虑本地与外埠的内在关系。

北京市本地农业生产部门从其自身利益出发，必然追求发展生产和占领市场。发展生产可以扩大供应量，对满足北京市农产品消费需求是有利的；发展生产的负面影响是占有资源，使农产品生产成本升高。占领市场的积极作用是主动适应市场需要，提升农产品生产销售的能力；占领市场的消极作用是进行地方保护，对外埠农产品生产、供应者进行限制。

北京市周边地区是北京市的主要外埠农产品生产、供应者。对于北京市周边地区而言，北京市是一个巨大市场并且北京市距离较近，这使得北京市对这些周边地区具有巨大的吸引力。但从另一角度看，这些周边地区内部也有市场，其外销市场更为广阔；在北京市农产品市场难于进入时，周边地区会转向内部和其他外销市场。因此，周边地区对北京市的农产品供应不仅仅取决于这

些地区的愿望，还取决于进入北京市农产品市场的难度。

基于上述原因，北京市要摆好外埠和本地的主次位置，对外埠农产品生产、供应者进行开放。

北京市本地农产品生产、供应者应积极适应市场需要，对自身进行产业调整，减少本地与外埠的简单直接的竞争。本地农产品在高端市场、小批量的细分市场、难于运输存储的农产品市场等方面具有优势，而在大陆品种、大量低价农产品等方面不具有优势。北京市政府应给与本地农产品生产、供应者的平等市场待遇，减少对本地农产品的市场保护，这种保护从另一角度看就是对外埠农产品的限制。北京市政府应减少对本地农产品生产的单纯性补贴，这种补贴实际是增加农产品生产成本，间接引发对本地农产品的市场保护。

北京市应对外埠农产品生产、供应者彻底开放市场。这种市场开放主要是减少对外埠农产品进入北京市农产品市场的阻碍，包括进入渠道、税收、流通方式等，在保障农产品安全和价格平稳的前提下，为外埠农产品进入北京市农产品市场提供方便。市场开放的根本是减少农产品进入北京市农产品市场的流通成本，包括运输、存储、销售、税费等；流通成本必须具备比较优势，这是需要站在外埠农产品生产、供应者角度考虑的。

（二）建设市场化农产品流通体系

北京市农产品流通体系具有很强的行政性。首先，北京市农产品流通体系的核心是批发市场，批发市场到零售终端采用分级管理，而一级批发市场收到严格控制，从而使农产品进入北京市市场相当困难。其次，北京市希望在周边地区建设和稳定农产品生产基地，这是一种通过行政手段稳定农产品供应来源的方法。第三，北京市通过行政手段调节农产品供应品种、价格和供应量，对市场进行了大量干预，因而减弱了农产品市场自身的协调功能。

过强的行政性阻碍了周边地区对北京市的农产品供应。由于农产品进入渠道狭窄、农产品流通环节过多、农产品流通过程中控制较强，致使外埠农产品进入北京市农产品市场的难度加大，这种难度最终影响着周边地区对北京市农产品供应的积极性。北京市希望影响周边地区农产品生产基地，这种行政手段在日益市场化的今天，其对周边地区的影响力是下降的。由于脱离供需双方，行政手段调节农产品供应存在反应慢、精度差的问题，间接降低了外埠农产品生产、供应者对北京市生产的适应能力。

市场化农产品流通体系本质上是农产品生产者、农产品销售者、农产品消费者通过市场依次传递供求信息，并通过市场建立供求关系；这种供求关系可能受外界因素的影响，但从长期看可以较为稳定；稳定的市场供求关系则使供求效率最大化。外界波动因素会对市场产生不利影响，而过多的人为干预恰恰造成了波动因素；而当人为干预不精确时，这种波动因素的负面作用将更强。

建设市场化农产品流通体系的关键是维护市场秩序和减少对市场的直接干预，行政力量要保护市场而不是取代市场。保护市场就是建设和完善市场体系，以市场平稳为目标，减少和屏蔽市场变动因素。行政力量应减少对农产品品种、农产品价格、农产品供应量的调控，使自身尽量不参与直接的市场活动。行政力量不要试图干预周边地区的农产品生产，使自身成为进京农产品生产、供应的主导者。

(三)加强进京农产品的流通设施建设

农产品流通受基础设施的制约，运输、存储、信息、安全等设施条件直接影响着农产品的进京供应。

周边农产品产地与北京市距离较远，因此运输成为影响农产品供应的最直接因素。农产品有保鲜要求，过长的运输时间将导致损耗增加，这使得运输时间就是外埠农产品供应地的范围。运输距离还直接关系到运输成本，运输成本增加会到利润下降，这也限定了供应地范围。由于公路、铁路的建设周期长、投资大，解决农产品运输应着眼于运输车辆、运输方法、运输路线的优化。增加运输能力的方法有提高运输产量吨位、增加冷藏产量数量、降低进京农产品运输收费、使用运输专线等。

存储设施也直接影响着外埠农产品的进京供应。目前，农产品存储主要以销地和产地存储为主。销地存储设施集中在批发市场，其主要功能承接到京农产品的临时存储；这些存储设施建设在销地，因而存储成本高，大量和长期存储会造成农产品成本激增。产地存储设施集中在农产品生产基地和部分产地批发市场，其功能是错过生产旺季、等待价格上涨；产地存储成本较低，但存储设施较为简陋。在接近北京市的周边地区和沿农产品运输线路建设存储设施可能是一种可行方案，这些设施可以规模较大，存储成本也可以较低。

农产品产销信息会影响外埠农产品进京供应。信息是市场不可缺少的组成部分，它将消费者和生产、销售者联系起来。虽然农产品流通信息产业发展迅速，但在信息时代和相对其他产业，农产品流通信息产业还处于落后状态。由于北京市周边地区分布广阔，农产品生产、销售者与农产品消费者之间的空间距离更大，信息缺乏会造成生产、销售和消费之间的更大隔绝。因此，建设覆盖北京市周边地区的大农产品信息体系是非常必要的，这一体系应能够将生产、流通、消费联系起来，使农产品供求反应更为迅速。

农产品安全设施也需要加快建设。目前，农产品安全检验主要分布在产地和批发市场，产地控制农产品进入流通环节，批发市场控制农产品进入北京市的零售市场。在我国农产品安全设施普遍处于缺乏状态，检验人员不足，农产品检验数量和水平较低。如果开放农产品进京市场而无法控制农产品质量安全，则会对人们生活健康造成危害，这也是北京市农产品流通渠道较窄的重要原因。因此，增加农产品安全检验设施，是扩大农产品流通渠道的先决条件。

第九章　北京市农产品流通产业的新型发展

一、北京市农产品流通产业的现状与发展环境变化

北京市农产品流通产业是以农产品销地批发市场为核心，经销商从事具体交易活动；在产地参与农产品流通的有农民专业合作组织、农产品产地批发市场、农产品经纪人和自产自销的农民；零售渠道是城市的超市、社区菜市场和郊区的农贸市场。近年随着“农改超”和“农超对接”，城市超市和社区菜市场倾向从产地直接采购农产品，京郊农村也通过与超市、社区菜市场的对接来直接销售农产品，或将自身建设成农产品加工、配送企业的生产基地。

北京市农产品流通产业的重要特征是农产品销地批发市场居于核心地位。北京市是国家首都，拥有国际化大都市的特殊地位，是一个超大型消费城市。这决定了北京市本地市场优先于外地市场，销地批发市场强于产地批发市场，政府重视批发市场建设，以批发市场引导农产品产生和农产品零售。

但是，近年及未来由于北京市城市建设、经济发展、产业结构调整等多种因素影响，北京市农产品流通产业的发展环境出现了很大变化。

(一)经营模式对农产品流通产业的影响

自20世纪中后期的几十年间,人们谈到农产品市场就会想起农贸市场。农贸市场是以交易场所为基础,商户进场交易,市场管理者维持交易秩序、提供交易服务。这种农产品流通模式造就了以农产品批发市场为核心的北京市农产品流通产业链,至今仍在批发市场、社区菜市场、农贸市场产生着影响。当今市场更强调供求关系,宏观上是以农产品流通产业链为基础,在不同流通环节上由不同经营者提供生产或服务,产业分工和产业间的联系构成了农产品流通产业链。“农改超”可以看作农产品流通模式变化的转折点,自“农改超”实施后,农贸市场经营模式的影响开始减弱,产业链关系的影响逐渐增强。

(二)北京城市发展对农产品流通产业的影响

20世纪末,北京市的城乡界限还比较明显。当时把城市作为农产品消费地,农村作为农产品生产地,农产品批发市场坐落在城乡接合部,农产品流通呈现出由农村向城市的单向流动。现在,北京市的城市格局发生了巨大变化。城市迅速发展,居民小区大量出现并呈现出分散化,多数新出现的居民区缺少农产品零售配套设施,这造成了城市农产品零售业的困窘。随着城市扩张,农产品批发市场成为城区内部的市场,农产品需要进城批发、批发市场土地价值升高使批发市场在农产品流通中的功能和发展空间出现了问题。京郊农村经济发展,使农村更重视农产品的综合价值,加工、配送、生产基地、旅游观光等方面的发展使农产品不仅仅是一卖了之。

(三)信息及农产品流通相关产业的发展

传统农产品流通体是基于信息产业不甚发达的条件,以直接对手交易为基础的。20世纪90年代,信息技术发展十分迅速,目前京郊农村已经基本完成信息化改造,农业及农产品信息已经普遍使用,网络销售进入初级阶段。信息产业的发展,使农产品交易可以在远距离进行,从而摆脱了批发市场的限地域限制。与此同时,北京市与农产品流通相关的运输、仓储、配送等行业近年也有很大发展,这些行业也正在摆脱对传统农产品流通的依赖。信息、运输、仓储、配送的发展,为农产品直销创造了发展条件,人们可以通过网络了解市场情况,在网络上达成交易,通过运输、仓储、配送完成农产品的物流过程。

(四)超市与农产品批发市场的对抗

超市与农产品批发市场存在着对抗,这种对抗是零售业与批发业的对抗,也是直销与集中批发的农产品流通方式的对抗。北京市农产品流通长期以来的发展思想是以批发市场为核心的流通方式,但农产品批发市场在向零售业延伸时遇到了巨大阻力。在城市,超市主导着农产品零售业,超市更趋向通过直销进货,以摆脱批发市场的中间环节,降低成本。近年,超市与农产品批发市场似乎是势均力敌,但农产品连锁超市的经营方式有可能打破这种均衡。农产品连锁超市更多分布在居民社区,采用统一的进货、配送方式,这将真正削弱农产品批发市场在城市零售业中的延伸。

(五)提高农产品流通效率的要求

北京市农产品流通效率不高,主要表现在终端市场上农产品的鲜度低、价格高、损耗大、对市场变化的反应速度慢，这些现象又进一步说明北京市农产品的流通环节多、流通时间长、流通组织方式效率低。提高农产品流通效率，要求缩短流通中间环节、改善流通组织方式，企业化、规范化和直销将是北京市农产品流通的发展方向。

二、北京市农产品流通产业的新型发展方向

（一）农产品流通产业发展方向选择

北京市农产品流通产业将会在各相关产业自我寻找发展出路中进一步发育。目前北京市农产品流通存在以下主要发展趋势：农产品批发市场向外扩张，超市零售业主导农产品流通产业链，产地和农产品加工企业构建上下游产业链，经销商户向规范化农产品经销商发展。

批发市场在北京市农产品流通中一直处于优势地位，并且批发市场也希望通过自身发展主导北京市农产品流通。批发市场应着眼于自身建设，包括市场的硬件、软件建设，使批发市场成为功能完善的商业平台；扩大经营范围、扩大商户数量、扩大市场的影响力；批发市场向产地延伸，建立生产基地；沿产业链向零售环节发展，重点发展配送等物流业务。但批发市场存在一个难以克服的缺陷，即商户素质、能力较低，其经营方式是摊位直接对手交易，这导致商户难以将自身业务向产业链两端发展，进而使批发市场的主导作用受到限制。

超市等农产品零售业凭借自身拥有的终端市场资源，也正在谋求主导农产品流通产业的发展方式。城市、社区菜市场、农贸市

场分布广泛，市场影响力大，但目前经营方式还不能影响到批发和生产环节。连锁超市是一种具有潜力的经营方式，这种方式可以形成大规模、规范化经营，统一配送和直销。超市与连锁结合，是零售业能够主导农产品流通产业链最有可能的方式。

供应北京市场的农产品，其产地无论是京郊，还是外省都试图加强自身在农产品流通中的地位，采用的方式有发展农民专业合作组织、建设农产品生产基地等。但零售环节、批发环节的强势，使产地不可能成为农产品流通产业链的主导。加工企业能够横跨产业链多个环节，一方面对原材料生产进行控制，另一方面通过自身经销网络增加对市场的影响。但北京市农产品加工企业的数量和农产品产量在整个农产品流通中占的比重较小，也无法影响农产品流通产业链的整体。

农产品经销商是从事农产品流通的主力，其业务本身可以贯穿农产品流通的多个环节。在所涉及的农产品流通各环节上，可以进行业务拓展，以促进相应产业的发展。目前，农产品批发市场商户多以贸易公司、配送公司面目从事经营，只是其规模和经营规范化程度较低。当现有经销商户在经营范围、自身实力、企业规模和规范化程度都提高到一定程度后，其对产业链的影响也将更为明显。

可以说，北京市农产品流通产业的发展只能建立在经销商的规范化、规模化基础上。

(二)北京市未来农产品流通产业的发展模式

1.农产品经销商为主导

农产品经销商是具有一定规模、规范化经营的农产品流通企业，这些经销企业来自批发市场商户、产地农民专业合作组织和生产经销公司、配送公司、农产品加工企业、农产品零售企业。农产品经销企业应具备经销、运输、仓储能力，能够贯穿农产品流通的全过程，特别是生产、批发、配送环节，形成产地到零售的直销。通过流通环节各种要素的整合，使农产品流通中间环节尽可能减少。

2. 连锁化、网络化的农产品零售业

在农产品零售领域，综合型经销企业最容易以连锁化、网络化形式出现。这种形式既具有规范化、规模化企业的优势，也能够涉足超市、社区菜市场、农贸市场，并且能够与批发市场或直销形式直接融合。

3. 农产品生产的产业化

产地农业产业化是新型农产品流通产业链形成的重要基础。农产品生产产业化要求产地不仅是生产，而且要经营，以公司化形式使农产品从源头就进入流通，使农民和农产品生产者直接成为农产品流通的主体。

4. 农产品批发市场成为农产品流通产业聚集区

农产品批发市场仍然是农产品流通产业中最重要的环节。农产品批发市场应从以个体农产品经销商户为主，以批发交易为主的状况，发展到成为从事农产品流通的交易、配送、仓储、运输、信息、科研、农产品安全、产品展示，农产品流通经销企业等产业的聚集地，通过产业间的相互结合，使批发市场更具有产业主导性。

5. 大力发展城市农产品直销

直销将是农产品流通中最具有潜力的产业，它是指不通过农产品批发市场而直接从农产品产地、农产品加工企业流向城市零售商。直销是建立在农产品信息、配送和物流产业基础上的，特别需要与农产品经销企业相配合发展。直销的发展,也使城市农产品流通出现经由批发市场和直销两个流通渠道。

6.发展农产品流通相关产业

发展农产品流通相关产业是农产品流通产业发展的必然要求,涉及运输、仓储、物流、信息、农产品安全、农产品认证等多个领域。这些相关产业会伴随农产品流通主导要产业的发展而发展。

三、北京市农产品流通产业中新型产业的建设

(一)产销一体化的农产品经销企业

新型农产品流通产业中居于核心位置的将是综合性、产销一体化的农产品经销企业。这些农产品经销企业重在组织农产品流通,其经营活动贯穿产、销、运、存、零售的多个流通环节,因而其本身不是单纯性的商贸企业。产销一体化的农产品经销企业将突破批发市场以商户为基础的农产品流通的限制,涉足农产品流通的多个领域而成为农产品流通的主导。

北京市产销一体化的农产品经销企业还处于发展的初期阶段,未来主要将有以农产品经销为主业和侧重自身主业发展的农产品流通企业两种类型。

1.以经销农产品为主业的流通企业

目前,北京市以经销农产品为主业的流通企业按其发展阶段可分为非实体化和实体化两类,前者发育程度较低,主要是将其他农产品生产、流通资源作整合,后者以农产品流通为主线,拥有自己的产业实体。

北京奥绿特有机农业技术发展有限公司是一家非实体化农产品经销企业，其业务包括农产品开发、生产、销售三个环节。农产品开发依赖中国生态环境开发研究所的资源进行。农产品生产是与各地区农民合作，采用订单和技术指导方式参与其中。奥绿特公司本身重点在城市社区建设终端连锁超市。终端连锁超市网点建设要根据奥绿特公司制定的标准，并结合城市社区的整体规划实施；农产品可直接进入这些终端销售网点，由奥绿特公司负责经销。这一经销模式降低了农产品销售成本，保证了农产品安全，能够适应主流大众消费群体对农产品的需求。

北京密之水农副产品有限公司是一家实体化农产品经销企业，其业务贯穿农产品研发、种植养殖、精深加工、冷藏配送、售后服务等多个环节。农产品研发主要与中国农业大学食品营养学院合作，产品有干鲜果品、蛋禽菜粮等福利型、礼品型、旅游型农副产品。密之水公司在密云水库周边山地建立了绿色农副产品生产基地，并采取“公司＋农业专业合作组织＋农户”的模式完成农产品种养殖。密之水公司的加工厂位于密云县河南寨滨河工业开发区，拥有精深加工车间、全自动保鲜气调库以及先进的质量控制体系和科学的产品检验监测条件。密之水公司有自己的销售网络，为部分中央国家机关、市属机关、高等院校等单位特供绿色农副产品。

2.侧重自身主业的农产品经销企业

农产品流通产业链中缺乏规范化的大型农产品经销企业，正在形成中的大型农产品经销企业，主要是之前从事生产、加工、运销、进出口的企业。这些企业需要对产业链进行延伸，从而涉足农产品经销，并使之发展成为企业的主营业务。

北京合众力源农业高科技有限责任公司是北京最大的花卉标准化生产基地之一，占地面积1 000亩，拥有100亩温室、无菌组培室、千吨果品保鲜库、绿化苗木示范区、200亩精品果园和特色热带水果示范区等。合众力源公司主营业务是高档盆花、绿化苗木、绿色蔬菜；安全果品的生产、经营和研发；园林规划设计、绿化工程施工与养护管理；花木租摆服务；精品果园采摘、农业生态观光；技术培训与咨询服务等。随着主营业务的扩展，合众力源公司建立了销售部、绿色农产品配送部，形成了自己的销售和配送体系，使自己具备了从事农产品的生产、贮藏、加工到流通的全部业务的能力。

北京国绿特食品发展有限公司是在农业部绿办、中国绿色食品发展中心、中国绿色食品协会支持下成立的，建设的天玉大厦拥有2 500平方米的农产品展厅，展示各省及港澳台的农产品精品。国绿特公司利用自身独特的农产品展示条件，采用采、供、产、销、服一体化运营管理模式，通过评选、推介来形成农产品品牌，通过建立全国县级以上加盟连锁形成供应渠道，通过特供、专供、直供服务向国家机关、大型企事业单位、部队销售农产品。

北京春雨春商贸有限公司是平谷一家成立时仅有13名员工的水果零售公司。这家企业依靠平谷大桃的资源优势，向生产、销售两方面扩展。在生产方面，公司建立的北京绿都春雨春平谷大桃配送中心与北京市天龙果业合作社、平谷永丰农场、平谷区王辛庄镇水果保鲜协会合作，拥有了绿色大桃基地1 000亩，以及7 000亩会员基地。在销售方面，公司获得了自营进出口权，出口泰国；建立了中国香港、广州、上海、南京、深圳、海口、北京等地的销售渠道，还注册了全资子公司“泰国春雨国际有限公司”，年平均销售果品超过1万吨。

(二)产地农产品流通产业

在农产品产地,农民和各种生产组织参与农产品流通的趋势是明显的,这种趋势表现为公司化、直销化,农产品可直接进入流通环节。目前,农民专业合作组织、生产基地、经纪人和农民是主要的产地流通参与者,而产地批发市场的作用在减弱。农民专业合作组织正在强化生产组织功能。开拓市场、促进流通是其主要任务。生产基地是与农产品加工企业、农产品经销企业、超市形成对接,形成一种新型的直销形式。农民自产自销正在从个体贩运向自办公司方向发展,这表明农产品流通企业正在向农村延伸。与之相反,产地批发市场的作用正在减弱,农贸市场在农产品流通产业中的地位正在下降。

1. 农民专业合作组织

农民专业合作组织在农产品产地的作用日益加大,这主要是因为农民专业合作组织以农产品生产为基础,对农产品销售有迫切要求。在多数情况下,帮助农民开拓市场、销售农产品是农民专业合作组织的主要任务,而近年农产品经销专业合作社的更为突出。

北京翠柳农产品产销专业合作社是由顺义区龙湾屯镇柳庄户村委会组织成立的。龙湾屯镇是北京市七大果品乡镇之一,林果种植面积达万余亩。镇政府为了给果农、菜农提供一个良好的存储、销售平台,在龙湾屯镇柳庄户村北开辟了 180 亩地用于存储、加工、配送全镇农副产品,在此基础上建立了北京翠柳农产品产销专业合作社。目前北京翠柳农产品产销专业合作社占地扩大到 200 余亩,拥有先进的储存、加工、配送设施,成为当地农产品流通的重要渠道。

除农民专业合作组织外，京郊一些村委会也直接参与农产品销售。北京市大兴区长子营镇上黎城村委会拥有库房，帮助村民存储韭菜、生菜、蘑菇等蔬菜，并协助村民销售玉米、淡水鱼、小绵羊等农副产品。一些农产品经销公司采用与产地农产品供销社合作的方式。北京超越伙伴有限责任公司主要经销瓜子、小麦、玉米和西瓜等产品，这些产品来自内蒙古河套地区农产品供销社，实现了产地农产品在北京的直销。

2.经销商和经纪人

经销商和经纪人仍然是京郊农村农产品进入流通渠道的主要者，特别是在输出外地和出口的农产品流通领域。经销商和经纪人是一种雇佣或合作关系，前者拥有销售渠道，后者了解当地情况，他们有效地使分散生产的农产品按规格、成批量地进入流通环节。目前，经销商和经纪人在京郊的收购活动日趋规范。

香港五丰行有限公司是中国香港最大的鲜活冷冻食品经销商，成立初主要从事农产品贸易，后成为中国外经贸部授权的内地主要鲜活冷冻食品在香港的统一代理。2010 年，香港五丰行有限公司与大华山镇华宫果品专业合作社共同合作，建成了 5 000 亩的水蜜桃出口示范园，该基地是五丰行公司在内地设立的第一个水蜜桃生产基地。合作社社员负责采摘、包装、装箱，再由五丰行公司负责营销，通常大桃采摘后下午就能摆上中国香港超市的水果柜台。

赵方宁是延庆县大庄科乡的农产品经纪人，主要收购生板栗、生核桃、干果和杏仁，其合作者是农产品经销商和深加工厂家。赵方宁本人负责了解当地特产信息，联系供货农民，协助谈价格，组织货源和农产品运输。

3.农产品生产基地

农产品生产基地是近年北京市发展十分迅速的生产形式。多数生产基地属于农民经济合作社和农业企业,其他属于村镇或生产园区。农产品生产基地实行企业化经营,农产品生产较为规范,产品质量能够保障。农产品生产基地有特定联系企业,或具有特定销售渠道,是产销对接的有效形式。

北京市蔬菜实施“场地挂钩”,2008 年蔬菜生产基地达到 127 个。这些蔬菜生产基地大的超过 2 万亩,小的也有几百亩,供应量每年多的达到上亿千克,少的有十几万千克。房山区青龙湖镇庙尔岗村 20 世纪 90 年代开始发展食用菌种植业,1997 年成立了庙耳岗村食用菌产销协会,后建立了房山区青龙湖镇庙尔岗村食用菌基地。该基地形成了集引种—制种—试验—示范—生产推广—技术指导—产品回收、销售于一体的产业链。2008 年该基地到达 1 万亩,年生产食用菌产量达到 300 多万千克,占房山区总产量的 50%。

4.农民自产自销

农民自产自销是农产品自发进入流通领域的一种形式,主要是农民自己销售、贩运,但目前农民自办公司是一种新的趋势。自办公司能够解决商标、税收、开票等问题,是农产品规范化流通的必然要求。

李秀清是平谷区金海湖的一位农民,自家种植大桃和核桃,平常在地里干活,其余时间寻找买家。金海湖旁有山有水,水果均是纯天然无农药的水果,果园还可以搞生态旅游。

黄焰是大兴区的农民,自有果树 15 亩,菜地 20 余亩(其中大棚10亩),粮田10亩,200立方米50吨保鲜库1个,小型禽肉加工厂1个,散养柴鸡500只。他自办了一家农产品经销公司——北京榆垡金旺农产品经营中心,经营蔬菜、水果、粮油、肉、蛋、水产等。通过这种方式,黄焰实现了一种供销结合、自产自销的经营方式。

(三)批发配送等农产品流通产业

在产地与零售业之间,农产品流通的主要产业有批发、配送和直销方式。北京市最主要的批发活动集中在农产品批发市场,从事配送业务的主要有农产品加工、农产品物流企业,直销方式主要由产地、农产品加工企业在北京市设点进行。

1.农产品批发市场

农产品批发市场是北京市农产品流通的核心环节,目前80%以上农产品是经过农产品批发市场进入零售环节的。北京市农产品批发市场由批发市场管委会(或公司)和驻场经营的商户(或公司)构成。农产品批发市场自身是一个农产品流通的场所,其发展方向是建设设施、健全管理、服务商户、扩大影响,但其本身不直接参与农产品交易。由驻场经营的商户(或公司)进行交易,组织农产品流通,以及从事配送、存储、运输、信息等相关产业。

商户是农产品批发市场中的主要经营者,多数商户有较好的效益。北京今博今商贸有限公司位于丰台区新发地农产品批发市场精品水果交易区,2004年成立,主营水果。该商户从小到大,年销售量达1.2万吨,2008年销售额到达4 800万元。批发市场多数商户如同今博今一样,谋求扩大市场和产地合作,以增加销售额与利润。北京万安椰海商贸有限公司位于丰台区新发地农产品批发市场办公南楼。与今博今不同,万安椰海没有摊位,而是通过代理方式从事全国各地精品蔬菜的经营，主要代理海南及上海产的蔬菜、食品饮料等。

北京利民恒华农业科技有限公司属农业高新技术企业，公司自成立以来，一直致力于开发房山区农产品的流通渠道，2006年公司在丰台新发地开设了首家“房山区特色农产品展销中心”，是当时唯一在区外展示和销售房山区特色农产品的门店，取得了很好的经济效益和社会效益。公司注册了“绿田甜”品牌，并通过这一品牌利用直销、代销、配送、网络销售等方式建立起了现代化营销网络。

农产品批发市场利用自身市场优势，也在建立经销企业，直接参与农产品流通。锦绣大地是北京市主要农产品批发市场之一，近年建立了生产基地、销售部、认证部、配送公司、经销机构。生产基地共4280亩，主要生产经营苜蓿、黑麦、提摩西、青贮、小麦、玉米、蔬菜、绿菜花、绿苏、薄荷、番茄、黄瓜，以及包装箱、肥料、农药、打捆绳、配件、农机等。物流配送公司专业从事农副产品、食品、酒水饮料分销渠道建设与经营，面向机关、团体、企事业单位提供配送服务。

2.农产品配送

农产品配送业是近年出现在农产品流通中发展前景非常广阔的一个行业。农产品配送业的基础是农产品物流，并融合进农产品交易和农产品加工。农产品配送可以把农产品生产和农产品最终消费直接联系起来，形成农产品流通的一种渠道，在未来北京农产品流通产业中将扮演重要角色。尤其针对北京市这一巨大的农产品消费市场，更需要发展农产品配送业。从业务活动基础看，农产品配送可以有加工型和物流型两类。

北京京东大运河农产品配送中心是北京市知名度较高的农产品生产加工型配送企业。该配送中心位于京东大运河畔的通州区潞城镇小营村北，目前拥有自有基地 5 500 亩，协会基地 2 万亩，社区自有蔬果专卖店 70 家，超市大卖场及配送单位 20 家，拥有职工 1 200 名，建加工车间 15 000 平方米，建有冷库 13 个，冷库、保鲜库面积增加到 2 000 平方米，存储量达到 600 吨，配送车辆 57 部，蔬菜配送能力达到每天 80 吨。北京京东大运河农产品配送中心主营鲜切菜，跨过了批发市场环节，直接完成了产销对接。2007 年大运河配送中心年销售量达到了 3 万吨，销售额达到了 1.2 亿元，成为京东最大的农产品加工配送零售企业。

北大荒集团北京天运盛福商贸责任有限公司是一家物流型配送企业，公司位于锦绣大地水果批发市场，主营北大荒礼品蔬菜、礼品水果、礼品干果、礼品橄榄油、礼品杂粮、礼品海鲜、礼品野生菌、粮油礼盒等几十大类产品。公司有专业从事礼品策划、销售、服务的团队，根据客户需要挑选、搭配产品，并直接将农产品礼盒运送到客户。北京毅都永誉农产品有限公司也是一家物流型配送企业，经营地点在北京丰台区新发地经营者乐园。主要业务是向各大超市和酒店供应配送水果，所供应的超市有北京华联超市、易初莲花、沃尔玛等多家大中小型超市，以及北京中国大酒店、北京东方君悦大酒店、北京长城大酒店、北京香格里拉大酒店、北京王府大饭店等酒店。

3.农产品直销

农产品直销是当前农产品产地、零售业两端都在积极探索的方式。农产品直销可以避免由于批发市场所造成的流通环节增多、流通成本增加、供应对市场反应较慢的问题。从另一方面看，农产品直销在很长时期内还将大大弱于批发市场，这是由于直销是分散进行的，从而提高了直销企业的运营成本和开拓市场的难度。目前，参与农产品直销的主要有农产品产地和农产品加工企业。

北京市平谷区大华山镇是平谷大桃的发源地，被称为“京郊大桃第一镇”，地处平谷区北部，是一个半山区乡镇，拥有黄、白、油、蟠桃四大系列共计 140 多个大桃品种。大华山镇政府于 2006 年 8 月在北京海淀区文慧院路设立了“平谷区大华山镇首都市民休闲采摘服务处”，直接深入市场进行直销。服务处主要经营平谷的大桃、核桃、栗子、柿子、蜜枣等特色农产品，以及柴鸡蛋、美洲雁蛋、绿壳蛋、小杂粮和各种桃木工艺品等，还提供采摘、休闲、精品定购和单位团购等服务。

龙岩联辉食品有公司是福建省龙岩市一家农产品加工企业，拥有竹山基地十余万亩、厂房 5 500 余平方米，生产竹笋罐头、食用菌类罐头、竹凉席、一次性筷子等。为开拓北京市场，龙岩联辉食品有公司在北京设立了驻京销售部，经营清水笋、笋丝、笋片罐头、蘑菇罐头、真空包装笋制品，以及香菇、杏鲍菇、茶树菇、巴西蘑菇等干品和盐渍品。

4. 外地在京的农产品销售

北京市 90%以上的农产品是由外地供应的，外地农产品进入北京市市场的主要渠道是批发市场和直销。批发市场是的最重要的渠道，商户来自全国各地，经销范围也是来自全国的农产品。直销方式则采用设立运营公司、代理销售，或由产地或企业在京建立销售部实施。

北京博盛康达蔬菜配送中心是大洋路农副产品市场的一家商户，主营蔬菜、水果的贮藏、批发和配送。博盛康达蔬菜配送中心的农产品来自东北、山东、广西、海南，通过与这些地区的水果、蔬菜种植基地建立长期合作关系，代理代销这些地区的农产品。北京大光耀科技有限公司是一家食品、饮料的企业，主营河北特产干果系列、海产品、食用菌、干菜系列、健康蛋品、油系列、杂粮系列无公害蔬菜，经营方式也是与多家企业建立长期合作关系。

山东黄金蝉公司以山东野生金蝉为产品进行市场化推广，2005年成立了北京营销总部，为供应商配合酒店作相应的宣传推广工作。酒店同供应商签订推广协议，供货商会根据多种促销方案，联合酒店进行新菜推广。内蒙古金瑞农产品销售有限公司主要经营内蒙古开鲁县所种植的辣椒、玉米、豆类等农作物，以及养殖的牛、羊等。该公司在北京开设了金瑞福田农产品销售中心，专门开拓北京市场，进行出口批发、零售，或安排订单长期供货，需求单位也可在该中心设立采购处。

山东省高密市康众食品有限公司是以块茎类农产品加工、收储、销售为主的外贸型企业，产品主要销往日本、韩国以及东盟国家和地区，主营洋葱、马铃薯、青豆、胡萝卜、牛蒡等块茎类时令新鲜和冷冻仓储农产品。公司收储加工基地位于山东省高密市，在北京设立有销售公司。依靠北京市的市场、信息资源，与国内外企业建立合作关系，拓展国内外市场。

（四）销地农产品零售产业

北京市农产品零售渠道分为超市、社区菜市场、农贸市场和个体经营，在具体经营上分卖场经营者和商户。近年，农产品零售业的发展趋势是连锁型销售网络，这种情形在超市、社区菜市场得更为突出；而经营商户中企业化经营者比例增大，个体经营者比例减少。

1.农产品超市

自“农改超”以后，超市在农产品流通中的地位大大加强，目前已经成为城市农产品零售的主要渠道。但是超市经营农产品仍存在很多问题，这主要源于超市的经营模式、超市数量及分布、超市的经营成本等因素，主要问题是超市农产品价格高、品种少、鲜度低等。未来的发展方向是农产品连锁超市，这种超市在经营、配送和超市分布上较现行超市有所突破。

北京绿源国祺农产品发展有限公司是一家专营绿色食品、有机食品的全国性连锁超市，总部位于北京中关村韦伯时代中心大厦，注册资金3 000万元。绿源国祺公司现在上海、江苏、安徽、辽宁等省市已有近百家加盟商加盟连锁超市，采用进驻超市经营和在社区建设连锁超市，形成自身的销售网络，另一端联手农产品加工、生产企业，通过配送、市场拓展而支持来超市经营。

2.社区菜市场

社区菜市场的数量多，分布也更贴近居民社区，经营方式较超市灵活。近年，随着居民生活需要和居民社区数量的增加，出现了各种规模和经营方式的社区菜市场；由于以往缺少统一规划，社区菜市场的分布也是“见缝插针”的。如同农产品超市，社区菜市场连锁化也是一个趋势。北京中良孚经贸有限公司隶属于国家粮食局，主要经营东北的农产品以及土特产品。这家企业目前正筹划在北京建立社区终端营销网络，本身作为零售商直接面向居民进行销售。

3.农贸市场

农贸市场从城市退出后，仍然活跃在京郊农村和城乡接合部。北京德福兴农产品经营部是一家从事果品销售企业，位于大兴区庞各庄镇。主要经销的品种有庞各庄西瓜、丰水梨、平谷桃，以及木瓜、杧果、荔枝、梨、广东贡柑、沙糖橘、江西赣南脐橙、烟台红富士、新疆香梨、系列精品水果。作为位于农村的果品销售商，德福兴与当地种植基地和外地水果商有着良好合作关系。

4. 个体经营

在北京市农产品零售中环节，个体经营者还占据很大比重。个体经营者分布在社区菜市场、农贸市场，也有独立开店经营农产品经营者。张英姿是一名农产品个体经营者，经营地点在北京朝阳区望京西路，主营甘肃农产品，如马铃薯、辣椒、洋葱、西瓜、棉花等。

（五）农产品加工与进出口

作为特大的农产品消费城市，北京市的农产品加工业、农产品进出口业在整个农产品流通中所占的比重弱于农产品生产、批发和零售业；但从总体规模看，农产品加工业、农产品进出口业也是不可忽视的。

1. 农产品加工业

北京市农产品加工主要依靠北京市的市场、技术优势，分为农产品深加工和农产品初级加工。北京市农产品深加工行业重视大中型企业的发展，而初级加工则主要分布于京郊农村的农产品产地。

北京宝兴旺食品饮料有限公司是一家京港合资企业，位于平谷区，创建于 1998 年，总资产 8 000 万元人民币，现有员工 200 人，是北京市农副产品深加工十大龙头企业之一。宝兴旺公司的原料主要来自平谷区当地，生产设备有意大利浓缩果浆（汁）、原浆（汁）

生产线和国产速冻、蔬果脆片、瓶装饮料生产线。产品有果蔬浓缩浆、原浆、颗粒浆，果蔬浊汁、清汁，以及速冻产品、蔬果脆片、瓶装饮料等。宝兴旺公司产品除直接供应国内外市场外，还向韩国、日本、蒙古、荷兰、意大利、美国等出口，并向茹梦、华邦、牵手果蔬、百万庄园、青松岭、天津大湖、雀巢、北京太子奶、摩奇、三门峡湖滨、互润、天津华旗、普润、希杰、山西清浪等厂家供应原料。

北京红螺食品有限公司是一家具有六十余年果品生产历史的"老字号"企业，主营业务是水果、蔬菜、粗粮的深加工与产业化经营。红螺公司以"农户＋服务组织＋企业＋市场"方式解决原料供应问题，从 2008 年开始在怀柔区桥梓镇凯甲庄村、汤河口镇庄户沟门村等建立了 5 个农产品初级加工和产成品分包装厂。红螺公司与怀柔区种植农户签订了收购合同，所收购农产品在当地农产品初级加工和产成品分包装厂进行初级加工，这样减少了运输费用和加工成本，也解决了农村劳动力就业问题，带动了农民致富。

2. 农产品对外贸易

农产品对外贸易是北京市农产品流通的一个领域，以往该领域的业务主要集中在大中型贸易公司，近年中小型外贸公司逐渐增多，表明北京市农产品对外贸易渐趋活跃。

北京山川农产品贸易公司是一家中小型公司，位于北苑路的加利大厦，主要从事农产品进出口贸易、农副产品深加工、农产品销售代理等业务。山川公司有自己的经销网络和供货渠道，国内业务领域遍及全国各大中等城市；国外发展了多家特许经销企业、国际代理及经销合作伙伴，具备多个国家的国际出口资格，出口渠道稳定广泛。山川公司属于综合型进出口贸易企业，经营品种较多。

北京世纪龙润粮油食品有限公司是一家小型公司，主要从事花生、芸豆、大蒜制品的出口业务，出口的目的地为欧洲、北非和美国。世纪龙润公司的经营品种较为单一，为客户充当着对外贸易部的角色，通过有目的的联系海外客户群，帮助客户拓展国际市场。

（六）农产品流通的相关产业

农产品流通相关产业是农产品流通产业链的延伸，其中未来最具有发展前景的产业群体有农产品物流、农产品信息与网络销售、农产品质量安全与认证、农产品流通的技术和商业服务等。

1. 农产品物流

农产品物流业涉及农产品的运输、存储和配送，这些产业与农产品批发、直销和配送有密切关系，但运输、存储和配送各产业作为独立产业而存在和发展。近10年，北京市运输、存储和配送发展十分迅速，而未来这种发展速度仍将保持。

向阳农产品经营公司成立于2005年，主要从事东北地区原产豆类产品运输。该公司对东北豆类产品有很好的运作能力，了解这些豆类产品的收购渠道、品质、年产量等产品行情。该公司自备货场、运输车辆，有很好的运输、装运、车皮申请、货物场地、客户接待等能力，主要业务是为客商提供代收、代发、合作经营等运输服务。

董善忠2001年成立了一家农产品贸易公司，主要经营食用菌，业务包括贸易和农产品仓储。董善忠的公司有3个大型保鲜库，位于丰台区新发地北京农产品中央批发市场西街。这里是北京市最大的食用菌周转站，云集了全国各地的客商。董善忠既销售又经营保鲜库，是依托批发市场从事仓储业的经营者。

北京鑫绿都农产品物流中心位于首都机场物流园区，有员工50人，年营业额5 000万元。首都机场的地理位置得天独厚，农产品是物流园区的重要经营内容，客户遍及全国和整个欧洲地区。鑫绿都公司有国内贸易部、国际贸易部、物流配送部，并拥有20家超市，主要业务涉及农产品的运输、保管、仓储服务。

2.农产品信息与网络销售

农产品信息与网络销售将是未来发展较快的农产品流通产业，其根本原因在于农产品经销企业和农产品直销形式的增加。农产品经销企业和农产品直销对农产品批发市场的依赖减弱后，信息成为达成交易的基础平台，而信息技术的发展又促进了这一趋势的形成。农产品信息与网络销售在三个层次上迅速发展，即信息技术与产业化、农产品信息、农产品网络销售。

北京赢推科技有限公司是专业的信息技术和农业信息化服务商。这家公司的经营模式是围绕农业信息化，进行系统研发、平台运营，具体业务包括：农业信息化工程开发、农业数据库管理及运营、农业信息化技能培训、农村无线通信应用及推广、农产品交易服务、农业机械作业标准化服务、农业企业推广服务、农业科技培训等。

北京畅易无限科技有限公司主要提供农业及农产品信息，所拥有的“中国品牌农业网”将农业部、省农业厅，以及各地区市、县农业局和企业、基地、品牌村镇、媒体、专家等集于一体，进而推广农产品和创建农产品品牌。“中国品牌农业网”依托农业组织系统和全球最大的农业官方网站“中国农业信息网”，进行了智力资源、传播资源和销售渠道资源整合，从而更好地促进品牌农业的发展。

北京中农恒通农产品商贸有限公司正在开展网络销售的一家

公司。中农恒通公司建设了自己的农产品网络销售及贸易合作平台，利用这一平台与北京和外地数十个农产品生产基地进行合作，提供网络销售无公害特菜、食用菌、瓜果及小杂粮系列产品、肉、蛋、奶等农产品。

3.农产品质量安全与认证

农产品质量安全与认证主要集中在农产品质量安全认证、检验检测，以对生产、流通的农产品进行质量监督。农产品质量安全属于政府管理职能范围，其机构建设在政府要求下进行，目前在国家和地区分层次设立相应机构。在农产品认证领域，非政府机构也可以参与，但其发展受到政策和需求的限制。

农业部农产品质量安全中心我国农产品质量安全与认证的核心机构，主要职责是贯彻执行国家关于农产品质量安全认证认可及合格评定方面的法律、法规和规章制度；发布认证标志和认证产品目录；受理分中心认证审查报告，并向认证合格者颁发认证证书；办理无公害农产品标志的使用手续，负责无公害农产品标志使用的监督管理；接受无公害农产品产地认定结果备案；对无公害农产品标志的印制单位进行委托和管理；开展无公害农产品质量安全认证的国际交流和合作；负责农业部农产品认证管理委员会的日常工作。

目前，各地区农产品认证检测体系正在建设。房山区农产品质量安全检测站是北京市第一家区县级农产品定量检测机构，与一个区级农产品质量快速检测中心和两个区域性快速检测分中心共同构成了房山区农产品质量安全检验检测体系，承担房山区23个乡镇的种植业、畜牧类及水产类检测工作。

北京五洲恒通认证有限公司是具有独立法人资格、专业从事国家食品安全、国家有机农业基地建设、中国有机食品产品认证、检查、颁证的独立第三方认证机构。该机构由从事食品、农产品进出口检验检疫和国家无公害、有机农业基地建设、检查、认证的专业人员组成，主要业务是帮助企业、农户和政府生产安全、有机的农产品。

4.农产品流通的技术和商业服务

与农产品流通领域相关的服务也在发展，这些服务包括技术开发、营销和投资咨询、农产品期货等。虽然没有直接参与农产品流通，但这些服务还是在多个环节影响着农产品流通各环节。

北京中农大朝来农产品技术开发有限公司是由中国农业大学与北京朝阳区来广营乡农工商实业总公司共同投入组建的。公司一方面依托中国农业大学优良巨大的无形资产、现代化农业产定的人才优势、技术优势和资源以及广泛的国际合作关系；另一方面依托朝来农艺园亿元以上无公害工厂化农业蔬菜管理生产基地条件和多年运行管理经验，通过现代数字化农业信息手段，在产品的基地生产、加工、储藏、配货、运输和产品进出口业务等方面形成强大的综合经济技术体系。

北京绿神州农产品科技发展中心是一家从事农产品营销咨询服务的公司，帮助国内名优特农产品进入北京市场。该公司拥有“中国农民经纪人网”，为各地培养农民经纪人，学习农产品营销知识和技能，开拓农产品市场。

冠通期货经纪有限公司是中国成立较早、规模较大、市场份额较高、运作规范的期货公司。该公司总部在北京，并在上海、大连、郑州、秦皇岛、贵阳、南通等地设有营业部，主要从事各种工业品、农产品期货经纪业务。

第十章　北京市农产品流通产业的相关政策

一、北京市农产品流通产业相关的现行政策

(一)我国农产品流通产业的基本政策

我国农产品流通产业政策的核心是以农产品批发市场为基础,逐步建设现代农产品流通产业体系。

2002年国家计委等六部门在《关于加快农产品流通设施建设的若干意见》中提出,我国农产品流通设施建设的目标是,逐步形成以全国骨干批发市场为核心,以连锁超市等其他流通方式为补充,以现代物流服务体系为依托,以现代交易、结算、信息、检测、储藏、物流等技术为支撑,以良好的企业经营和资金投入机制为保证,以稳定、有序、规模化的农产品经销商队伍为主体的现代化的农产品市场流通体系。

2006年我国的《"十一五"时期全国农产品市场体系建设规划》中提出,农产品市场体系发展与建设重点是:加快农产品市场改造步伐,在农产品批发市场组织实施升级拓展工程、积极改造农贸市场;发展农产品现代流通方式,重点是农产品连锁经营、农产品电子商务、农产品期货市场;培育壮大市场主体;推进农产品分等分级和包装上市;加强农产品营销促销服务。

近年来，国家为促进农产品流通产业的发展，出台了大量政策法规。商务部有"双百市场工程"、"农超对接"、"万村千乡"、"信福工程"、"三绿工程"、"新农村商务信息服务体系建设"，农业部有"5520 工程"、"信息化村示范工程"，质量检验检疫总局实施有"百百万万工程"，全国供销合作总社实施的"新网工程"，交通运输部实施的"农产品流通绿色通道网络建设"等，以及培育农村经纪人、发展农民专业合作组织和引导财税、金融、保险机构对农产品流通产业支持的相关政策。

2010 年我国政府在农产品流通方面所采取了多项措施。双百市场工程，每年建设改造 100 家大型农产品批发市场和培育 100 家大型农产品流通企业，扶持冷链物流、配送中心、质量安全可追溯、废物处理、安全监控等，同时落实批发市场用地等优惠政策。出台农超对接的优惠政策，发展订单农业，建立生产、加工、包装、销售为一体的新型农产品供应链，重点扶持农产品生产基地(合作社)与大型连锁超市、学校、大企业等产销对接，建立农产品加工配送中心、冷链系统，鼓励农产品品牌建设。鲜活农产品运输绿色通道建设的措施，加大"五纵二横"建设速度，鲜活农产品运输免通行费，同时要求各省市搞好区域性绿色通道。扶持合作社发展，免登记费，合作社销售农产品免增值税等。扶持农业产业化龙头企业，免征企业所得税等。

(二)重点扶持与调整市场

1. 重点扶持大型农产品流通企业和批发市场

国家商务部多年来一直着力扶持农产品流通产业中的大型企业，其目的在于在促进农产品流通企业向标准化、规模化发展，探索现代农产品流通经营模式，从而带动整个行业的发展。商务部扶持的企业主要有三类，即大型农产品流通企业、农产品批发市场和农贸市场。

2006年开始重点扶持100家大型农产品流通企业，其中生产主导型企业10家，流通主导型企业51家，产销一体化企业39家，这些企业当年的食用农产品销售额在4亿元以上。2009年商务部、财政部印发《关于加快农产品流通网络建设推进"双百市场工程"的通知》。该通知提出2009年在农产品重点销区和产区，支持建设和改造200家大型鲜活农产品批发市场，引导市场与基地和农户建立紧密联系，提升市场服务水平；支持400家县乡农贸市场进行标准化建设和改造，完善交易设施，改善交易环境；逐步形成以批发市场为核心，农贸市场为基础，覆盖城乡的农产品流通产业链，不断降低流通成本，减少农产品损耗，拓宽流通渠道，解决农产品"卖难"问题，促进农民增收，保证城乡居民吃上"放心菜"。支持农产品批发市场进行冷链、质量安全可追溯、安全监控、废弃物处理等准公益性设施以及交易厅棚、仓储物流、加工配送、分拣包装等经营性设施建设和改造；支持农贸市场进行交易厅棚、冷藏保鲜、卫生、安全、服务等设施建设和改造。

2.骨干农产品企业参与市场调控

2009年开始我国农产品价格快速上升，国家开始尝试利用骨干农产品企业生产、流通和经营企业参与对农产品市场的控制，2010年国家发改委等12部委发布了《关于发挥骨干企业积极作用健全和完善政府对大宗农产品市场调控体系和机制的通知》。这实际标志着农产品经营企业开始成为农产品流通产业中的核心。

骨干农产品企业是从各类商品的产销特点和调控市场的需要

出发选择的，考虑因素包括企业所处区域、经营实力、仓储加工能力、产销衔接能力、市场辐射面和占有率、信誉情况等，主要是在本地区有一定资源优势的加工和流通企业、销售网络比较健全的经营企业和大型农业产业化龙头企业。

骨干农产品企业参与市场调控采用“政府委托、市场运作、权责明晰、自负盈亏、适当补偿”的方式，根据调控市场的需要，政府通过招标、邀标等方式，从确定的骨干企业中优选部分企业，采取一事一议的方式，专项承担粮食、食用植物油、棉花、食糖和猪肉的收购、加工、储运、进口、销售和应急供应等特定调控任务。委托骨干企业收购或进口产品，作为政府调控市场的补充资源，由企业结合自身经营实行动态管理，自负盈亏，当出现供应紧张时，指导企业通过现有加工渠道、销售网络及时投放市场。

《关于发挥骨干企业积极作用健全和完善政府对大宗农产品市场调控体系和机制的通知》是政府调控市场而采用的行政手段，这些手段虽然具有尝试性，但实际标志着农产品经营企业开始成为农产品流通产业中的核心。

(三)发展农民专业合作组织和农产品经纪人

1.综合扶持农民专业合作组织

2001—2010年，北京市和国家出台了多项关于农民专业合作经济组织的政策，例如《关于发展农民专业合作经济组织意见的通知》、《关于推进郊区城市化，促进农民增收的意见》、《农民专业合作社法》、《北京市农民专业合作经济组织示范章程》、《关于开展北京市农民专业合作经济组织规范化建设试点工作的指导意见》，北京市实施《中华人民共和国农民专业合作社法》、《北京市农民专业合作社示范社建设行动计划》、《关于促进农民专业合作组织发展的意见》、《北京市农民专业合作社示范社建设行动计划》等。这些政策旨在促进、规范农民专业合作经济组织的建设和发展。

合作社作为支农项目建设的实施主体，国家把支持发展农业和农村经济的建设项目委托和安排有条件的有关农民专业合作社实施。对经济落后地区及生产国家与社会急需的重要农产品的农民专业合作社给予优先扶持。金融机构要降低贷款门槛，采取多种形式为农民专业合作社提供多渠道的资金支持和金融服务。对农业生产、加工、流通、服务和其他涉农经济活动的相关税收实行优惠政策，农民专业合作社都应当享受。加强农民专业合作社经营管理人员、财务会计人员和专业技术人员培训，为培训提供经费保障。

2010 年启动的《北京市农民专业合作社示范社建设行动计划》，北京市将择优培育一批经营规模大、服务能力强、产品质量优、民主管理好的农民专业合作社，在农产品加工、农业综合开发、农业标准化建设、农业基础设施建设等项目上给予重点扶持。

2.加强管理使农产品经纪人规范化

农村经纪人在农产品流通中的作用已经为各方面认可，国务院、商务部、北京市等有关部门出台了多项相关政策，以鼓励和规范农村经纪人队伍的发展。这些政策有《中共中央国务院关于切实加强农业基础建设进一步促进农业发展农民增收的若干意见》、《经纪人管理办法》、北京市《关于促进和规范北京市经纪人发展若干意见的通知》、《关于大力培育和规范发展农村经纪人促进社会主义新农村建设的意见》、《关于进一步加强农产品流通经纪人队伍建设服务设施农业发展的安排意见》等。这些政策把农村经纪人作为农业生产和市场流通的桥梁，视为农产品流通中不可缺少的重要环节。

为促进农村经纪人的发展，现行主要措施落实在组织、培训、管理上。实行市场准入后，常年从事农产品经纪活动的人员要进行注册登记，同时引导对季节性或临时性从事经纪活动的农村经纪人办理个体工商户登记。有计划地开展农村经纪从业人员法律法规、合同规范、市场营销、执业道德等方面的培训，提高农村经纪执业人员的业务素质、服务技能。健全农村经纪执业人员备案以及执业人员基本情况明示监督检查制度，加强农业经纪合同指导，监督经纪执业人员在经纪合同中签名，建立健全农村经纪人信用记录及档案，逐步完善农村经纪执业人员自我约束和社会监督机制。在农村经纪人发展具备一定规模的地区，可以组织农村经纪人成立行业协会等自律组织。

(四)以批发市场为主渠道的新型农产品流通体系

1. 以农产品批发市场为农产品流通体系的主渠道

2008 年我国制定了《全国商品市场体系建设纲要》，提出农产品批发市场是农产品流通的主渠道。同年，在《农产品批发交易市场改造建设规划方案》的通知中强调，当前和今后较长时期内，农产品批发市场仍是我国农产品规模化、组织化流通的主要载体。

农产品批发市场的建设应着眼于综合建设和深化发展。《全国商品市场体系建设纲要》提出大中城市应重点培育和完善发挥骨干作用的全国性或区域性批发市场，县、乡应加快建设服务于当地农产品生产、方便农民销售的专业批发市场。加强批发市场的信息化建设，使其逐步成为农产品的信息中心、咨询中心。有条件的农产品批发市场要积极探索拍卖式、竞价式和对手交易相结合的交易方式，逐步实行电子统一结算。农产品批发市场应向上下游延伸经营链条。一方面建立农产品基地，发展专业化、工厂化生产；另一方面向零售领域延伸，细化加工和配送功能，形成农产品批发市场与零售店之间配送—销售—消费的有机链条。加强对农产品批发市场的监管，尽快出台农产品批发市场管理规定，完善交易规则。

《农产品批发交易市场改造建设规划方案》提出，农产品批发市场建设要按照现代流通的要求，重点完善储藏、运销、物流配送等基础设施建设，建立检验检测、信息管理、电子结算系统，改善经营条件；增强物流、配送能力，建立适应鲜活农副产品运输要求的冷链物流体系，扩大辐射范围；发展拍卖、经纪人代理、网上交易等新型交易方式，提高交易效率；培育农产品经销、加工企业以及种植基地，带动专业合作社和农产品经纪人队伍，帮助农民增收。

2.以直销为特征的新型农产品流通体系

以批发市场为核心的农产品流通体系是以产销分离的传统农产品流通模式为基础的，随着信息、运输、仓储等条件的改善，农业生产规模的扩大，以及人们生活消费需要的提高，农产品流通产业需要更新模式。当前农产品流通的特点主要有农产品直销快速发展、批发市场需要转型升级、冷链等农产品物流业快速发展、农民专业合作组织在产地农产品生产流通中发挥重大作用。

根据以上特点，2010 年我国政府在农产品流通方面的目标是建立新型农产品流通体系。政府所采取的主要政策措施有：实施双百市场工程，进一步推进农超对接，发展订单农业，建立产销一体的新型农产品供应链，加快鲜活农产品运输绿色通道建设，促进合作社发展，扶持农业产业化龙头企业等。

财政部、商务部2010年发出《关于开展农产品现代流通试点的通知》，该通知提出农产品现代流通体系是高效率、低成本、低损耗、安全通畅的农产品现代流通体系。建设农产品现代流通体系的关键是打造稳定的农产品产销对接体系，重点在于农产品生产基地及农产品销售龙头企业建设；改造农产品冷链系统、质量安全检测系统、仓储设施等；大型连锁超市与农产品生产基地开展“农超对接”；农产品批发市场和农贸市场加快升级改造。

（五）发展城市农产品零售产业

1. 农超对接

根据《国务院关于当前稳定农业发展促进农民增收的意见》和《国务院办公厅关于搞活流通扩大消费的意见》，商务部、财政部和农业部于2009年共推“农超对接”。“农超对接”是对中国传统农业产品生产模式和流通模式的重要突破，是由超市直接向农产品生产者进行采购的一种农产品生产销售模式。

“农超对接”采用“市场化取向、企业化运作”方式，流通主体由“超市＋专业合作社＋农户”构成，通过大型连锁超市、农产品流通企业与农产品专业合作社对接，在农产品生产基地所在的县（市）区域内建设鲜活农产品冷链系统、快速检测系统、配送中心等基础设施项目以及基地农产品品牌建设项目。

“农超对接”实现了超市向合作社直采、原产地直供，减少了农产品流通环节，降低了农产品流通成本，提高了农产品质量安全水平。最重要的是“农超对接”对以农产品批发市场为核心的农产品流通体制提出了挑战，从而形成了批发和直销两种农产品流通核心模式。

2. 社区菜市场和农贸市场升级

2006年，北京启动了社区菜市场和农贸市场的升级改造工作。2006年《北京市"十一五"时期商业发展规划》提出北京市将按照《社区菜市场（农贸市场）设置与管理规范》改造和建设规范化社区菜市场，到2008年城区和近郊区规范化社区菜市场累计达到150家、社区便民配送菜店300家。社区菜市场、农贸市场是在居民居住区内设置摊位，以专、兼营形式零售主副食品，主要经营蔬菜、水果、肉禽蛋及其制品、水产品、乳制品、豆制品、干货食品、调味品、粮油及其制品等。《标准化菜市场设置与管理规范》对规范社区菜市场、农贸市场的场内环境、场内布局、建筑装修、设施设备、商品卫生质量、现场食品加工、品牌食品经营、市场管理、诚信经营等提出了要求。

2010年北京市改造和新建社区菜市场总数已达282家。同年，北京市又提出《北京市推进标准化菜市场示范工程实施方案》，继续推进标准化菜市场建设和改造。该实施方案中规范化、标准化菜市场要达到"环境整洁化、布局合理化、价格大众化、商品品牌化、量器具统一化、设施人性化、消费安全化"。该实施方案还提出要用好商务部、财政部的标准化菜市场示范工程支持性政策，力争从根本上解决居民买菜不方便的问题。

（六）大力发展农产品流通相关产业

1. 以农产品冷链物流带动农产品物流业

农产品物流业涉及运输、仓储、配送等多个行业，长期以来一直是农产品流通中的薄弱环节。我国农产品在流通过程中损失严重，果蔬、肉类、水产品流通腐损率分别达到30%、12%、15%，这说明农产品物流业远远未能达到农产品流通的实际要求。2010年国家发改委印发《农产品冷链物流发展规划》，由于农产品冷链物流处于农产品物流的高端，农产品冷链物流是农产品物流业全面发展的方向。

《农产品冷链物流发展规划》所推出的发展目标是："到2015年建成一批运转高效、规模化、现代化的跨地区冷链物流配送中心，培育一批具有较强资源整合能力和国际竞争力的核心企业，冷链物流核心技术将得到广泛应用，并初步建成建仓合理、设施装备领先、上下游衔接配套、功能完善、运行管理规范、技术标准体系健全的农产品冷链物流服务体系。"相应的七项主要任务是：推广现代冷链物流理念与技术、完善冷链物流标准体系、建立主要品种和重点地区农产品冷链物流体系、加快培育第三方冷链物流企业、加强冷链物流基础设施建设、加快冷链物流装备与技术升级、促进冷链物流信息化。八大具体工程有：冷库建设工程、低温配送处理中心建设工程、冷链运输车辆及制冷设备工程、冷链物流企业培育工程、冷链物流全程监控与追溯系统工程、肉类和水产品冷链物流工程、果蔬冷链物流工程、冷链物流监管与查验体系工程。

2. 农产品认证和农产品质量安全

我国农产品认证和农产品质量安全工作成就显著。在农业部、商务部、发改委、环保部等各相关部门大力支持下，目前已基本建立了贯穿"从农田到餐桌"全过程，覆盖种植、养殖、生产加工、储存、运输、销售等各个环节的食品、农产品认证认可体系，主要包括饲料产品认证、良好农业规范认证、无公害农产品认证、绿色食品认证、有机产品认证、危害分析与关键控制点/食品安全管理体系管理体系认证、食品质量认证实施规则——酒类、绿色市场认证等。根据2006年制定的《全国农产品质量安全检验检测体系建设规划(2006—2010年)》,我国已经初步建立起一个由部、省、县三级组成的农产品质量安全检验检测体系。

《农业部2010年农产品质量安全重点工作》文件中提出:目前农产品质量安全工作主要在四个方面进行,即开展农产品质量安全整治行动,实施农业标准化生产,深入开展检验检测和执法工作,加强监管体系建设等。在这些工作中,首先要大规模开展标准化创建活动,抓紧标准制修订工作,抓好农产品认证工作;其次,重点加强检验检测力度和执法工作;同时,强化监管体系、检测体系建设,强化监管能力建设。

3.加快信息技术在农产品流通领域的深层应用

北京市是全国信息产业发展最快的地区,未来重点发展是信息技术、信息产品。2009年北京市制定了《北京市调整和振兴电子信息产业实施方案》,2010年后的几年北京市信息产业重点发展移动通信产业、交互式高清数字电视、软件业和信息增值服务业务、平板显示产业、集成电路产业、计算机和下一代互联网应用。其中,在信息应用方面,积极发展新型计算机产品,推动特种计算机产品在交通、商业、金融、财税等领域的应用,包括下一代互联网、国家级驻地网、互联网传输协议版本升级、城区政务网转换试点、云计算技术和产品开发,以及远程医疗、远程教育、电子商务、网络电视等服务业。

信息产业的发展为北京市建设现代农业提供了有利条件。农业信息化的重点在于创新农技推广方式,建设农产品质量安全可追溯系统、实现设施农业智能化、建立起农机具和船舶调度系统、突发事件应急指挥系统、提升市场信息服务水平，以及互联网、云计算等现代信息技术的开发、应用等方面。

在与农产品流通相关的产业应用信息技术，重点是建设农业经济信息和农产品市场体系相关的信息平台，提供及时有效的农产品生产和流通信息；发展从事信息收集、信息利用、交易撮合、广告宣传的信息经营企业；建设新一代电子商务交易平台，对农产品流通从业人员和机构进行培训，提升电子商务应用水平。

另外，在推进信息化建设的过程中，发改委建立了中国价格信息网、农业部建立了中国农业信息网，商务部制定了《公共商务信息服务体系建设"十一五"发展规划》，并启动了"新农村商务信息服务体系建设"、"城乡市场信息服务工程"等重点工程。目前商务部城乡市场信息服务体系已基本建设完成，监测样本企业已达 2.1 万家，监测地域已经覆盖全国 99％的地市和 49％的县。

（七）促进农产品加工与进出口

1. 重点发展竞争力强的大型农产品加工企业

北京市农委 2009 年 6 月制定了《关于加快发展农产品加工业推进农业产业化经营的意见》，提出北京市未来几年农产品加工业的发展方向和主要任务。其主要思想是通过加快发展农产品加工业来全面推进农业产业化经营。

该意见提出的目标任务有三项。第一，扶持大型农产品加工企业。2012 年使规模以上农产品加工企业产值突破 750 亿元，培育一批年销售收入超过 50 亿元的大型农产品加工企业，推动企业上市融资。第二，提升农产品加工企业的带动作用，建设一批产业聚集、辐射带动能力强的农产品加工示范基地和创业基地，提升龙头企业带动能力。第三，提升产品质量和企业信誉，培育高端、优质、安全的农产品加工制品，提高高端产品比例，发展在国内外市场具有较大潜力和市场占有率的名牌产品，打造食品安全品牌，明显提升企业信誉，基本形成与国际接轨的农产品加工标准体系和全程质量控制体系。

该意见提出的工作重点：培育壮大一批起点高、规模大、市场竞争力强、辐射带动面广的大型龙头企业。积极建设和完善现有国家级农产品加工示范基地和创业基地，吸引农产品加工企业聚集基地创业和发展，培育农产品加工产业集群。以规模化生产基地、大型农产品批发市场为载体，以超市等大型连锁企业为依托，加速完善农产品物流配送中心建设。鼓励农产品加工企业等农业产业化经营组织与农户签订产销合同，推行"龙头企业＋专业合作社＋农户"、农产品批发市场带动专业合作社、专业合作社建设生产基地、专业合作社（生产基地）带动农户等多种农业产业化经营形式，鼓励龙头企业设立风险资金、利润返还，引导农民以土地承包经营权、资金、技术、劳动力等生产要素入股。提高科技创新能力和水平，提高农产品加工业的综合效益。鼓励农产品加工企业实行标准化生产、规模化经营，完善农产品加工制品质量安全标准和生产技术规范。坚持推进以质量为核心的安全农产品生产体系建设，全面提高农产品质量安全水平。以返乡创业农民、复转军人、回乡青年学生等为主要对象，开展政策咨询、技术服务、人才培训等多种形式的农产品加工创业辅导。

2.促进农产品出口

2006 年我国制定了首个《农产品出口发展规划》，提出低成本的劳动密集型农产品加工出口战略，以质量安全为核心提高出口农产品国际竞争力，建立市场多元化的农产品出口市场体系。为此，重点工作放在强化质量安全管理、优化出口商品结构、加强培训和信息服务、加强行业组织建设、创新扩大农产品出口的政策支持体系、加大对外交涉力度。

根据《农产品出口发展规划》，北京市农产品出口产业发展政策强调三点：第一，农产品出口实现产业化经营，种植业发展出口农产品生产基地，养殖业实现企业化经营。在统一经营，规范化管理基础上，扩大生产规模，形成适于大规模出口的农产品生产格局。第二，加强出口农产品安全生产体系建设，推进标准化生产，建立质量监控体系，进行国际认证，取得卫生注册和原产地标记注册，完善出口农产品的检验检测和安全监测体系，提高出口农产品的国际竞争力。第三，实施农产品出口促进计划，积极开拓国际市场、搞好农产品出口的促销。

（八）提高农产品流通效率和稳定农产品流通市场

1. 提高农产品流通效率

农产品流通一般要经过产地收购、中间运输、销地市场批发、二级批发和终端零售等环节，每一环节至少加价 5%～10%，环节越多，产品流通成本越高。在批发市场和农贸市场，商户需要支付摊位租金、卫生费、管理费，这些成本约占到农产品零售价的 50%，而中国农产品流通成本是世界平均水平的 2～3 倍。正在实施的“农超对接”等流通模式减少了许多农产品流通的中间环节，但大幅度减少流通成本还有一个过程。

在农产品流通中税赋影响也很大，其中影响最大的是增值税。

农产品销售价格较低、自然损耗大、流通环节增值较小，但环节较多，也使农产品流通中的税赋过高，最终拉升了农产品价格。在农产品批发市场环节，土地使用税、房产税、营业税的税负也较重。财政部近年出台了一些税收优惠政策，如《财政部 国家税务总局关于促进农产品连锁经营试点税收优惠政策的通知》、《农民产销农产品税收优惠》、《关于个体工商户销售农产品有关税收政策问题的通知》等，但税收优惠面仍然相对较窄。

在流通领域农产品标准化的意义重大。农产品在流通中没有推行等级规格标准，致使一些高效、规范的现代化交易方式难以采用，如拍卖交易、样本交易、代理交易、合约交易、网上交易等，影响着现代化农产品流通产业的建设。近年，农业部启动农产品等级规格标准工作的制定和推广，以此提高农产品质量的等级化、重量标准化、包装规格化程度，引导农业生产、规范市场流通。

针对农产品运输环节，国家已经出台了许多政策。《中共中央国务院关于2009年促进农业稳定发展农民持续增收的若干意见》提出“长期实行并逐步完善鲜活农产品运销绿色通道政策，推进在全国范围内免收整车合法装载鲜活农产品车辆的通行费”。2010年交通部门制定了《全国高效率鲜活农产品流通“绿色通道”建设实施方案》，强调在国家“五纵二横”鲜活农产品运输“绿色通道”上免收整车合法装载运输鲜活农产品车辆的车辆通行费，各省、自治区、直辖市也要加快构建自己区域性“绿色通道”。

2.调控农产品流通市场的政策

对农产品市场实施调控是我国政府长期执行的政策，其目标是稳定农产品价格。调控涉及农产品生产，流通的全过程，因而对农产品流通产业有重要影响。2009—2010年，我国农产品市场的主要问题是农产品价格上涨过快，对农产品的投机炒作加剧，农产品调控政策的重点是加强生产供给、建立市场信息、建设供应链、骨干企业参与市场调控、价格调控等。

在农产品生产上，采取大力发展农业机械化措施，保证供应，减少农产品价格的波动。2010 年农业部《国务院关于促进农业机械化和农机工业又好又快发展的意见》要求提高农作物耕种收综合机械化水平。

对农产品的价格调控制度逐步完善。使用控制最低收购价、增加投放量来直接调控价格，防止农产品价格上涨而引发更大的通货膨胀。重点调控粮食、食用植物油、棉花、食糖、猪肉五大类商品。在《关于严格执行粮食最低收购价和临时存储粮油收购政策有关问题的通知》等相关政策中，强调重点是防止哄抬粮价，通过增加投放量等措施防止社会游资囤积、炒作农产品。

市场信息监测的重点在信息采集、市场监测预警、信息发布三个方面。政策强调健全信息采集体系在于扩大信息采集范围，提高信息采集频度，增强信息的准确性、及时性。市场监测预警政策要求加强市场运行预警研判，准确把握市场走势，提出稳定市场的政策建议。强化信息发布要求通过电视、网络、报纸、广播等多渠道发布权威的农产品市场信息。

《农产品冷链物流发展规划》是我国第一个全面建设供应链的规划，以提高农产品流通环节现代化程度和组织化程度，解决农产品保鲜储运能力较低，农产品产后损失严重的问题，从而防止农产品价格的大起大落。

流通领域的骨干企业是指企业在所处区域、经营实力、仓储加工能力、产销衔接能力、市场辐射面和占有率、信誉情况等都具有优势的企业。骨干企业参与市场调控是利用骨干企业对市场的影响作用，在现有宏观调控体系、机制下，将骨干企业作为补充和完善的手段纳入到调控体系和机制中，运用经济手段辅之法律、行政等手段，发挥骨干企业在市场上的主导作用为政府调控服务。

二、北京市当前农产品流通产业政策特征与调整要求

(一)北京市当前农产品流通产业政策的特征

1.以建设农产品流通各环节实体为主，忽视农产品流通效率

当前，农产品流通产业建设方式仍然是以实体建设为主，即主要建设交易市场、加工企业、零售商店，其产业政策也指向这些实体。通过给予这些实体政策优惠、提供投资而促进这些实体的发展。

农产品流通产业链是基于农产品交易、物流和信息流动而存在的，发展重点应着眼于农产品流通的效率，即农产品从生产者达到消费者的途径、时间、成本、损耗。我国农产品流通效率较低，主要是流通环节多、交易方式落后，而相关产业政策在这方面的考虑较少。

2.行业分割严重

农产品流通涉及多个行业和部门，包括农业、商业、交通、信息、质量安全、财税等。这些部门在政策制定过程中，出现了较多各自为政的情况。特别突出的是农业部门与商业部门的政策冲突较大，农业部门从农产品生产出发，产业链在延伸到批发市场后，对零售领域没有政策制定能力。商业部门从零售出发，希望反向建设流通渠道，二者在农产品批发环节产生了差异。这种差异又

导致整个农产品流通模式的不同。

在交通、信息、质量安全、财税等部门，政策协调也存在问题。由于在城市规划中，人为限定城市内外两个车辆管理领域，造成农产品流通中的运输环节被切断。税收部门反对农产品直销，因为这种方式难以掌握税源。信息产业差异政策偏向于信息设施建设，而对信息应用重视不足。

3. 忽视市场特性和要求

目前，农产品流通政策对农产品流通的干预存在问题，涉及扶持政策和调控政策两方面。北京市的扶持政策过多强调骨干龙头企业，而忽视中小型企业，甚至是限制中小型企业的发展。这种现象表现在重视批发市场、超市和大型农产品加工企业，而对社区菜市场、中小型加工企业、农产品经纪人、运输和仓储等相关产业缺少政策支持。由于仅仅重视重点企业，导致整个农产品流通产业发育不均衡。

市场干预而非完善市场机制也是当前农产品流通产业政策的主要问题。由政府取代市场发挥作用，破坏了产业间相互依存、相互影响的关系，无法有效传递市场信号。近年，农产品价格上涨较快，政府通过压制部分物价，而非带动相关产业发展的方式进行调控，不利于促进农产品流通产业的发展。

(二)北京市农产品流通产业政策调整的要求

农产品流通产业链的主线是指从产地到最终消费者之间的农产品流通全过程。重视农产品流通效率，要求缩短农产品流通过程。农产品流通产业协调发展，涉及农产品流通的各种相关产业要同步发展。农产品流通相关产业管理部门之间应当打破部门分割使政策协调一致。

三、北京市农产品流通产业相关政策建议

(一)大力发展综合型农产品经销企业的政策

农产品经销企业是未来促进农产品流通产业全面发展，促使农产品流通产业健全发育的关键，其发展方向是通过发展大量农产品经销企业而形成相对独立的农产品经销行业。

发展农产品经销企业的意义在于它可以取代农产品批发市场，实现农产品直销方式的流通，并能够促进农产品流通相关产业的资源整合，形成新型农产品流通格局。促进综合农产品经销企业发展主要从多方面着手。要实行严格的市场、行业准入政策，在农产品批发、农产品配送、农产品零售、农产品物流等相关行业加强资质管理，提高进入门槛，以淘汰个体为主的低层次经销商户。在农产品产地、批发、销地，鼓励农民专业合作组织、运输、仓储、配送和加工企业建立农产品经销企业。对农产品经销企业实行行业化管理，打破农业、商业、交通、信息等行业的壁垒，最终形成农产品经销行业。

(二)产地农产品流通产业政策

北京市及我国现行产地农产品流通政策的核心是建设以农民专业合作组织和农产品经纪人为主体的两个渠道，这一政策的方向是完全正确的。产地农产品流通产业政策应延续这一政策核心，并积极促进农产品经销企业向农村延伸，适度限制农民自产自销和产地批发市场的发展。

农民专业合作组织的工作重点在农业生产领域，协助农民进行农产品销售是其职能之一，应加强农民专业合作组织的农产品销售功能，重点建设依托农民专业合作组织的、具有法人资格的、相对独立的农产品销售公司。农产品经纪人要改变目前兼职为主、管理松散，使其成为产地农产品流通的正规队伍。农产品经纪人的政策重点有：加强经纪人培训，建立准确的经纪人数据，在现阶段不实行强制性资格化认证管理，鼓励经纪人建立自我管理组织和职业道德约束。支持农产品经销企业向产地延伸是一项艰难的工作，这一工作最有可能受到农民对外排斥的影响，解决的办法是与农民专业合作组织和农产品经纪人合作，以消除在农村的农产品流通壁垒。农民自产自销形式需要限制，以鼓励农产品在产地进入正规流通渠道。除特殊地区外，不鼓励产地批发市场的大规模发展，其原因是北京市销地农产品批发市场发育程度较高，产地批发市场的功用较弱。

(三)农产品销地批发产业政策

北京市农产品销地批发产业正在由单纯以农产品批发市场为核心，向农产品批发市场与“农超对接”的农产品直销相结合的形式发展。未来这一发展方向还将保持。

以“农超对接”为特征的农产品直销形式是未来发展的重点和难点，这主要是因为“农超对接”实际是在建设一个无形的批发渠道，它涉及经销企业、农产品信息、农产品物流、农产品税收、农产品安全等多个环节，必须在多方面进行制度设计。北京市农产品批发市场建设已经步入正规化，按照《农产品批发交易市场改造建设规划方案》要求，加快农产品批发市场的升级改造，在设施、管理和扩大经营规模方面加快发展步伐。

(四)农产品零售产业政策

农产品零售业是北京市农产品流通中矛盾最突出的领域,未来必须实现“农商合作”,在超市、社区菜市场、农贸市场的基础上,发展农产品连锁零售,建设方便大众消费的农产品零售模式。

加强“农商合作”是解决农产品零售业问题的前提。长期以来,农业部门按照从产生到批发的思路发展农产品流通,希望进入零售业。而零售属于商业部门,商业部门希望从零售开始,向进货方向建设渠道,并直接进入农产品产地。实现“农超对接”实际是实现农业和商业合作的问题。

农贸市场规范化升级改造的主要措施是进行分布规划、设施升级、缩小场地、管理规范,有可能条件的建设室内农贸市场。社区菜市场除参照超市进行规范化建设和管理外,重点实行连锁化经营,这种方式可以实现统一配送、统一管理、品牌化经营。超市通过“农超对接”,降低经营成本、增加经营品种,真正起到城市农产品零售主渠道的作用。

(五)农产品物流产业政策

农产品物流产业是北京市农产品流通产业中最应当加速发展的产业,目的是提高农产品流通规模和效率,发展重点是运输、仓储、冷链物流和物流经营企业。

物流业是北京市农产品流通的瓶颈,其核心问题是设施数量没有跟上农产品交易量的发展。超市零售业使运输、配送环节变得更为复杂,同时由于缺乏高水平的农产品物流经营企业而使农产品物流的运营效率很低。

运输业是农产品流通发展的基础,发展运输业的重点集中在三个领域。第一，远途运输的公路运输，特别是高吨位的高速运输需要优先发展。第二，在京郊发展用于直销的轻型运输。第三，城市区域发展用于农产品配送冷藏的厢式货车。仓储业重点发展集中仓储和物流过程仓储，集中仓储是在农产品批发市场等地域建设大型专业仓储设施，物流过程仓储是在农村产地、运输路线、零售网点建设中小型仓储设施。冷链物流是农产品物流的高端形式，按照《国家农产品冷链物流发展规划》要求建设各项设施。为能够充分发挥物流设施作用，提高资源使用效率，大力发展专业物流经营企业。

（六）农产品加工产业政策

农产品加工产业的发展方向是充分利用北京市的市场优势，在继续发展大型农产品深加工业的同时，发展农产品初级加工和农产品消费前加工。

北京市是一个巨大的农产品消费城市，消费品种多样化，为农产品加工业提供了巨大的发展空间。但长期以来的政策导向是重视鲜活农产品的零售，而忽视加工农产品产业，原因主要有两个，一是农产品批发市场阻碍了农产品加工；二是多数农产品加工企业为小型企业，生产效益和税收水平较低，政策上没有对其重视。

北京市必须加快发展产地农产品初级加工业。农产品流通实施“农超对接”后，要求农产品在产地能够达到进入超市销售的标准，因此在包装、规格等多方面必须进行处理，这为农产品初级加工业开辟了一个巨大市场。依靠北京市巨大的农产品消费市场，加快消费前加工产业发展，如主食厨房、半成品食品生产等。因受农产品批发流通体制限制，以及政策对小型农产品加工业发展的影响，北京市消费前加工产业一直是农产品加工业的弱项，因此需要在消费前加工领域鼓励中小企业发展。此外,北京市长期实行扶持大型龙头农产品加工企业的政策,这些企业面向全国和国际市场,能够产生较好的经济效益,因此继续发展大中型农产品深加工企业仍属必要。

(七)农产品流通信息产业政策

农产品流通信息产业的政策导向是促进信息技术在农产品流通中的应用,尽快实现农产品流通的全面在线交易。为此应在信息设施建设、应用人才培养、信息资源开发、提高电子商务水平、规范在线交易、融合农产品流通相关产业等多方面加以政策引导。

农产品在线交易是指通过网络进行的农产品交易,这种交易在农产品物流发生之前发生,是在根本上有别于现货交易的一种方式。农产品在线交易能够推进农产品直销,减少农产品批发市场的限制,促进农产品流通相关产业的发展,是农产品流通发展的必然方向。

目前,北京市已经完成通信、网络的骨干设施建设,未来信息设施的建设方向是发展普及型信息设施,使农民和农产品流通各方能够十分方便地利用信息设施。专业人员培养也是一个亟待解决的问题,包括网络开发和维护人员、信息采集人员、网上交易人员等,在加大培训力度的同时,减缓持证上岗等限制措施的实施。信息资源开发是其中的难点,必须增加信息采集节点,发展实时信息系统和数据库。在电子商务应用方面,需要加快从信息发布、交易撮合向在线交易发展,实现真正意义上的电子商务。尽快完善商业规范,完成交易支付、税收、交易保证、合同、信用等方面的立法,保障在线交易的合法性、规范性。同时加快提高运输、仓储、加工、物流等产业应用电子商务的水平,使之与农产品流通全过程融合。

(八)农产品认证和农产品质量安全政策

农产品认证和质量安全的发展方向是从农产品认证体系建设向农产品质量检验、农产品质量安全执法和农产品质量安全服务发展,使之成为具有完整功能的体系。

农产品认证和质量安全在农产品流通中的地位日渐提高,已经成为农产品出口、零售、销售准入和保证食品安全的重要因素。我国农产品认证和质量安全处于建设初期阶段,其表现是虽有认证,但农产品检验作用较弱,而相关执法环节的作用更弱。

我国目前已经建立了农产品认证体系,未来应继续扩大农产品认证的覆盖面,使之真正进入农产品生产、流通的各个环节。农产品质量检测是农产品质量安全的保证,国家在省、市、县建设有质量检验中心,但乡镇、村和中小农产品流通企业还不具备相关条件,农贸市场和中小批发市场检验设施还较简陋。全面实行农产品质量检验仍很困难。农产品质量执法环节存在问题更大,没有相应查处农产品质量安全的执法体系,虽有检验但无法执法。农产品质量技术服务是提高农产品质量安全的有效措施,可以在农村生产环节,针对提高农产品质量进行技术支持和人员培训。

第十一章　研究结论

一、北京市农产品流通产业的发育状况

（一）北京市农产品流通产业的产业构成

北京市农产品流通产业链是以北京市为地域范围，参与农产品流通的、相互关联的产业群体。流通所涉及的核心内容是产品的交易、储运、信息传递和产品增值，也涉及产品的生产、消费和其他经营过程。农产品产业链是由不同农产品、不同流通环节所构成的。因此，从产业构成上看，北京市农产品流通产业链包括农产品的流通过程、主要农产品流通、农产品流通的相关产业等三个层面，并受农产品价格、农产品质量安全、农产品消费市场、农产品生产供应等方面的影响。

围绕农产品流通过程形成的产业链包括生产、批发、零售和其他渠道。在农产品生产地域，涉及农产品流通的产业或主体包括农民专业合作组织、农产品经纪人、农产品产地批发市场、自产自销的农民。在农产品批发环节，批发市场是主渠道，这一环节可进一步分为综合农产品批发市场和专业农产品批发市场。在农产品零售领域，产业构成包括超市、社区菜市场、农贸市场。另外，北京市农产品流通产业还涉及农产品外贸进出口和网络销售。

北京市消费的主要农产品包括粮油、蔬菜、果品、畜产品、禽

蛋、乳制品、水产品和花卉，这些农产品的流通过程所涉及的产业各有特点。粮油产品主要包括面粉、水稻、食用油和杂粮，流通涉及粮油批发市场、超市和农贸市场、粮油经营企业、国家粮油储备等产业。蔬菜流通分为本地和外地蔬菜，本地蔬菜涉及订单直销、超市和配送产业，外地蔬菜主要通过批发市场进入超市、社区菜市场。果品也分本地和外地果品，流通方式与蔬菜相似，涉及种植农户、地产批发商、销地批发商、零售商、消费者。畜产品包括猪肉、牛肉和羊肉，流通涉及运输、屠宰、销售、安全监控，其中运输包括市内运输和市外运输，屠宰实行定点屠宰，批发经由批发市场，并实行“场厂挂钩”。禽蛋绝大部分由外地供应，产品包括散装蛋、包装蛋、加工蛋，参与流通的主体有经销商、批发市场、零售商和部分规模较大的养殖场。乳品有液态奶、酸奶、奶粉等产品，集中于三元、蒙牛、伊利、光明等品牌，销售渠道由乳品加工企业建设，超市和便利店是零售终端。花卉消费分居民消费、集团消费、城市绿化，以当地生产为主，流通产业涉及花卉批发市场、花店、超市和个人摊贩。

北京市农产品流通相关产业涉及农产品物流业、农产品加工业、农产品信息业、农产品质量安全与农产品金融业等。农产品物流业包括农产品运输、仓储、配送，其中运输业涉及外地远途运输和本地直销配送运输，仓储业涉及商业、加工配送企业和农民自建的冷藏库、冷藏车和普通仓储库，配送涉及农产品经销公司、农产品物流中心和农产品生鲜超市的配送业务。农产品加工业包括农产品深加工和初级加工，北京市的农产品深加工主要包括农副产品加工业、食品制造业、饮料制造业、木材加工及竹、藤、棕、草制造业和中药制造业等，初级加工主要针对可食用农产品的初步加工。农产品信息业涉及农业信息、农产品市场信息、农产品电子商务等方面。农产品质量安全涉及认证、检验和质量安全追溯系统等。农产品金融业涉及农产品交易结算、融资和保险等领域。

(二)北京市农产品流通产业的发育特征

北京市农产品流通产业中农产品销地批发市场居于核心地位,由“农民专业合作组织、农产品批发市场、农产品生鲜超市”组成流通主渠道,主要农产品流通呈现市场与行业垄断交错现象,而农产品流通相关产业则明显发育不足。

从农产品流通过程看,销地农产品批发市场处于核心地位,“农民专业合作组织、农产品批发市场、农产品生鲜超市”构成了农产品生产主导农产品流通的格局。在农产品生产地域,农产品流通产业正朝向“农民专业合作组织为主、农产品经纪人为辅的”方向发展。农民专业合作组织是农民在生产、技术、销售方面的合作组织,协助销售是农民专业合作的重要功能,而农民专业合作组织正在成为产地农产品流通的重要组成部分。农产品经纪人从事农产品收购、储运、销售以及销售代理、信息传递、服务等中介活动,也是产地农产品流通的重要渠道。产地批发市场处于次要地位,分布于几种农产品集中产区。自产自销的农民是传统意义上农产品流通的初始端,但自产自销在农产品流通中的比重正在迅速下降。在农产品批发业中,批发市场占主导地位。农产品批发市场承担着集货、交易、信息、价格形成和结算功能,是北京市农产品流通产业中发育程度最高的产业。农产品直销正在兴起,旨在提高农产品流通效率,其中,“农超对接”和农产品配送是直销的主要形式。在农产品零售业,超市正在成为主导,并开始形成对农产品批发市场的挑战。超市属商业部门管理,以零售方式经营农产品;由于控制着终端消费者,超市成为农产品流通中迅速崛起的产业。

社区菜市场属于传统农产品零售业，目前兼有传统菜店、个体摊商、连锁经营特性。农贸市场在退出城区后，主要分布在郊区，是地位渐弱的农产品零售业。农产品进出口业在北京市农产品流通中占有一定规模，但主要经营高端农产品。网络销售是一种新型农产品流通方式，正迅速渗入农产品流通的各个环节。

从主要农产品流通看，蔬菜、果品、禽蛋、水产品、花卉的市场化程度较高，与农产品流通的产地、批发、零售渠道相一致；畜产品、乳品和部分粮油存在不同程度的行业垄断。粮油流通过程涉及粮油储备、粮油进出口、粮油加工、粮油销售等多个环节；批发市场、超市是批发、零售环节的主要渠道。粮油企业和粮油储备具有垄断性并且受政策影响很大。蔬菜流通是市场化程度最高的，主渠道由“农民专业合作组织、农产品批发市场、农产品生鲜超市”组成，在农产品经纪人、农产品配送等环节发育较好。果品流通产业与蔬菜相似，果品初级加工、与果园相关的旅游业也有较大发展。畜产品在流通中，由于实行定点企业屠宰和“场厂挂钩”，其产业发育受到控制；低档畜产品的流通过程是商贩收购、定点企业屠宰、批发市场批发和超市、农贸市场零售；中高档畜产品流通是屠宰企业直接向超市和专卖店配送。禽蛋易碎易耗，相关产业集中于运输、存储、加工、零售环节，较为单一。乳品流通产业垄断性最高，北京的市场基本由三元、蒙牛、伊利瓜分。水产品的流通产业发育不足，这表现在产品供应、水产品批发、零售、配送、加工和消费市场各个环节，是北京市农产品流通中的薄弱项。花卉流通过程中，生产和集团消费、城市绿化比重最大，而零售和居民消费明显不足。

北京市农产品流通相关产业总体上发育不足，这与重视“农民专业合作组织、农产品批发市场、农产品生鲜超市”主渠道，而忽视相关产业发展有关。农产品流通对物流业依赖严重，北京市农产品储运业规模很大，但仍未满足农产品物流的要求，特别是存储业、市内农产品运输业、配送业和第三方物流有待进一步发展。由于不是原料产地，北京市农产品加工业发展不足，其中发展较快的只有少数大型企业。北京市的市场特点决定了农产品初加工企业、中小型农产品深加工企业、配送配套的农产品加工企业、依赖北京市场和外地原材料的农产品加工企业具有很好的发展前景。北京市已经基本完成了信息网络设施的建设，农业信息产业进入了应用阶段；产地、零售、批发市场和专业信息机构近年在农业信息领域发展迅速，但与农产品流通相关的实时信息的采集和发布在满足需要方面还有较大差距；网络销售和农产品电子商务产业处于初级发展阶段；农产品信息产业还未形成，但相关产业发展潜力很大。北京市在农产品质量安全领域已经建立起农产品认证、检验体系，正在初步形成一个产业；但在质量控制等环节还显不足。北京市农产品流通偏重于消费，农产品期货以及农产品交易结算、融资和保险等方面的发展侧重于生产领域，在消费领域发展不足，短期内也难有重大突破。

北京市价格的形成与农产品流通方式密切相关。产地流通环节包括经纪人、合作社、产地批发市场，经纪人在收购农产品后进行第一次加价，产地批发市场则承担着农产品进京前的二次加工和集散，合作社对农产品价格具有保护和限定的双重作用。北京市农产品批发市场分为一、二两级，一级批发市场是形成农产品价格的关键环节，二级批发市场则同时进行批发和零售。超市、农贸市场和社区菜市场的价格形成因素主要是进货价格、经营成本和利润。北京市本地农产品的运输成本较低，但精品化和设施化使生产成本较高。运输、存储、配送和信息产业对农产品价格的影响来自农产品流通效率，这些产业的发展不足间接增加了农产品价格。北京市农产品流通的税费设计倾向于高费低税，其中税收增加平缓但费用增加较快。

北京市的农产品生产在质量安全具有先进性，这主要源于设施农业、区域性农业生产以及在生产技术、品种选育、生产组织上的发展。北京市农产品流通中的质量安全控制主要依靠批发市场，控制措施包括交易主体管理、实行可追溯制度、进场管理、流通方式等。北京市居民对农产品质量安全的认知程度还不很高，从而使北京市农产品对质量安全水平较低的农产品有相当程度的接受。北京市农产品质量安全宣传涉及农业生产、农产品质量安全管理、农产品流通和消费者。北京市大力推进农产品质量安全认证工作，以促进农产品生产规模化、基地化，保障农产品质量安全和创立安全优质农产品品牌。北京市农产品质量安全监测主要包括流通环节监测和生产环节监测，通过多年建设现已经形成了一套农产品质量安全监测体系。北京市农产品质量安全整治是一项常规工作，运行方式是每年部署，组织牵头，部门联动，拉网式检查和依法查处。

北京市的人均农产品消费量与全国平均水平接近或略高，但人口总量的原因使得北京市农产品消费市场的总体规模巨大。北京市居民农产品消费开始发生变化，主要表现为消费的农产品种类更多，更加注重农产品质量安全，农产品加工形式更为多样。居民开始了解农产品质量安全知识，对农产品质量和品牌的关注度较以往更高。北京市的农产品在加工、包装和销售方式上正在发生变化。北京市居民的农产品消费有结构上的差异，差异最大的体现在城乡差异、家庭收入水平差异。除粮食消费外，城市居民消费的蔬菜、肉禽、鸡蛋和水产品都远远高于农村居民。北京市不同收入水平家庭的农产品消费支出存在差异，这种差异对于农村居民更为明显。

从农产品供应看，北京市的人口的增加、人们生活水平的提高、城市建设的发展、农业生产用地的减少一方面使农产品需求的持续增长，另一方面使自身农产品供给能力仍然会持续下降。北京市自身供给能力下降，因而其农产品供给主要依赖周边地区，这些地区包括山东、河北、内蒙古、辽宁、山西等地。从自然条件和近年农业生产发展看，周边地区的农产品生产能力是不断提高的。外埠农产品进入北京市主要依赖批发市场、农产品基地和产业协调等三种方式，但这些方式的效率还不是很高。

（三）北京市农产品流通产业中的缺陷

当前的北京市农产品流通产业处于发展过程中，尚未进入成熟阶段。北京市农产品流通产业的主要缺陷在于流通过程尚不顺畅，特别是在从农产品批发进入零售的环节；农产品流通效率不高，集中表现在农产品流通的时间长、成本高、消耗大；产业发育不充分，特别是在农产品流通相关产业和产地农产品流通环节存在不足。

从农产品流通过程看，产业衔接不善、除批发市场外的其他环节发育不足、农商对抗是主要问题。在产地农产品流通环节，产地批发市场数量和规模不够，农民专业合作组织主要不是流通性组织，农产品经纪人是不稳定的个体性群体，农民自产自销量正日趋下降。在农产品批发环节，农产品批发市场虽然在布局分布和市场结构上具有优势，但其在经销方式、经销商，以及食品安全、价格形成等方面仍然较为落后；农产品直销处于探索阶段，还不能成为规范的流通方式。在农产品零售环节，超市的经营成本高、分布不能满足居民需要是长期存在的问题；在这方面，社区菜市场虽有弥补但不规范，食品安全难以保证；农贸市场在向京郊农村转移，已经不是北京市农产品零售业的主导力量；农产品批发市场与超市都试图延伸自己的经营网络而形成在批发和零售间的对抗。农产品网络销售和信息产业处于发展的初级阶段，主要问题是网络与信息技术还没有得到广泛应用；信息资源与信息加工、发布能力不足；由于现代营销人才缺乏、农产品的标准化程度较低、农产品流通相关产业发育不足而阻碍了农业信息产业的发展；网络销售及电子商务本身尚不成熟，无法对农产品流通产生影响。农产品出口存在的主要问题是出口渠道较窄，其原因是缺乏严格的检验检疫体系，农产品安全与进口国要求存在距离，农产品基地规模小、开拓国际市场能力弱。

从主要农产品的流通情况看，在流通效率和满足市场需要两方面存在主要问题。粮油流通产业中，粮油主要由铁路运输，造成效率低、耗损大；粮油储备缺库严重、人员流失，自身效益和管理较差；随着批发市场成为粮油流通的主渠道而使食品安全监控难度增大；粮油市场波动使价格控制、供应量调节难度加大。蔬菜流通产业中，蔬菜价格逐年上升，控制价格是主要任务；超市、社区菜市场、农贸市场的布局存在问题，特别是在五环路以内的城区更为突出。果品流通产业中，生产流通的标准化程度不高，储运技术水平还较落后。畜产品流通产业中，定点屠宰和“场厂挂钩”形成了行业垄断，造成畜产品价格上升，流通效率降低。禽蛋流通产业中，禽蛋运输、仓储设施和加工包装水平落后，使禽蛋流通损耗严重。乳品流通产业中，市场垄断造成了产品单一、服务质量降低；乳源和产生过程中乳品质量问题较突出。水产品流通产业中，大型批发市场和超市在流通中的比重在下降，水产品加工产业几乎为零。

花卉流通产业中，批发市场分布不合理，大部分郊区或居民聚居区没有花卉零售网点，储运和销售成本较高。

从农产品流通相关产业看，产业发育不足是存在的主要问题。农产品物流业是北京市农产品流通产业中的薄弱环节，运输车辆中专用车辆不足，一般车辆无法进入城区，仓储能力不足，第三方物流企业还较少，这些情况造成农产品物流成本高、效率差。农产品加工企业较弱，中小企业比重较大，农产品初加工和直接参与农产品配送的企业并未受到重视。农产品信息产业还未形成，农产品信息业处于依附地位，尚未形成相对独立的业态，产业规模较小；尚未出现大量以农产品信息作为经营对象，并以此获得收益的机构或个人。农产品检验体系、农产品结算系统等分别归属于政府、金融等部门，在农产品流通领域尚未形成独立的经营主体，这些领域尚未形成产业。农产品认证、农产品期货等虽是独立产业，但其经营规模较小，与北京市农产品流通的总体规模不相匹配。

从农产品价格形成看，以批发市场为核心的流通体系起着重要作用。产销两地批发市场间的狭窄联系以及批发市场内经销商大户的操控使批发市场成为一个垄断环节。以批发市场为核心的流通体系农产品流通环节过多，而每个环节的流通成本和牟利欲望，最终汇聚成了高价格。以批发市场为核心的流通体系使农产品流通相关产业失去了发展动力，间接使流通过程效率降低。批发市场强化了自身的强势地位，使农民的定价权、市民的消费选择权丧失，也使政府对农产品价格的干预难以奏效。

从农产品质量安全看，相关方面的总体发展水平不高是主要问题。在体制和制度上，参与农产品质量安全管理的部门众多，而且职能不清、管理混乱。农产品质量安全认证更多的是在提高农产品的品牌形象，尚不能完全保障农产品的质量安全。农产品检验室和检验设施的规模、设备、人员差异很大，农产品检验的所在环节和抽检品种、频率、检测项目没有统一标准。农产品质量安全监督管理的方法主要是搞行动、大检查，缺乏管理的系统性和连贯性，对农产品质量安全违法行为处罚力度也不足。农产品质量安全宣传的方向不明，尚未建立起农产品质量安全责任机制。

从农产品消费状况看，北京市居民将面临长期的困难，而且改善居民农产品消费状况的难度也比较大。北京市居民农产品消费的困难有农产品价格过高，蔬菜、水果、水产品等鲜活农产品的品质较差，居民购买农产品不方便。造成北京市居民农产品消费困难的因素很多，而这些因素在短期内难以彻底改变。这些因素包括北京市每年新增人口数量过大，农产品流通体制加剧了农产品流通困难，零售场所、农产品运输和农产品销售方式较为落后。

从农产品供应看，由于北京市农产品主要依赖外埠供应，因而在供应方式和设施条件等方面问题较多。在农产品供应方式上，以批发市场为核心的流通体系渠道狭窄、环节较多；北京市对外埠的农产品基地没有主动权；北京市与周边地区的农业产业协调难于细致精确，难于适应快速的产销变动，也难于应对市场竞争等复杂关系。在农产品供应设施上，运输设施、存储设施、信息、农产品流通费用等也有很大问题。

二、北京市农产品流通产业的发展建设

(一)北京市农产品流通产业的发展方向

从北京市农产品流通产业的发育状况看，以批发市场为核心，以“农民专业合作组织、农产品批发市场、农产品生鲜超市”为主渠

道，沿主要农产品和相关产业延展的产业链已经成型。北京市农产品流通产业的主要缺陷是流通过程不顺畅，分销环节阻碍较多；从生产和零售两个方向的产业延伸在批发市场和超市间产生了矛盾；主要农产品流通过程中交织着市场与行业垄断；多数农产品流通时间长、成本高、消耗大而显现流通效率低下；农产品流通相关产业和产地农产品流通环节的产业发育不充分。

北京市农产品流通产业发育的环境因素近年有明显变化。在经营模式上，直销正在成为与批发市场并行的另一主要渠道，特别是北京当地农产品更倾向于高端、订单、直销的流通方式。北京城市发展使城区迅速扩展，使农业产业结构产生变化，使城市的农产品零售、批发和加工产业布局改变。信息产业的发展，为农产品直销、配送、第三方物流、网络销售、新型农产品流通产业的发展提供了条件。农业与商业的融合，将改变超市与农产品批发市场的对抗局面。农产品需求总量的增大、对食品安全要求的提高、市场变化速度加快等都对农产品流通提出了更高要求。

结合上述情况，北京市农产品流通产业的发展方向是产业链的延伸、融合与提升。产业链延伸、融合的趋势来自现有强势产业，农产品批发市场向外扩张、超市零售业主导农产品流通产业链、产地和农产品加工企业构建上下游产业链、经销商户向规范化农产品经销商发展。产业链的提升则源于流通经营主体的变化，其中经销商的规范化、规模化发展将是关键。

（二）北京市农产品流通产业的发展策略

产业发展策略是基于农产品流通产业链的扩展和产业自身提升的需要提出的，并且贯穿于农产品流通过程、主要农产品流通、农产品流通相关产业等方面的建设。

以农产品流通过程为主线的农产品流通产业链的发展策略重点是提升经销商的作用和延展流通渠道。建设以批发市场为基础、以经销企业为核心的农产品流通产业体系。在批发市场和超市之间，批发市场在规划布局、规模、农产品的集散、价格形成、市场管理以及物流、信息、食品安全等更具有主导能力，但必须改变现有以个体为主的经销商，使规范化的经销企业成为农产品流通的经营主体。要使批发市场主导农产品流通，就必须改变批发市场单一的交易功能，在批发市场中发展与农产品流通相关的运输、仓储、配送加工、信息企业，发展农产品经销企业，将批发市场建设成为综合产业平台。

农产品经营企业是指按照现代企业制度建设的，拥有市场准入资格的，拥有经营场所和经营渠道的，从事农产品流通和相关行业的企业；发展农产品经营企业的关键是实行农产品流通的市场准入制度。

围绕农产品批发市场，向农村、城市零售业和农产品流通相关产业延伸产业链。在农村，城市农产品经营企业可以设立分支机构，乡镇可以建设自己的农产品经销企业，农产品经销企业可以与农民专业合作组织协同发展。在城市，农产品经销企业可以进驻超市，可以以连锁经营方式发展社区菜市场。农产品经销企业与农产品流通相关产业结合，发展运输、仓储、包装、加工、配送、检疫检验、信息等产业。

主要农产品的流通产业发展策略重在解决阻碍农产品流通的难题，促进各自产业链的发育。前述分析中，问题涉及粮油流通的运输和仓储、粮油食品安全、市场调控等；蔬菜流通的价格、销售网络等；果品流通的标准化、果品储运设施等；畜产品流通的效率；禽蛋流通的流通损耗、加工包装等；乳品流通的市场垄断、商品安全控制等;水产品流通的流通主体、水产品加工等;花卉流通的物流、流通网络、交易方式等。

在农产品流通体系建设过程中,除考虑一般农产品流通过程外,还应考虑粮油、畜产品、乳制品、花卉等农产品流通的特殊性,完善主要农产品的流通渠道;除考虑农产品生产、批发、零售外,还应考虑农产品产地、农产品生产加工企业、政府,以及农产品运输、仓储、信息等的影响。

农产品物流是各主要农产品流通中存在问题最多的领域,要大力发展农产品第三方物流,注重农产品流通与运输、仓储、包装、信息等行业协调。农产品市场价格是各主要农产品流通中的难点,应注意市场信息体系建设,完善农产品储备,加强与外地农产品供应省市的协调,提高农产品流通的应变能力。

北京市农产品流通相关产业应重点发展薄弱环节,使农产品流通产业发展均衡,逐步发育成熟。大力发展规范化、规模化的农产品经销企业是前提条件,只有这样才能减少个体经销商的影响,把农产品运输、仓储、配送、加工、信息和农产品质量监控和追踪联系在一起,实现产业的更好整合。从农产品流通过程看,应发展农产品第三方物流业,并以之为纽带,进一步发展依托乡镇、批发市场、农产品加工企业的农产品配送中心;农产品运输业重点发展大吨位、高速度的远途运输,京郊农村发展能够进入城区的运输车辆,超市和农产品加工企业发展冷藏车辆;农产品仓储业发展批发市场的仓储设施,农民小型冷藏库和专业仓储企业,鼓励农产品加工企业开放其仓储设施。在农产品加工业方面,重点发展生产规模较大、时令性较强或外地农产品产地与北京市市场价差较大的农产品深加工;果菜分拣、包装、礼盒果菜、厨房式加工等农产品初级加工业。农产品信息业的发展应覆盖农产品流通全过程,包括农产品信息、农产品网站、实时农产品市场信息、农产品在线交易、农产品流通相关产业信息平台。农产品质量安全领域应完善检验检测体系,促使企业参与农产品质量安全认证、培训,发展农产品质量安全追溯等技术。农产品金融期货领域重点建设农产品交易结算系统,提高对农产品流通相关企业的融资支持。

农产品价格的形成是受多种因素影响的,控制北京市农产品价格应着眼于降低流通成本、提高流通效率。具体而言,较为有效的措施是在渠道上增加批发市场数量、完善零售终端体系、发展城市物流配送产业,在经营方式上使经销企业规范化、改变摊位对手销售方式、扩大蔬菜直销。增加批发市场数量,形成竞争,可以有效抑制其对零售终端的垄断控制。增加蔬菜零售场店的数量,实现对城市居民区的全面覆盖,以满足居民日常生活需要。发展第三方蔬菜物流业,可以提高运输能力、增加冷链运输、减少运输车辆。增加仓储设施有助于平抑蔬菜价格波动。规范化蔬菜经销企业可以突破批发市场的垄断瓶颈,实现产销的对接,减少流通过程和流通成本,最终降低终端价格。大力推广超市、菜店、连锁经营可以把零售终端作为经营主体,使其直接面对消费者和对销售结果负责。蔬菜直销能够摆脱批发市场的控制,减少流通过程的中间成本,降低终端销售价格。

加强农产品质量安全是农产品流通产业的一项相关工作,这项工作具有综合性。要改变行政管理方式,利用市场力量保障农产品质量安全。市场可以将农产品生产、流通者和农产品消费者联系起来,将农产品质量安全状况直接传导到消费者,并由消费者对农产品质量安全存在问题的生产、流通者进行影响。在常规管理方式上,要减少行政部门管理农产品质量安全的随意性,通过一定稳定的程序,将农产品质量安全纳入规范的常规性管理。要建立农产品质量安全强制收费检验检疫制度，即对进入市场的农产品进行强制性的检验检疫，而这种检验检疫的费用由农产品销售方承担。与农产品质量安全强制收费检验检疫制度配套，应建立农产品质量安全凭证制度，这项制度是指按农产品批次，由专业检验检疫机构发放农产品质量安全凭证。建立农产品质量安全信息公开制度，这项制度将农产品质量安全检验检疫所产生的信息，通过公开渠道向社会公众发布，为公众对农产品质量安全进行监督和判别、选择农产品提供条件。建立农产品质量安全信息公开制度，这项制度将农产品质量安全检验检疫所产生的信息，通过公开渠道向社会公众发布，为公众对农产品质量安全进行监督和判别、选择农产品提供条件。加强对公众的农产品质量安全教育，重点是提高公众农产品质量安全意识，使公众了解农产品质量安全状况和帮助公众解决农产品质量问题。要完善农产品质量安全可追溯体系，重点是建立健全农产品可追溯法律法规、制定完整的农产品可追溯标准体系、加强系统研发和加快推广普及速度。加强农产品质量不安全的处置，通过建立一种规范化的、日常运行的处置方式，加大处置力度，堵死农产品质量不安全的漏洞。

市场是农产品流通的归宿，因此必须着眼于市场需要对北京市农产品流通产业进行调整。要改变现有城市规划对农产品流通产业的限制，对城市人口数量需要考虑实际情况，在无法有效控制城市人口增长的情况下必须按照实际人口数量配置农产品流通产业规模；对城市建设用地进行调整，要保证居民生活配套设施用地，防止由于经济效益较低而压缩农产品流通等基本设施场所用地。建设多种农产品流通渠道，在零售环节，除现有超市、农贸市场和社区菜市场外，还应开放农产品专营店、中小型农产品零售企业；在零售环节，除现有超市、农贸市场和社区菜市场外，还应开放农产品专营店、中小型农产品零售企业;农产品配送和农产品电子商务也是农产品流通中需要更快发展的新型渠道。推行开放性商业化政策,政府应从商业活动角度出发,通过完善市场规则、创造良好的市场环境、减少政府行政干预,来促进农产品流通的发展。打破垄断和农产品流通部门协调发展,打破垄断格局必须大力发展多种形式的农产品流通企业,通过市场竞争来实现农产品流通的完全商业化;为了减少农业部门和商业部门的矛盾,可以发展能够融合批发和零售的中间型农产品流通经营企业,农业部门和商业部门也可以通过策略协调进行共同发展。

生产供应是农产品流通的源头,北京市农产品流通产业也需要根据农产品生产供应的现实条件进行调整。北京市自身农产品生产供应能力不足以满足北京市的需要,对外埠农产品生产供应的依赖是一个现实,因此北京市应对外埠农产品生产、供应者彻底开放市场。这种市场开放主要是减少对外埠农产品进入北京市农产品市场的阻碍,包括进入渠道、税收、流通方式等,在保障农产品安全和价格平稳的前提下,为外埠农产品进入北京市农产品市场提供方便。北京市应建设面向准备地区的市场化农产品流通体系。建设市场化农产品流通体系的关键是维护市场秩序和减少对市场的直接干预。保护市场就是建设和完善市场体系,以市场平稳为目标,减少和屏蔽市场变动因素。行政力量应减少对农产品品种、农产品价格、农产品供应量的调控,使自身尽量不参与直接的市场活动。北京市还应加强运输、存储、信息、安全等进京农产品的流通设施建设。提高运输能力的方法有提高运输产量吨位、增加冷藏产量数量、降低进京农产品运输收费、使用运输专线等。在接近北京市的周边地区和沿农产品运输线路建设存储设施可能是一种可行方案,这些设施规模可以较大,存储成本也可以较低。

建设覆盖北京市周边地区的大农产品信息体系是非常必要的，这一体系应能够将生产、流通、消费联系起来，使农产品供求反应更为迅速。增加农产品安全检验设施也是扩大农产品流通渠道的先决条件。

（三）北京市农产品流通产业发展的政策保证

我国农产品流通产业政策的核心是以农产品批发市场为基础，逐步建设现代农产品流通产业体系。这决定了在农产品产地，政策重点是扶持农民专业合作组织的发展，加强管理使农产品经纪人规范化发展；农产品批发环节的政策重点坚持以农产品批发市场为农产品流通体系的主渠道，探索建设以直销为特征的新型农产品流通体系；农产品零售环节的政策继续实行"农超对接"，同时对社区菜市场和农贸市场进行升级改造；农产品流通相关产业的政策强调以农产品冷链物流带动农产品物流业，促进农产品认证和农产品质量安全，加快信息技术在农产品流通中的深层应用；农产品加工与进出口的相关政策重点是促进竞争力强的大型农产品加工企业的发展，促进农产品出口；农产品流通效率和稳定市场的政策重点是提高农产品流通效率，政府调控农产品流通市场；农产品流通主体的政策重点是扶持大型农产品流通企业和批发市场，鼓励骨干农产品企业参与市场调控。

产业链的延伸、融合与提升作为北京市农产品流通产业的发展方向，与我国农产品流通产业政策总体吻合，但也存在一些政策上的矛盾。北京市当前农产品流通产业政策以建设农产品流通各环节实体为主，忽视了农产品流通效率；这主要是因为北京市农产品流通产业仍处于发育过程中，尚未进入成熟阶段。行业分割严重，政策上存在冲突；这突出表现在农业、商业以及相关产业之间的政策差异。产业政策存在忽视市场特性和要求的问题，表现在缺乏完善市场机制的政策导向，对不同农产品流通的特点重视不足。

北京市农产品流通产业发展需要诸多相关政策的倾斜。大力发展综合型农产品经销企业，实行严格的市场、行业准入政策，鼓励建立农产品经销企业，对农产品经销企业实行行业化管理。在产地加速农民专业合作组织和农产品经纪人发展，促进农产品经销企业向农村延伸，适度限制农民自产自销和产地批发市场。在销地促进农产品批发市场与“农超对接”的农产品直销相结合。在超市、社区菜市场、农贸市场等现有零售业基础上，发展农产品连锁零售，建设方便大众消费的农产品零售模式。农产品物流产业重视提高农产品流通规模和效率，重点发展运输、仓储、冷链物流和物流经营企业。农产品加工产业在继续发展大型农产品深加工业的同时，发展农产品初级加工和农产品消费前加工。农产品流通信息产业要促进信息技术在农产品流通中的应用，尽快实现农产品流通的全面在线交易。在农产品认证和质量安全方面，要将农产品质量检验、农产品质量安全执法和农产品质量安全服务建设成为具有完整功能的体系。大力发展农产品流通领域的金融服务。

参 考 文 献

1. 边胜男.日本农产品物流的发展对我国的启示[J].农村经济与科技,2007,18(9):102-103.

2. 蔡荣,虢佳花,祁春节.果蔬市场流通效率与制度设计[J].生态经济,2007(7):117-121.

3. 陈超.猪肉行业供应链管理研究[M].北京:中国大地出版社,2004.

4. 陈绍慧,赵黎明.农产品的供应链管理[J].经营与管理,2005(11):22-23.

5. 陈世平.加快发展我国现代水果物流刍议[J].中国果业信息,2005,22(7):8-10.

6. 陈淑祥.简论我国农产品现代物流发展[J].农村经济,2005(2):18-20.

7. 陈淑祥.农产品流通影响因素分析[J].乡镇经济,2005(6):30-32.

8. 褚方鸿.京客隆生鲜食品配送中心[J].物流技术与应用,2006,11(4):41-46.

9. 崔彬.对优化水果蔬菜物流模式的思考[J].经济问题,2006(2):43-44.

10. 戴伟娟.农产品物流发展的内在动因与机制探析——以国际经验为例[J].上海经济研究,2006(5):57-157.

11. 邓俊淼,戴蓬军.供应链管理下鲜活农产品流通模式的探讨[J].农业研究, 2006(8):76-77.

12. 丁华.“四流”协同理念在新型农产品流通模式打造中的体现[J]. 经济经纬,2007(3):121-123.

13. 丁建吾,赫静. 发达国家和地区农产品批发市场发展经验及启示[J]. 中国经贸导刊,2007(17):43-44.

14. 丁俊发. 农产品物流与冷链物流的价值取向[J]. 中国流通经济,2010,24(1):15-17.

15. 丁麟. 我国农产品现代物流体系的分布与调控[J]. 农业网络信息,2005(11):64-66.

16. 董利. 专业批发市场成功的五大要素[J]. 中国市场,2007(34):26-28.

17. 董晓霞,毕翔,胡定寰. 中国城市农产品零售市场变迁及其对农户的影响[J]. 农村经济,2006(2):87-90.

18. 董晓霞,黄季焜,王红林. 北京市超市发展及其周边地区农户果蔬生产和销售的特征分析[J]. 中国农村经济,2006(11):9-16.

19. 杜革年. 关于北京水产品市场的调查[J]. 北京水产,2004(1):52-53.

20. 杜岩. 我国农产品营销渠道优化研究[M]. 北京:经济科学出版社,2010.

21. 杜艺佳. 我国农产品物流现状及对策研究[J]. 物流科技,2009,32(1):100-102.

22. 段广垠. 北京渔业“十五”回顾及“十一五”设想[J]. 北京水产,2005(6):4-7.

23. 付建华,魏国辰. 我国果品冷链物流现状、问题及对策[J]. 物流科技,2008,31(4):60-62.

24. 高丽朴,陶志强,陈连武. 北京蔬菜配送现状及发展[J]. 中国蔬菜,2007(7):40-42.

25. 高万里，林艳辉. 我国农产品深加工存在的问题及建议[J]. 商场现代化，2007(11)：342-343.

26. 广东省经济和信息化委员会. 信息化与农产品贸易[M]. 广州：广东科技出版社，2010.

27. 郭锷锋. 浅谈中国乳业市场竞争的焦点[J]. 广东奶业，2007(2)：15-17.

28. 何飞，黄体允，李英艳. 电子商务下农产品物流运作模式研究[J]. 科技经济市场，2009(7)：96-97.

29. 贺峰. 世界农产品物流的比较分析[J]. 世界农业，2006(5)：21-24.

30. 洪涛. 流通产业经济学[M]. 北京：经济管理出版社，2007.

31. 侯书森，孔淑红. 企业供应链管理[M]. 北京：中国广播电视出版社，2003.

32. 胡定寰，俞海峰. 中国超市生鲜农副产品经营与消费者购买行为[J]. 中国农村经济，2003(8)：12-17.

33. 胡群，冀圣江. 新形式下中央储备粮轮换机制创新研究[J]. 粮食仓储科技通讯，2004(1)：5-7.

34. 花俊国，朱香荣，殷成文. 中国乳业集中状况和空间布局分析[J]. 中国农村经济，2007(2)：49-54.

35. 黄德林，安岩. 农产品流通研究[M]. 北京：中国农业科学技术出版社，2010.

36. 黄小波，马美湖. 液态蛋生产现状与关键技术探讨[J]. 中国家禽，2006，28(23)：38-42.

37. 黄组辉，刘东英. 我国生鲜蔬菜物流体系研究—制度、组织与交易效率[M]. 杭州：浙江大学出版社，2007.

38. 黄祖辉，刘东英. 我国农产品物流体系建设与制度分析

[J]. 农业经济问题,2005(4):49-53.

39. 黄祖辉,鲁柏祥,刘东英. 中国超市经营生鲜农产品和供应链管理的思考[J]. 商业经济与管理,2005(1):9-13.

40. 黄祖辉,吴克象,金少胜. 发达国家现代农产品流通体系变化及启示[J]. 福建论坛,2003(4):32-36.

41. 蒋武,谭奎,易礼军. 发展我国农产品现代物流的基本思路[J]. 农村经济,2005(9):55-56.

42. 金赛美. 现代农产品市场体系构建研究[M]. 长沙:国防科技大学出版社,2007.

43. 冷志杰. 集成化大宗农产品供应链模型及其应用[M]. 北京:中国农业出版社,2006.

44. 冷志杰. 农产品供应链管理[M]. 北京:中国农业出版社,2007.

45. 李碧珍. 农产品物流模式创新研究[M]. 北京:社会科学文献出版社,2010.

46. 李春成,李崇光. 完善我国农产品流通体系的几点思考[J]. 农村经济,2005(3):16-19.

47. 李春成,张均涛,李崇光. 居民消费品购买地点的选择及其特征识别[J]. 商业经济与管理,2005(2):58-64.

48. 李春海. 改善农产品流通的制度性条件[J]. 财贸研究,2006,17(1):47-52.

49. 李春海. 制约农产品流通效率的制度瓶颈及其消减[J]. 财贸研究,2005,16(3):22-26.

50. 李春梅. 改善农产品流通的制度性条件[J]. 财贸研究,2006,17(01):47-52.

51. 李丹丹. 草原乳业巨头:蒙牛伊利之战略分析[J]. 中国电

力教育,2006(5):86-88.

52. 李全曼. 国外农产品批发市场发展特点及对我国的启示[J]. 新疆农垦经济,2005(4):26-31.

53. 李淑霞. 制约我国农产品出口贸易的因素及对策分析[J]. 哈尔滨商业大学学报,2008(6):40-42.

54. 李晓锦. 现代农产品物流组织模式研究[M]. 北京:中国农业出版社,2008.

55. 李新,吴荣富. "食用革命"开启蛋品业新篇章[J]. 中国家禽,2006,28(23):52-55.

56. 李学工. 农产品物流框架体系构建[M]. 北京:中国物资出版社,2009.

57. 李志玲. 流通产业竞争力评价体系初探[J]. 商业经济文荟,2005(2):16-20.

58. 李志萌. 现代农产品流通体系的构建与完善[J]. 江西农业大学学报,2005(3):69-71.

59. 李忠旭. 蔬菜批发市场:理论分析与问题探讨[J]. 农业经济,2006(5):65-67.

60. 梁喜凤,吴小兰. 农产品物流及其在现在农业发展中的作用[J]. 新农村,2009(11):25-26.

61. 林坚,陈志钢,傅新红. 农产品供应链管理与农业产业化经营[M]. 北京:中国农业出版社,2007.

62. 凌中南. 我国农产品物流产业的主要问题及对策[J]. 河南农业科学,2009(10):5-8.

63. 刘从九. 基于供应链的农产品流通组织重构[J]. 中国合作经济,2004(5):53-54.

64. 刘东英. 农产品现代物流研究框架的试构建[J]. 中国农村

经济,2005(7):64-70.

65. 刘联辉,文珊. 我国农产品物流系统模式革新趋势及其构筑策略[J]. 农村经济,2006(5):111-113.

66. 刘普合,马龙龙. 中国农产品批发市场实操手册[M]. 北京:中国经济出版社,2010.

67. 刘天祥. 中韩农产品流通业态的比较探讨[J]. 湖南商学院学报,2006,13(5):10-12.

68. 刘晓光,葛立群. 中国水果产业国际竞争潜力评价及提升途径[J]. 沈阳农业大学学报,2006,8(4):599-603.

69. 刘秀玲. 伊利集团供应链设计的分析及启示[J]. 北方经济,2004(10):50-51.

70. 刘智超. 农贸市场与农产品超市经营比较分析[J]. 商业经济,2010(21):14-15.

71. 卢凌霄,吕超. 中日水产品流通体系的比较与启示[J]. 渔业经济研究,2008(1):49-52.

72. 陆建飞. 德国和日本有机农产品流通体系的比较及其启示[J]. 生态经济,2006(5):259-261.

73. 罗必良. 中国农产品流通体制改革的目标模式[J]. 经济理论与经济管理,2003(4):58-63.

74. 吕靖烨. 我国农产品批发市场建设的问题与策略[J]. 农业经济,2007(2):59-61.

75. 马龙龙. 流通产业结构[M]. 北京:清华大学出版社,2006.

76. 马云甫,杨军. 传统农贸市场改造的必要性、原则与模式[J]. 农村经济,2005 (2):109-111.

77. 马增峻. 中国农产品批发行业发展报告[M]. 武汉:武汉出版社,2010.

78. 孟凡胜,张广文. 我国农产品由传统物流向现代物流转变的制约因素[J]. 学术交流,2005(4):179-181.

79. 孟凡胜. 中国农产品现代物流发展研究[M]. 北京:中国农业出版社,2008.

80. 孟艳玲,汪洋. 我国果品贮藏保鲜业存在的主要问题与对策[J]. 果农之友,2006(5):7-7.

81. 娜仁图雅. 基于核心企业的乳品供应链分析及其优化[J]. 内蒙古财经学院学报,2007(2):81-84.

82. 农业部市场与经济信息司. 全国农产品市场运行报告[M]. 北京:北京出版社,2008.

83. 农业部市场与经济信息司. 中国农产品市场调研报告 2008[M]. 北京:北京出版社,2009.

84. 欧开培,肖怡. 中国批发市场的困境与出路[M]. 北京:中央编译出版社,2007.

85. 潘建伟. 发展中国农业物流的思考[J]. 内蒙古社会科学,2008,29(4):82-85.

86. 庞胜明,魏朗,岳同霞. 时效性农产品物流供应链及环节优化研究[J]. 物流技术,2005(10):157-159.

87. 逄瑞玥. 我国畜禽产品质量安全存在的问题及应对策略[J]. 黑龙江粮食,2007(4):20-22.

88. 彭建强. 中国农村专业批发市场的形成与发展[M]. 北京:中国经济出版社,2004.

89. 乔婷婷,刘娜. 浅析农产品流通的问题及相关对策[J]. 江苏商论,2007(14):120-121.

90. 任爱君,吴迪. 浅析供应链管理在农产品核心企业中的实践应用[J]. 安徽农业科学,2007,35(16):4944-4946.

91. 申琳. 农产品贮藏加工[M]. 北京：中央广播电视大学出版社，2006.

92. 申秋红. 我国乳品企业现状与今后发展方向[J]. 中国奶牛，2007(9)：48-50.

93. 盛海潇. 加快培育现代农产品物流业[J]. 江苏农村经济，2004(11)：30-31.

94. 宋远卓，徐菱，冯岩. 现代物流配送中心评价体系研究[J]. 中国市场，2007(41)：92-93.

95. 宋则. 流通现代化及流通业竞争力研究(上) [J]. 商业时代(学术评论)，2006 (4)：11-13.

96. 孙炜，万筱宁，孙林岩. 电子商务环境下我国农产品供应链体系的结构优化[J]. 工业工程与管理，2004(5)：33-37.

97. 孙雪莲，李云清. 我国果蔬物流精益化方法初探[J]. 物流科技，2006，29(10)：119-122.

98. 孙瑛，郝勇. 基于 DEA 的第三方物流运作效率的评价研究[J]. 商讯商业经济文萃，2006(5)：45-47.

99. 汤志庆. 乳品企业的战略设计与营销策略[J]. 乳品与人类，2004(1)：38-41.

100. 唐学军. 我国粮食物流的现状及前景展望[J]. 粮食流通技术，2005(4)：4-5.

101. 佟姗姗. 果蔬农产品物流模式探析[J]. 全国商情，2009(04)：44-45.

102. 佟显永. 地方乳品企业如何以兼得之道做市场[J]. 中国乳业，2007(6)：14-16.

103. 王爱群，夏英. 基于博弈理论的农业产业化经营合同违约率问题分析[J]. 中国经贸导刊，2007(15)：26-27.

104. 王朝辉. 农产品流通企业扩张机理研究[M]. 西安：陕西人民教育出版社，2008.

105. 王杜春，迟凤敏. 论农产品现代流通体系建设水平的评价指标[J]. 商业研究，2008(9)：130-132.

106. 王红梅. 农产品网上销售实务[M]. 北京：中国社会出版社，2006.

107. 王晶. 我国农产品产业内贸易研究[M]. 北京：中国农业出版社，2010.

108. 王谬莹，刘凤军；蒙牛乳业顾客资产影响因素分析[J]. 兰州学刊，2007(6)：73-77.

109. 王宁，黄立平. 基于信息网络的农产品物流供应链管理模式研究[J]. 农业现代化研究，2005，26(2)：126-129.

110. 王石舟. 美国大型农产品企业供应链探悉[J]. 商场现代化，2006(7)：89-90.

111. 王树利. 完善我国果蔬批发市场建设，构筑现代化果蔬流通体系[J]. 市场纵横，2004(1)：46-46.

112. 王素霞，胡定寰. 现代化的农产品供应链模式分析[J]. 现代农业科技，2007(9)：162-164.

113. 王素霞，胡定寰. 以超市为中心的农产品供应链流通成本研究[J]. 经济研究参考，2007(26)：2-11.

114. 王晓红. 农产品流通体系建设中的若干问题研究[J]. 农村经济，2009(11)：99-101.

115. 王学真，刘中会，周涛. 蔬菜从山东寿光生产者到北京最终消费者流通费用的调查与思考[J]. 中国农村经济，2005(4)：66-72.

116. 王志刚. 农产品批发市场交易方式的选择[M]. 北京：中

国农业科学技术出版社,2009.

117. 魏国辰,肖为群. 基于供应链管理的农产品流通模式研究[M]. 北京:中国物资出版社,2009.

118. 魏国辰. 对北京市建立国际农产品流通中心的对策研究[J]. 中国流通经济,2005,19(6):16-19.

119. 邬文兵. 中国农产品现代物流发展的关键因素分析[J]. 物流技术,2006(4):4-6.

120. 吴成全. 规范农民专业合作社促进农村经济健康快速发展[J]. 农村经营管理,2007(8):35-37.

121. 吴湘生. 北京超级市场中水产品销售的现状及厂家应采取的对策[J]. 北京水产,2004(2):40-44.

122. 夏春玉. 当代流通理论—基于日本流通问题的研究[M]. 大连:东北财经大学出版社,2005.

123. 夏春玉. 流通、流通理论与流通经济学—关于流通经济理论(学)的研究方法与体系框架的构想[J]. 财贸经济,2006(6):32-37.

124. 肖怡. 国外农产品批发市场的发展对广东的启示与借鉴[J]. 南方经济,2004(4):45-47.

125. 谢志华,方燕,庞毅. 北京农产品流通研究[M]. 北京:中国统计出版社,2009.

126. 熊鹤鸣. 整合构建全国粮油物流一体化经营模式[J]. 粮食流通技术,2005(1):1-7.

127. 熊湘辉,白彦平. 我国农产品流通渠道存在的问题及对策[J]. 河南商业高等专科学校学报,2006,19(3):23-25.

128. 徐从才. 流通经济学:过程组织政策[M]. 北京:中国人民大学出版社,2006.

129. 宣亚南,易福金,陈志颖. 我国生鲜农产品零售方式变化趋势、影响因素与对策初探[J]. 农村经济,2003(11):18-20.

130. 薛景梅,孙芳. 构建基于供应链的农产品流通模式[J]. 集团经济研究,2005(12):183-184.

131. 闫华红. 我国产地农产商品批发市场的管理功能创新[M]. 北京:经济科学出版社,2007.

132. 晏维龙,韩耀,杨益民. 城市化与商品流通的关系研究:理论与实证[J]. 经济研究,2004(2):75-83.

133. 杨静. 从乳品消费的增长变化看我国乳业的发展前景[J]. 中国乳业,2007(3):11-13.

134. 杨顺江. 中国蔬菜流通模式构建:一个比较分析的启示[J]. 中国农业经济,2004(4):52-57.

135. 于慧君. 我国农产品出口贸易与提升竞争力的对策[J]. 生产力研究,2009(20):102-104.

136. 余建斌,乔娟,乔颖丽. 中国大豆市场竞争性实证分析(1998—2004) [J]. 中国农村经济,2006(2):27-34.

137. 俞菊生. 都市农产品现代物流[M]. 北京:中国农业出版社,2006.

138. 俞菊生. 韩国农产品批发市场流通体制[J]. 世界农业,2005(7):40-42.

139. 喻昊,丁怡. 影响农产品出口的内外因[J]. 品牌与标准化,2010(24):28-28.

140. 喻闻. 农产品供应链案例研究[M]. 北京:中国农业科学技术出版社,2008.

141. 袁华. 构建以合作组织为纽带的农产品流通渠道[J]. 科技情报开发与经济,2005,15(5):140-141.

142. 袁育芬. 我国储备粮食合理存储量之探讨[J]. 粮食流通技术，2005(4)：1-3.

143. 张爱莉. 后低价时代我国新型农产品流通体系构建[J]. 商业经济，2009(32)：13-14.

144. 张宝林. 北京水产品批发市场发展现状对策[J]. 北京水产，2006(3)：1-3.

145. 张闯，夏春玉. 农产品流通渠道：权力结构与组织体系的构建[J]. 农业经济问题，2005(7)：28-35.

146. 张吉隆，魏静. 农产品流通组织创新研究[J]. 商业研究，2005(14)：181-183.

147. 张静，傅新红，杨锦秀. 蔬菜超市化经营及供应链参与者行为研究——以四川省成都市为例[J]. 农村经济，2006(1)：103-105.

148. 张久和. 中国农产品贸易的现状及对策[J]. 天津农业科学，2009，15(6)：75-77.

149. 张敏. 农产品物流与运营实务[M]. 北京：中国物资出版社，2009.

150. 张敏聪，吴少英. 我国农产品流通方式创新初探[J]. 农村经济，2003(4)：49-50.

151. 张明玉. 中国农产品现代物流发展研究[M]. 北京：科学出版社，2010.

152. 张仁堂，牛竹梅，刘维，谷端银. 关于加快现代果品物流发展的对策与模式研究[J]. 山东农业大学学报，2005，36(3)：431-436.

153. 张仁堂. 果品物流及影响我国果品物流发展的因素[J]. 中国果业信息，2006，23(4)：1-3.

154. 张仁堂. 现代果品物流的冷藏链模式研究[J]. 物流技术，2005(3):51-53.

155. 张晟义. 涉农供应链浅析[J]. 物流技术，2003(3):36-39.

156. 张晟义. 中外涉农供应链研究和发展的初步比较[J]. 科技管理研究，2004，24(5):10-12.

157. 张顺江，彭鹰. 中国蔬菜流通模式构建：一个比较分析的启示[J]. 中国农村经济，2004(4):52-57.

158. 张文松，王树祥. 我国农产品物流模式的分析与选择[J]. 物流技术，2006(3):37-39.

159. 张晓阳，刘富利. 农产品流通体系与农民增收长效机制的探讨[J]. 现代农业科技，2007(16):188-189.

160. 张旭辉. 鲜活农产品物流与供应链：理论与实践[M]. 成都：西南财经大学出版社，2008.

161. 章寿荣，王蕾. 从农产品流通的组织效率探讨"农改超"[J]. 江苏商论，2006(10):16-18.

162. 赵春江. 农产品物流存在的问题及对策[J]. 天津商学院学报，2005，25(3):41-44.

163. 赵洁，冯华. 供应链管理下的我国农产品流通模式探析[J]. 中国物流与采购，2009(8):64-65.

164. 中国农业部. 中国农业年鉴[M]. 北京：中国农业出版社，2009.

165. 周发明. 中外农产品流通渠道的比较研究[J]. 经济社会体制比较，2006(5):116-120.

166. 周洁红，金少胜. 农贸市场超市化改造对农产品流通的影响[J]. 浙江大学学报，2004，34(3):45-52.

167. 周声涛. 关于发展农村现代流通的问题[J]. 求是，2007

(18):9-11.

168. 周曙东,戴迎春. 供应链框架下生猪养殖户垂直协作形式选择分析[J]. 中国农村经济,2005(6):30-36.

169. 周应恒. 生鲜蔬菜供应链效率研究[J]. 江苏农业科学,2008(1):69-72.

170. 朱娟,杨伟民,胡定寰. 我国乳业的发展现状及存在问题[J]. 中国畜牧杂志,2007,43(12):43-46.

171. 朱明德. 中外大型粮食企业在粮食现代物流体系中发挥作用比较[J]. 粮食流通技术,2005(4):8-10.

172. 朱信凯. 对我国农产品拍卖交易方式的思考[J]. 经济问题,2005(3):48-50.

173. 朱学新. 降低农产品交易费用的制度选择[J]. 农业经济问题,2005(12):30-33.

174. 庄贵军. 营销渠道控制:理论与模型[J]. 管理学报,2004,1(1):82-88.

175. 左两军,张丽娟. 农产品超市经营对农业产业链的影响分析[J]. 农村经济,2003(3):31-32.